Hubert Beck

Das große Buch vom MARATHON

Erprobtes modulares Trainingssystem
Trainingspläne für Einsteiger und fortgeschrittene Läufer
Krafttraining, Ernährung, Gymnastik

Produktion:
VerlagsService Dr. Helmut Neuberger
& Karl Schaumann GmbH

Umschlaggestaltung nach einem Entwurf des Autors:
Stiebner Verlag

Zeichnungen nach Vorlagen des Autors: Anneli Nau,
München

Bibliografische Information
Der Deutschen Bibliothek
Die Deutsche Bibliothek verzeichnet diese Publikation in der Deutschen Nationalbibliografie; detaillierte bibliografische Daten sind im Internet über
<http://dnb.ddb.de> abrufbar.

Trainingsprogramme und Empfehlungen stellen die Meinung und Erfahrung des Autors dar. Sie können eine individuelle Trainingsberatung nicht ersetzen. Eine medizinische Beratung vor dem Beginn intensiver sportlicher Betätigung wird dringend empfohlen. Weder Autor noch Verlag können für eventuelle Schäden, die aus den gegebenen Empfehlungen hervorgehen könnten, in Haftung genommen werden.

Gesamtherstellung: Stiebner, München
Printed in Germany
ISBN 3-7679-0892-1
www.copress.de

Inhalt

Vorwort 7

1. **Grundsätzliches zum Marathontraining** .. 9

2. **Das modulare Marathon-Trainingssystem** 14

3. **Gründe, einen Marathon über 42,195 km zu laufen** 17

4. **Marathon gestern und heute** 20
   Marathon-Geschichte 20
   Die Entwicklung der Marathon-Welt-Bestzeit 24
   Marathon in Deutschland 30

5. **Motivation und Zielsetzung** 36

6. **Laufschuhe** 39

7. **Laufbekleidung** 43

8. **Stretching/Dehnung** 45
   Stretching, die besten Dehnungsübungen/Gymnastik 47

9. **Lauftechnik** 52
   Die vier Phasen des Laufschritts 52
   Körperhaltung 54
   Übungen Lauf-ABC/Laufschule 56

10 **Energie** 59
   Aerobe und anaerobe Energiegewinnung 59

11. **Training allgemein** 63
   Die persönliche sportliche Leistungsfähigkeit eines Athleten 63
   Die motorischen Grundeigenschaften eines Marathon-Läufers 64
   Grundsätzliche Prinzipien eines erfolgreichen Ausdauertrainings 64

12. **Superkompensation** 68
   Die positive und negative Superkompensation 68
   Trainingsmethoden mit Superkompensationseffekt 69

13. **Training mit Pulskontrolle** 71
   Bestimmung der maximalen Puls/Herzfrequenz 72
   Gruppierung der Herzfrequenz-Belastungszonen 73
   Bestimmung der Ruhe-Herzfrequenz 73
   Bestimmung der Erholungs-Herzfrequenz 73

14. **Ausdauertraining** 75
   Die sechs elementaren Trainingsmethoden für das Ausdauertraining 75
   Belastungsbereiche der aeroben und anaeroben Energiegewinnung 76
   Sauerstoffaufnahmefähigkeit VO_2max ... 77
   Laktat, der Überlastungsschutz 79
   Laktat und Pulswert-Zuordnung 82
   Leistungsdiagnostik 82

15. **Marathon-Training** 87
   Der Anfang 87
   Der Trainingsplan 88
   Die Marathon-Trainingsqualität 89
   Der Trainingsumfang 90
   Die Gestaltung von Trainingsreizen »Yin und Yang« 90
   Laufzeittabellen 96
   Tapering 99
   Zielzeitbestimmung der Wettkampfzeiten 100
   Äquivalenz der Wettkampfzeiten 101

Leistungs-Check 103
Sonstiges zum Marathontraining 103

16. Marathon-Trainingspläne 108

17. Marathon-Wettkampf 120
Vor dem Start 120
Nach dem Marathon 141
Meine Erfahrungen und Fehler bei
Marathon-Wettkämpfen 142

18. Leistungserfassung und Analyse mit Diagrammen 147

19. Muskulaturaufbau 153

20. Krafttraining 158
Die Methoden des Krafttrainings 158
Fitness und Ausdauertraining 160
Kräftigungsübungen 162
Ganzkörper-Fitnessübungen 164

21. Sportmedizin 166

22. Gewichtsreduzierung und Fettverbrennung 173
Abnehmen mit System 173
Die Energiebilanz 174
Varianten der Gewichtsreduzierung 178

23. Ernährung 184
Energiebedarf 184
Die sieben Bausteine der Ernährung 184
Die Lebensmittelpyramide 190
Muskelvitalstoffe 194

24. Erfahrungen von Marathonis 196
Marathon-Erfahrungen unterschiedlicher
Altersgruppen 196
Erlebnisbericht eines Marathonlaufs 207

25. Anhang 211
Marathon Reiseveranstalter 211
Die wichtigsten Marathons in Deutschland,
Schweiz, Österreich, NL 214
Ernährungswert-Tabellen 218
Bildnachweis 220

Vorwort

Dieses Marathonbuch ist so geschrieben und gestaltet, wie ich ein Marathonbuch gerne selbst gelesen hätte, als ich mit dem Marathontraining begann, aber in dieser Form bis heute nicht vorgefunden habe. Der Inhalt ist klar, differenziert und vollständig, für jeden verständlich und nachvollziehbar. Dieses Buch zeigt auf, wie ehrgeizige Laufziele, vom Laufanfänger bis zum 2:30-h-Läufer, schnell zu realisieren sind und ein Athlet sich selbst erfolgreich trainieren kann.

Dieses Buch ist aus einer Summe von selbst gemachten Erfahrungen als Läufer und Trainer sowie aus Informationen über Theorie und Trainingslehre entstanden. Die Bilder zeigen den Mythos Marathon über das Training, über die Natur, das Leiden, die Freude und das Erlebnis des Marathon-Wettkampfs aus unterschiedlichen Perspektiven. Mein Ziel war es, ein Marathonbuch der Superlative zu schaffen. Es ist auch eine Hommage an den Marathon und die Marathonläufer aller Leistungs- und Altersklassen.

»Wie werde ich vom Nicht-Läufer in kurzer Zeit zum Marathon-Läufer«, »wie funktioniert Marathontraining« oder »wie kann ich als fortgeschrittener Marathoni schneller werden«, das sind wesentliche Kriterien, auf die das Buch eine sehr praxisnahe Antwort gibt.

1. Es differenziert und erklärt das Marathontraining in 18 sich wechselseitig beeinflussenden Modulen. Der Athlet erhält damit ein Wissen darüber, was bei der Durchführung des Trainings/Trainingsplans mit ihm passiert und somit die Kontrolle und den Überblick über seinen Körper und das Training. Mit dem modularen System können die eigenen Schwächen analysiert und verbessert werden.
   Was man im Marathontraining machen muss, besagen die Trainingspläne, welche in 15 Minuten-Leistungsklassen von 5:00-h- bis 2:30-h-Zielzeiten differenziert sind. Wie man es machen muss, und darauf kommt es insbesondere beim Auftreten von Problemen bei einem erfolgreichen Training überwiegend an, das besagt der Inhalt dieses Buchs.
2. Für Laufanfänger zeigt das Buch auf, wie man Fitness für einen Marathonlauf mit nur drei Monaten Training aufbaut, um danach einen Marathon erfolgreich bewältigen zu können.
3. Fortgeschrittene Marathonläufer werden dazu herangeführt, wie sie innerhalb von drei Monaten Training Ihre Bestzeit um bis zu 15 Minuten verbessern können, sofern die relative Leistungsgrenze noch nicht erreicht worden ist.
   Die relative Leistungsgrenze definiere ich als den Punkt ab dem eine weitere sportliche Leistungsverbesserung nur noch in kleinsten Schritten erfolgt. Die absolute Leistungsgrenze bezeichne ich als den Punkt bei dem die persönliche, maximal mögliche sportliche Leistung erreicht worden ist.

Ich bedanke mich bei Martina Weber und Hubertus Reh, die mir als Lektoren in der Fertigstellung des Buchs eine sehr große Hilfe waren. Meinen Dank auch an die Fotografen, die mir mit den Marathon- und Ernährungsfotos die Möglichkeit gegeben haben, das Buch »lebendig« zu gestalten. Besonderen Dank an die Marathon-Athleten, die mit ihren Altersklassen-Beiträgen die individuelle Faszination und Motivation für das Marathonlaufen verständlich machen. Dank auch an Barbara Keller für die schönen Bilder des Lauf-ABCs. Bei Dr. Kurt A. Moosburger bedanke ich mich für seine hervorragenden wissenschaftlichen Informationen zum Thema Energie und Stoffwechselprozesse.

Marathonlaufen ist mehr als ein Hobby, es ist eine Lebenseinstellung und Lebensbereicherung zugleich. Ein Jungbrunnen, der körperlich und mental fit und gesund hält. Jeder gesunde Mensch kann Marathonläufer werden. Allerdings muss man dafür etwas tun. Wie man es macht und wie man einen schnellen Erfolg und Fortschritte beim Laufen erzielt, das ist der Inhalt dieses Buchs.

Bleibt mir nur noch, an das Zitat von Emil Zatopek zu erinnern: »Wenn Du laufen willst dann laufe eine Meile. Wenn Du ein neues Leben beginnen willst, dann laufe einen Marathon«.

Hubert Beck (www.hubertbeck.de)

Los geht's ...

1. Grundsätzliches zum Marathontraining

Sport heute

Der Körper ist das wichtigste Kapital eines jeden Menschen. Ohne Gesundheit ist alles nichts. Nur sehr wenige Menschen erkennen dieses wichtige Kapital und die Notwendigkeit, dafür regelmäßig Sport zu treiben. Sport bewirkt nicht nur körperliche Fitness, sondern auch Vitalität für Geist und Körper, Stärkung der Psyche durch Erfolgserlebnisse, und er schafft neue soziale Kontakte.

In Deutschland treiben ca. 60 % der Menschen keinen und nur 20 % gelegentlich Sport. Regelmäßig Sport treiben 18 % der Bevölkerung und 2 % sind Leistungssportler. Bei den 40 % Sporttreibenden handelt es sich meist um jüngere Menschen, deren sportliche Aktivität oft nach Erreichen des zwanzigsten Lebensjahres zurückgeht.

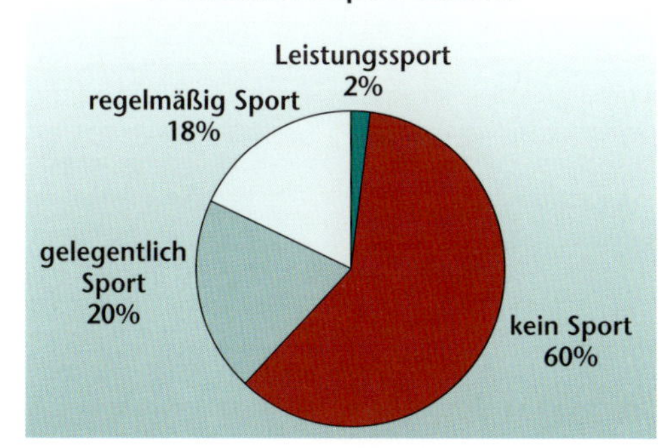

Ausdauersport: Ursache und Wirkung

Heute sind in Deutschland 60 % der Männer und 55 % der Frauen übergewichtig. Die meisten Krankheits- und Todesursachen im Alter bestehen zu 27 % aus Herz-Kreislauf-Krankheiten und Rückenproblemen.

Diese durch Übergewicht verursachten Krankheiten können durch regelmäßigen Sport vermieden werden. Es wurde nachgewiesen, dass 2 Stunden Sport pro Woche das Herzinfarktrisiko um ca. 25 % reduzieren. Der Durchschnittsmensch in Deutschland nimmt pro Tag ca. 2500 kcal zu sich, verbrennt jedoch nur 2200 kcal. Er wandelt daher pro Tag ca. 300 kcal aus dem Energiebilanz-Überschuss in Fett um. Mit nur 30 Minuten Jogging pro Tag wäre die Energiebilanz im Gleichgewicht.

Der Körper passt sich seiner Umgebung und der Belastungsanforderung automatisch an. Ein Arm in Gips führt innerhalb weniger Tage zu einem Muskelschwund. Spätestens mit 35 Jahren baut der Körper zunehmend Muskelmasse ab und wandelt diese in Körperfett um, zwischen 1,5 und 3 Kilogramm pro Jahr. Bei einem 70-Jährigen hat der Körper somit über 1/3 der Muskelmasse in Fett umgewandelt.

Dieser Fettwandlungsprozess kann nur durch eine gesunde Ernährung und regelmäßigen Sport vermieden werden. Besonders effizient dafür ist der Ausdauersport durch Joggen, Radfahren oder Schwimmen in Kombination mit Hantel-Krafttraining. Dadurch wird der Körper ganzheitlich trainiert, das Herz-Kreislauf System stabilisiert, die Muskulatur aufgebaut und definiert. Weiterhin werden die Knochen, Sehnen und Bänder ganzheitlich belastet, Körperfett verbrannt und die Energiebilanz kontrolliert.

Mit ausreichend Sport kann sich jeder Wohlstandsmensch in einen Athleten verwandeln: mit einer definierten Figur, geringer Fettmasse, einem gesunden Herz-Kreislaufsystem und einem starken Immunsystem.

Sportliche Erfolge motivieren, schaffen Erlebnisse und erhöhen die Leistungsfähigkeit. Ein durchschnittliches sportliches Niveau einmal aufgebaut, kann bis ins hohe Lebensalter gehalten werden, vorausgesetzt man trainiert kontinuierlich.

Sportbeginn – der Anfang ist am schwersten
Es ist nie zu spät, mit Sport anzufangen. Der Anfang ist im Sport, wie bei vielem anderen auch, am schwersten. Den »eingerosteten« Körper in Bewegung zu bringen und die Muskeln und Sehnen aufzubauen, ist in den ersten Tagen nicht einfach. Die wichtigste Basis dafür ist eine starke Eigenmotivation, Sport treiben zu wollen. Dazu dient ein ehrgeiziges, faszinierendes Ziel, welches in relativ kurzer Zeit realistisch erreicht werden kann. Weiterhin wird ein genauer Trainingsplan benötigt, der systematisch und sicher zu dem definierten Ziel führt.

Ehrgeiziges Ziel in Kürze erreichen
Einmal einen Marathon zu laufen, als Nichtsportler mit einer Zeit unter vier Stunden anzukommen mit einer Vorbereitungszeit von nur drei Monaten, das ist ein ehrgeiziges, sportliches Ziel. Zusätzlich die Körperform zu definieren, Fett abzubauen und ausgeprägte Muskeln zu erhalten ist für viele ein Traum, den zu realisieren unerreichbar oder nur durch jahrelanges Training möglich erscheint.

In drei Monaten zum Marathon Finish
Für Laufanfänger zeigt dieses Buch, wie ein gesunder Mensch in nur drei Monaten Training zum Marathon-Finisher werden kann. Gesund in diesem Sinne ist unter anderem, dessen Body Mass Index (BMI) unter 25 liegt.

In drei Monaten schneller werden im Marathon
Für fortgeschrittene Läufer zeigt das Buch auf, wie die eigene Marathon Bestzeit in nur drei Monaten Training verbessert werden kann. Voraussetzung dazu ist, dass der Athlet seine relative Leistungsgrenze noch nicht erreicht hat.

Die Trainingspläne sind mehrfach angewendet und in ihrem Erfolg von Menschen mit unterschiedlichsten Konstellationen bestätigt worden. Die persönliche Leistung ist stark davon abhängig, welche Ausgangsvoraussetzung der Einzelne mitbringt. Ob er schon einmal Sport getrieben hat, oder wie hoch das Übergewicht ist, welches abgebaut werden muss.

Große Ziele werden durch die Verknüpfung von Zwischenzielen erreicht. Für einen stark Übergewichtigen ist es z. B. eine Zwischenzielstrategie, den Marathon in fünf Stunden zu laufen und dabei innerhalb des dreimonatigen Trainings 10 kg Gewicht zu verlieren. Pro Saison kann dann jeweils ein neues Ziel gesetzt und die Zeit im Drei-Monats-Training um weitere 15 Minuten verbessert werden.

Die Marathonzeit-Schallmauer liegt bei Männern bei 3:00 h und bei Frauen bei der 3:20-h-Marke bis zu einem Alter von ca. 40 Jahren. Jenseits der »Schallmauermarke« wird eine Zeitverbesserung in wesentlich langsameren Schritten erreicht. Dann sind auch das Lauftalent, das Alter, die persönliche relative und absolute Leistungsgrenze sowie die zur Verfügung stehende Trainingszeit u. s. w. von Bedeutung.

Marathon und Fitnesstraining bieten eine sehr hohe Lebensqualität und Körperkultur. Dies wird geprägt von Selbstbestätigung, Selbstfindung,

Das Ziel ist nah

Ausgeglichenheit, Abenteuer, Spaß, Vitalität, Erlebnissen, Leistungsverbesserung, Naturwahrnehmungen, Körperbewusstsein, Gesundheit und vielem mehr. Für viele bewirkt das Marathontraining ein neues, positives Leben und Erleben.

Marathon-Training mit System

Die nachfolgende Beschreibung des Marathontrainings zeigt auf, wie jeder durchschnittliche, gesunde Mensch einen beachtlichen Trainingserfolg durch Ausdauer- und Muskelaufbautraining systematisch und schnell erreichen kann.

- Die Trainingsinhalte richten sich an Laufanfänger (Marathonzielzeit 5:00 Stunden), bis zum ambitionierten Freizeit-Leistungssportler (Marathonzielzeit 2:30 Stunden).
- Die Trainingsinhalte richten sich auch an Marathonis die ihre aktuelle Marathonzeit in drei Monaten Training verbessern wollen.

Das Wissen und die Beachtung von verschiedenen Trainings-Einflussfaktoren, die sich wechselseitig beeinflussen, nehmen an Bedeutung zu, je höher das sportliche Leistungsziel ist. Der Grund liegt darin, dass der Körper durch das Marathontraining stark belastet wird und darauf unterschiedlich reagiert. Die Reaktionen des Körpers sollte man kennen und beeinflussen können. Ohne die Trainingsfaktoren zu kennen, ist der Athlet nicht Herr der Lage und wird, auch mit dem richtigen Trainingsplan, ab einer bestimmten Leistung keine deutliche Zeitverbesserung mehr erzielen. Der maximal mögliche Trainingserfolg wird nur zu einem Teil durch den Trainingsplan bewirkt.

Das Wissen und die richtige Beeinflussung der relevanten Trainingsfaktoren bewirken einen Großteil des Trainingserfolgs

Deshalb habe ich dieses Buch geschrieben. Es soll ein modulares System des erfolgreichen Marathontrainings verständlich darstellen, das im Prinzip für jeden Marathonläufer geeignet ist, vom Laufanfänger bis zum 2:30-h-Läufer. Mein Marathon-Trainingssystem ist gegliedert in 18 sich gegenseitig beeinflussende Trainingsfaktoren, die nachfolgend ausführlich beschrieben sind.

Der Mensch ist ein Läufer

Laufen/Joggen und Kraftsport sind einfache sportliche Aktivitäten die dem Menschen angeboren sind. Zu Beginn der Menschheit waren wir Jäger, Sammler und Läufer. Unsere Gene beinhalten die Eigenschaften eines Läufers und werden seit Urzeiten vererbt. Genetisch ist es daher festgelegt ob ein Mensch zum Sprinter geboren ist. Zum Ausdauerläufer eignet sich fast jeder Mensch. Deshalb können die Lauf-Eigenschaften eines zivilisationskranken Menschen in wenigen Monaten reaktiviert werden, so dass er zu seiner natürlichen Läufer-Leistungsfähigkeit gelangen kann.

Es ist normal, dass ein gesunder Mensch einen Marathon laufen kann, bis zu einer Altersgrenze von ca. 60 Jahren. Daher ist es mit dem richtigen

Ausdauer …

Training auch möglich, einen Nicht-Läufer in drei Monaten zum Marathon-Finisher zu trainieren. Je nach Veranlagung kann das Resultat nach drei Monaten auch eine Zeit unter 4 h (2:45 h gab es schon) oder über 4 h (5 h gab es auch schon) ergeben. Standard-Abweichungen bestätigen die Gaußsche Regel.

Keine Zeit gibt es nicht

Joggen kann fast jederzeit und überall ausgeübt werden. Mit relativ niedrigen Kosten kann das Hobby Marathon und Fitness von jedermann realisiert werden, der gesund ist und dafür durchschnittlich 1,5 Stunden Zeit pro Tag investiert.

Wenn man bedenkt, dass die meisten Menschen viel Zeit damit verbringen zu viel zu essen und zu trinken oder stundenlang vor dem Fernseher zu sitzen, dann ist die Zeit für Sport sehr gut angelegt. Die zur Verfügung stehende Zeit ist das am gerechtesten verteilte Gut, was es auf dieser Welt gibt. Jeder hat davon 24 Stunden am Tag.

Fitness- und Krafttraining

Nicht nur durch Joggen die Beinmuskulatur zu trainieren, sondern auch durch Krafttraining eine ganzkörperliche, ausgeprägte Muskulatur aufzubauen und zu definieren, das bietet Fitnesstraining in Kombination mit Joggen. Um die optische Muskelmasse von Bizeps, Trizeps, Brust, Schulter und Rücken erheblich zu vergrößern bzw. zu straffen, benötigt man ca. ein Jahr lang Fitnesstraining.

Die Kombination von Lauf- und Fitnesstraining formt den Körper in eine athletische Figur, die drahtig, ausdauernd und in den Proportionen harmonisch ist. Bei dem Kombinationstraining wird besonders viel Fett abgebaut bzw. Muskelmasse aufgebaut.

Kraft und Ausdauer ergänzen sich wechselseitig zur Gestaltung einer athletischen Körperform. Der Fitness-Trainingsplan sollte so durchgeführt werden, dass ein Krafttraining in den Ruhetagen des Lauftrainings stattfindet und in Kombination das Krafttraining vor dem Lauftraining erfolgt.

Bei gesundheitlichen Problemen sollte vor Beginn des Joggens und des Krafttrainings unbedingt eine Beratung bei einem Facharzt eingeholt werden.

Schwebendes, leichtgängiges Joggen

Ein gut trainierter Jogger läuft den langsamen Dauerlauf mühelos, es ist fast ein Schweben über dem Grund. Der Läufer findet zu sich selbst und

Waldlauf, mit der Natur im Einklang

versinkt meditativ in Gedanken und Kreativität, wie es sonst nur im Alpha-Zustand (Tiefschlaf) erreicht wird. Ein auf Ausdauer trainierter Jogger läuft fast geräuschlos, kein lautes Atmen, kein Reiben der Kleidung, kein lautes Auftreten der Schuhe. Nach einer Stunde am Ziel angekommen, wirkt er ohne sichtbare Belastung oder Beanspruchung.

So ein Laufniveau wird oft nach Absolvieren des 4-h-Marathon-Trainingsplans erreicht und bei einem langsamen Dauerlauf dann besonders intensiv erlebt, wenn nach einem Ruhetag gelaufen wird und dabei die Superkompensation voll zur Wirkung kommt. Das mühelose, leichte, erhabene Laufgefühl geht schon verloren, wenn man nur zwei Wochen pausiert, kann aber dann innerhalb von vier Wochen Training wieder aufgebaut werden.

Es wird auch von der Droge Jogging gesprochen oder von einer Laufsucht, dann wenn z. B. nach einigen Ruhetagen die Muskulatur zu kribbeln beginnt, man laufen will oder sogar muss, um die Muskulatur in Bewegung und unter Belastung zu bringen, oder wenn man sich das Glücksgefühl durch Joggen wieder holen möchte, um den »Kopf frei« zu kriegen.

Des Joggers Glücksgefühl: Runners High

Das Runners High ist ein Glücksgefühl, das sich beim Joggen bei einem anstrengenden aeroben Dauerlauf im aerob/anaeroben Mischbereich (um den Laktatwert 3,5-4) im sogenannten Entwicklungsbereich bei 85-90 % HFmax, oft nach etwa 30 Minuten Dauerbelastung bildet. Der Körper setzt bei Erschöpfung Endorphine frei, ein körpereigenes Morphin, die sogenannten Glückshormone. Endorphine dämpfen die Schmerzen des Körpers und mildern die Folgen einer Ermüdung. Je höher die Erschöpfung ist, desto mehr Endorphine produziert der Körper. Die Endorphine werden in der Hirnanhangdrüse gebildet und als psychoaktive chemische Substanz über das Blut transportiert und über das zentrale Nervensystem ausgeschüttet.

Eine Nebenwirkung der Endorphinausschüttung ist die Erzeugung eines tiefen Wohlbefindens. Es entsteht ein berauschendes, euphorisches Glücksgefühl mit positiven Sinnessignalen sowie zusätzlicher Energie. Diese Nebenwirkung wird als Runners High bezeichnet. Die Wirkung der Endorphine ist nicht bei jedem Läufer gleich stark. Sie ist auch an die Erreichung von ambitionierten, sportlichen Zielen gekoppelt.

Runners High im Rapsfeld

2. Das modulare Marathon-Trainingssystem

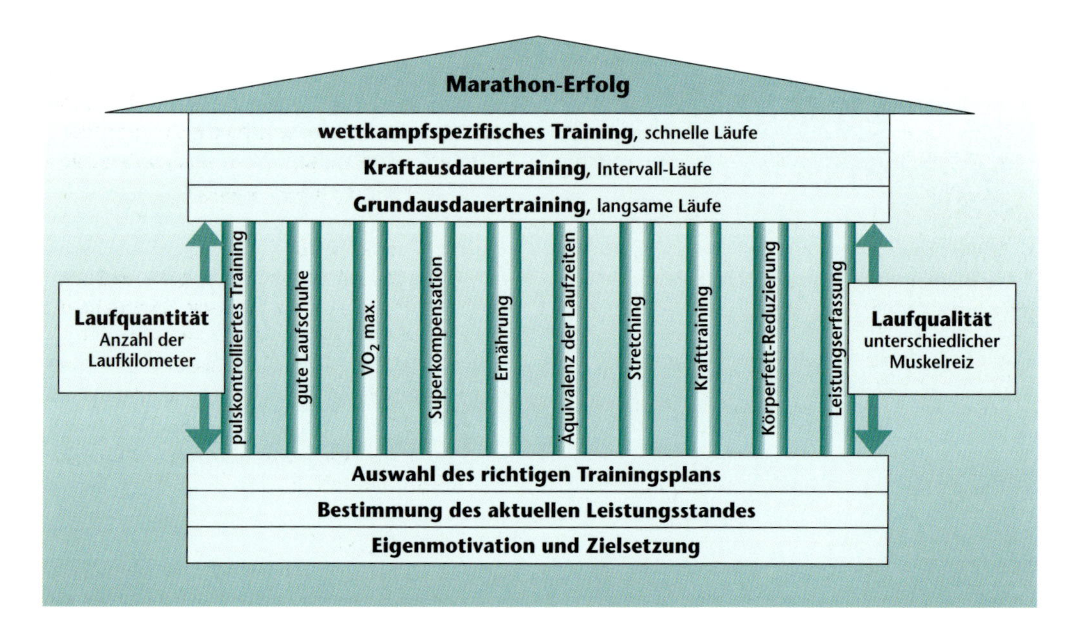

Mein modulares Marathon-Trainingssystem gliedert sich in 18 Erfolgskriterien

1. Eigenmotivation und Zielsetzung für den Marathon
2. Bestimmung des aktuellen Leistungsstands
3. Auswahl des richtigen Trainingsplans
4. Pulskontrolliertes Training
5. Gute Qualität der Laufschuhe
6. VO_2max, die maximale Sauerstoffaufnahmefähigkeit
7. Superkompensationseffekt nutzen
8. Ernährung und Nahrungsergänzung
9. Äquivalenz der Laufzeiten
10. Stretching
11. Krafttraining
12. Körperfett-Reduzierung
13. Leistungserfassung und Analyse
14. Lauf-Quantität
15. Lauf-Qualität durch unterschiedliche Muskelreize
16. Grundausdauertraining durch lange, langsame Läufe
17. Kraftausdauertraining durch Intervall-Läufe
18. Wettkampfspezifisches Training durch schnelle Läufe

Was im Marathontraining berücksichtigt werden muss, ist damit klar strukturiert. Wie es getan werden muss, ist der eigentliche Erfolgsfaktor und wesentlicher Inhalt dieses Buches. Mit diesem Trainingssystem ist es möglich, dass ein gesunder Mensch mit nur drei Monaten Training einen Marathon erstmals absolvieren oder seine aktuelle persönliche Marathonzeit verbessern kann, bis die persönliche relative Leistungsgrenze erreicht ist.

Von 0 auf 42 km in drei Monaten
Meine erste Marathon-Laufgruppe bei der Firma WITTENSTEIN hatte das gemeinsame Ziel, in nur drei Monaten Vorbereitung einen Marathon zu laufen und dabei um 4 Stunden zu finishen. Jeder der Trainingsteilnehmer erreichte beim Hamburg-Marathon 2000 das Ziel. Läufer mit einer Zeit über 4:00 h hatten sich entweder nicht genau an den Trainingsplan gehalten, oder waren während des Trainings (im Winter) erkrankt.

Von links nach rechts:
Andreas Mei 3:43 h
Ingo Deckler 4:02 h
Heike Mönnikheim 4:15 h
Dieter Derr 3:24 h
Birgit Baumann 3:28 h
Hubert Beck 3:07 h

Auswirkung des regelmäßigen Laufens

- Laufen und Fitness halten jung

Wer wöchentlich regelmäßig vier Stunden läuft und zwei Stunden Krafttraining absolviert, der wird seinen Alterungsprozess mental und körperlich stark verlangsamen. Sie werden dabei die Fitness eines 20 Jahre Jüngeren erreichen, also zum Beispiel 20 Jahre lang 40 bleiben können!

- Laufen macht kreativ

Beim Joggen haben Sie Zeit für sich und können abschalten, entspannen, sich erholen und auf andere Gedanken kommen. Beim Joggen erfolgt eine erhöhte Sauerstoffversorgung des Gehirns, wodurch Gedanken freigesetzt werden und enorme kreative Kräfte entstehen.

- Sport ist Erholung

Vor allem Leute mit Bürotätigkeit erhalten hierbei frische Luft und Bewegung, eine optimale Erholung, einen Ausgleich nach dem Arbeitstag, eine Wohltat für Körper, Geist und Seele. Die erreichte Ausgeglichenheit durch das Joggen findet sich in einem erholsamen Schlaf wieder.

- Laufen und Fitness bauen Stress ab

Durch die körperliche Anstrengung schüttet der Körper Noradrenalin aus, welches das Stresshormon Adrenalin abbaut. So erhalten Sie einen freien Kopf, finden eine ausgeglichene und positive Stimmung und können ruhiger schlafen.

- Laufen macht Spaß

Jogging sollte überwiegend im langsamen Dauerlauf erfolgen, mit 70-75 % der max. Herzfrequenz, so dass dabei noch ganze Sätze gesprochen werden können. Der Körper bedankt sich dafür mit einem Endorphin-Schub, der den Läufer in ein angenehmes Hochgefühl versetzt. Spaß macht auch das Laufen im Team mit gleichstarken Läufern, z. B. im Lauftreff.

- Laufen ist gesund

Das Immunsystem wird durch die regelmäßige, physische Auseinandersetzung mit der Natur bei Wind und Wetter um über 30 % verbessert. Dadurch wird der Körper fit, widerstandsfähig, belastbar und resistent gegen jegliche Beanspruchung im Alltag. Die Lungenfunktion wird erhöht, der Blutdruck und Puls reduziert und das Infarktrisiko durch das Ausdauer-Lauftraining stark reduziert.

- Laufen und Fitness machen schlank

Sie können Ihr Gewicht durch lange Läufe und schwere Fitnesseinheiten kontrollieren und beeinflussen. Somit können Sie Ihre Energiebilanz selbst bestimmen und kontrollieren.

- Wettkämpfe bringen Erfolgserlebnisse

Die Teilnahme an Wettkämpfen, wie z. B. bei Volksläufen, bietet nicht nur Spaß und Erfahrungsaustausch mit sportlich Gleichgesinnten, sondern auch Erfolgserlebnisse. Durch Leistungsmessung wird die Entwicklung der eigenen Leistung verdeutlicht. Sportliche Ziele und deren Erreichung sowie eine kontinuierliche Verbesserung der persönlichen Leistung motivieren und begeistern. Wettkämpfe sind ein Turbo für die Verbesserung der Grundschnelligkeit und der Motivation.

- Individuelle Motivation

Eine Umfrage der Laufzeitschrift RUNNERS WORLD bei Läufern was der Hauptgrund für das Laufen ist, ergab: 43 % laufen, weil sie sich dabei toll fühlen, 33 % haben ein sportliches Ziel, 18 % haben Angst vor einer Gewichtszunahme und 6 % laufen wegen der wartenden Trainingspartner und der Kontakte im Verein.

Begeisterung bei Läufern und Zuschauern

3. Gründe, einen Marathon über 42,195 km zu laufen

Eines der letzten großen Abenteuer auf dieser Welt

Während einer lang andauernden Extrembelastung über 42 km die Kontrolle über seinen Geist und den Körper zu behalten, erfordert große Willensstärke. Wenn der Körper zunehmend versucht dem Gehirn des Läufers zu signalisieren mit dem Laufen aufzuhören, aber der Wille des Läufers befiehlt weiterzulaufen bis das Ziel erreicht ist – dann ist der Zeitpunkt erreicht, wo die Schwierigkeit des Marathonlaufs beginnt. Es ist ein Kampf zwischen Körper und Geist, bei dem einer gewinnen wird. Beim Marathon beginnt dieser Kampf meist ab km 32 (Energieverknappung). Ab km 38 wird dann nur noch mit dem Kopf (Willenskraft) weitergelaufen. Der Marathon beginnt daher erst richtig bei km 32. Für viele Menschen, die einen Marathon gelaufen sind, war es das größte Abenteuer ihres Lebens.

Der Beginn eines neuen Lebens

Emil Zátopek, 3-facher Goldmedaillengewinner der olympischen Spiele von 1952 in Helsinki, der gleichzeitig über die 5000 m, 10 000 m und den Marathon siegte, sagte: »Wenn du laufen willst, laufe einen Kilometer. Wenn du ein neues Leben beginnen möchtest, laufe einen Marathon.«

Stadtmarathons bis zu zwei Millionen Zuschauer

Welcher Sportler hat schon bis zu zwei Millionen Zuschauer, die ihn anfeuern, während er mit Tausenden von Gleichgesinnten die 42,195 km läuft, wie z. B. in New York. Auch in Berlin und London stehen über eine Million Zuschauer begeistert an der Laufstrecke. Die Zuschauerbegeisterung setzt beim Läufer zusätzlich mentale Kräfte frei, die er bei einem Waldlauf ohne Zuschauer über dieselbe Distanz nie erreichen würde. Die Marathonläufer

Marathon-Ziel: ankommen

Becherschlacht

werden bei den Stadtmarathons von den Zuschauern »ins Ziel getragen«.

120 000 Marathon-Läufer in Deutschland können sich nicht irren

Bei 1,1 Millionen Freizeitläufern in Deutschland beträgt der Anteil an Marathonläufern damit ca. 11 %.

Marathon ist ein Ausdauersport. Die Ausdauerleistung wird mit zunehmendem Alter besser. Die meisten Marathonis sind um die 20 bis 50 Jahre alt, mit Schwerpunkt 30 bis 40, und laufen im Durchschnitt eine Marathon-Zeit um die 4:10 h bis 4:30 h.

Frauen laufen bei der gleichen sportlichen Fitness aufgrund der unterschiedlichen körperlichen Verhältnisse des Lungen- und Sauerstoffvolumens VO2, der Blutmenge und geringerer Energiereserven ca. 10–20 Minuten langsamer als Männer. Die derzeitige WM-Marathon-Qualifikationszeit von 2:12 h bei Männern und 2:22 h bei Frauen unterscheidet sich um 10 Minuten.

Der Anteil an Marathon-Läuferinnen beträgt in Deutschland ca. 20 %, Tendenz stark steigend. In USA sind bereits 50 % aller Marathonis Frauen.

Jeder Marathon-Läufer ist ein Sieger, gleichgültig, in welcher Zeit er ankommt. Er ist ein Sieger über sich selbst und ein Sportler, der eine großartige Leistung vollbracht hat. Auch langsame Laufzeiten verdienen größten Respekt, wenn der Läufer alles gegeben und sich dem Kampf zwischen Körper und Geist gestellt hat.

Jeder gesunde, talentierte Mensch kann ein guter Läufer werden

Die elitäre Traumzeitgrenze bei Freizeitsportlern liegt bei Männern bei einer Marathonzeit unter 3:00 h und bei den Frauen unter 3:20 Stunden bis zu einer Altersgrenze von ca. 40 Jahren. Alle 5 Jahre verliert man dann ca. 1,5 % von seinem Leistungsvermögen. Diese »Schallmauer« zu durchbrechen und in die sportliche, regionale Elite vorzudringen ist vielen gesunden Menschen möglich.

Bei einem talentierten Läufer ist dieses Ziel nach ein bis zwei Jahren systematischem, kontinuierlichem Training und einem Zeitaufwand von ca. 1,5 Stunden pro Tag realistisch zu erreichen.

Unter-3-h-Läufer

Ich will ...

Wer einen Marathon schafft, der erreicht fast alles, was er sich vornimmt

Wer die Anstrengungen und Strapazen eines Marathon-Trainings und des abschließenden Wettkampfs erfolgreich überwunden hat, besitzt sehr viel Willensstärke. Deshalb erreicht ein Marathoni vieles, was er sich realistisch vornimmt und systematisch angeht. Sowohl privat, beruflich als auch sportlich.

Einmal Marathon – immer Marathon

Viele Marathon-Läufer werden ein Leben lang von diesem Ausdauersport und dem überwältigenden Erlebnis eines Marathonwettkampfs in den Bann gezogen. Die Wirkung, sich fit und vital zu fühlen, langsamer zu altern als andere, lässt viele Läufer bei dieser Sportart bleiben. Marathon ist ein zeitloser Breitensport, der von 18 bis über 70 Jahre betrieben werden kann. Erleichternd kommt hinzu, dass die für einen Marathon benötigte körperliche Leistungsfähigkeit und Muskulatur, wenn sie einmal aufgebaut ist, relativ leicht zu halten ist. Viele Marathonis setzen sich neue Ziele, wie z. B. 15 Minuten schneller zu werden, an internationalen Städtemarathons oder Ultramarathons teilzunehmen oder den Ironman Triathlon anzugehen, um das Abenteuer Marathon noch zu toppen.

Hubertus Reh: 70 Jahre und noch immer Marathoni

4. Marathon gestern und heute

Marathon-Geschichte

Der Marathonlauf über 42,195 Kilometer stammt im Ursprung aus dem Jahre 490 v. Chr., als ein Bote namens Pheidippides den Sieg der Griechen über die Perser von dem Ort Marathon (nord-östlich von Athen) nach Athen meldete. Dabei legte er eine Distanz von ca. 40 Kilometer im Dauerlauf zurück.

Dieser Lauf gilt heute als Ur-Marathon, von dem der Marathonlauf seinen Namen erhielt. Leider hatte dieser Lauf für Pheidippides ein tödliches Ende. Als er sein Ziel erreichte, überbrachte er die mündliche Botschaft, »Sieg, Sieg«, blieb stehen und brach einige Sekunden darauf an Herzversagen tot zusammen, so die Sage.

Die ersten Marathonläufe

Der Franzose und Historiker Michel Bréal wollte die griechische Legende des Marathonläufers Pheidippides wieder auferstehen lassen. Er gewann seinen Freund Pierre de Coubertin, der Gründer und erster Präsident des Olympischen Komitees war, für die Idee, diesen Lauf in die Olympischen Spiele aufzunehmen.

Zum ersten Marathonlauf kam es bei den ersten Olympischen Spielen der Neuzeit am 10 April 1896 in Athen. Er ging über eine Distanz von 40,0 Kilometer von dem Örtchen Marathon in das Stadion nach Athen. Von da an war der Marathonlauf die Königsdisziplin der Olympischen Spiele.

Das Teilnehmerfeld bestand damals aus 25 Marathonis, darunter 21 Griechen und vier Ausländer. Spiridon Louis, ein griechischer Ziegenhirte, wurde der erste olympische Marathon-Sieger. Er gewann den Marathonlauf mit einer Finish-Zeit von 2:58:50 h und einem Vorsprung von über sieben Minuten zu dem Zweiten, dem Griechen Charilaos Vasilakos. Damit war Louis der erste Mensch der die 40-Kilometer-Distanz unter drei Stunden lief. Als Siegespreis erhielt er ein Pferd, einen Wasserkarren, eine kleine Staatspension sowie einen Acker in seinem Heimatdorf.

Spiridon Louis (Griechenland)

Der Ziegenhirte Spiridon Louis ging 1896 als erster Marathon-Olympia-Sieger in die Geschichte ein. Er wurde ein Nationalheld und starb 1940 mit 68 Jahren.

Schon am 26. April 1896 gab es in Paris einen Marathonlauf über 40 km mit 190 Teilnehmern, davon erreichten 81 das Ziel und 10 Läufer blieben unter der 3-Stundenmarke. Der Sieger, der Brite Leonard Hurst, erreichte das Ziel in 2:31 h und war damit über 27 Minuten schneller als der Olympiasieger Louis. Von da an wurden die Vergleichbarkeit der Streckenlänge, die Beschaffenheit und die Vermessungsgenauigkeit diskutiert.

Im September 1896 wurde bereits in New York der erste Marathon in den USA veranstaltet, mit einer Siegerzeit von 3:25 h durch John McDermott.

Der Amerikaner Arthur Blake, der bei den Olympischen Spielen in Athen bei km 23 aufgeben musste, gründete in den USA den Boston-Marathon. Dieser fand erstmals am Patriots Day im April 1897 mit 15 Teilnehmern statt. Die Siegerzeit war 2:55 h.

Änderung der Marathondistanz von 40,0 km auf 42,195 km

Als am 24.07.1908 der Marathonlauf bei den Olympischen Spielen in London/England stattfand, wollte man ermöglichen, dass auch die königliche Familie bei dem Start vom Balkon aus zusehen konnte. So wurde festgelegt, dass der Start im Park von Schloss Windsor und das Ziel im White-City-Stadion (Wembley-Stadion) lag, was eine Entfernung von 42,195 Kilometer ergab.

Bei diesem olympischen Marathon kam es zu einem dramatischen Finale durch den 22-jährigen Italiener Dorando Pietri, der nach 2:45 h in das Wembley Stadion einlief. Für die letzten 355 Meter benötigte er 9:46 Minuten, weil er dabei immer wieder kraftlos zusammenbrach. Er überschritt die Ziellinie in 2:54:57 h. Da Ordner versuchten, ihn bei seinem letzten Sturz vor der Ziellinie zu stützen, wurde er disqualifiziert und der Zweite, der Amerikaner John Hayes, wurde Olympiasieger in der Zeit von 2:55:19 h. Dieses Ereignis löste eine wahre Marathon-Hysterie aus. Über 160 Marathonveranstaltungen waren nun pro Jahr weltweit geboten. Besonders in Amerika mussten sich Hayes und Pietri dann mehrmals dem Zweikampf stellen.

Die Distanz über 42,195 km für den Marathon-Wettkampf wurde 1924 offiziell festgeschrieben.

Später wurde festgestellt, dass Pietri mit Strychnin gedopt war. Sein Frühstück vor dem Marathon bestand aus einem blutigen Steak und Kaffee. Zur Stärkung gab ihm sein Trainer einen Cocktail aus Brandy mit Strychnin. Während des Laufes hatte Pietri nichts getrunken. Er konnte froh sein, dass er den Lauf überlebt hat.

Die Marathon Olympiasieger

1896: Spiridon Louis | 1900: Michel Théato | 1904: Thomas Hicks | 1908: John Hayes | 1912: Kenneth McArthur | 1920: Hannes Kolehmainen | 1924: Albin Stenroos | 1928: Boughera El-Ouafi | 1932: Juan Carlos Zabala | 1936: Kee-Chung Son | 1948: Delfo Cabrera | 1952: Emil Zátopek | 1956: Alain Mimoun | 1960: Abebe Bikila | 1964: Abebe Bikila | 1968: Mamo Wolde | 1972: Frank Shorter | 1976: Waldemar Cierpinski | 1980: Waldemar Cierpinski | 1984: Carlos Lopes | 1988: Gelindo Bordin | 1992: Hwang Young-Cho | 1996: Josia Thugwane | 2000: Gezahegne Abera | 2004: Stefano Baldini

Frauen im Marathon

Erst 1968 war es möglich, dass auch Frauen offiziell an einem Marathon teilnehmen konnten. Als beim Boston-Marathon 1967 die Schweizerin Katherine Switzer sich nur mit ihren Initialen anmeldete, aber während des Laufes als Frau entdeckt wurde, wollten die Kampfrichter sie von der Strecke zerren, was aber die mitlaufenden Kollegen verhin-

Dorando Pietri löste 1908 weltweit die Marathon-Faszination aus.

Uta Pippig

Olympiade 1976: Frank Shorter (rechts) gegen Waldemar Cierpinski

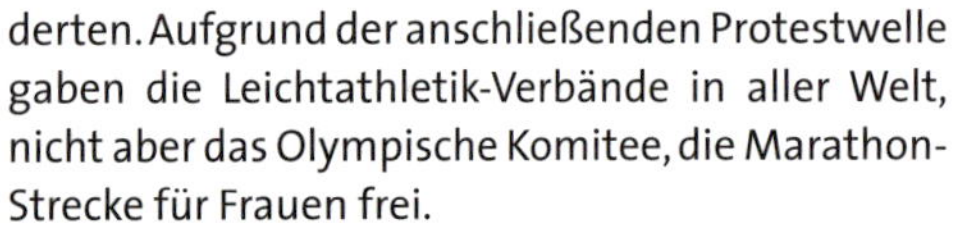

derten. Aufgrund der anschließenden Protestwelle gaben die Leichtathletik-Verbände in aller Welt, nicht aber das Olympische Komitee, die Marathon-Strecke für Frauen frei.

Erst 1984 konnte Joan Benoit bei den Olympischen Spielen in Los Angeles als erste Frau Marathon-Olympiasiegerin in 2:24 h werden. Grete Waitz, Uta Pippig, Tegla Loroupe, Naoko Takahashi und Paula Radcliffe sind bis heute die großen Stars der Marathon-Läuferinnen.

Heute sind in Deutschland ca. 20 % der Marathonis Frauen, mit einer jährlichen Zuwachsrate von über 50 %.

Marathon als Breitensport

Bis zum Jahr 1960 war der Marathon überwiegend von extremen Ausdauer-Athleten wie Emil Zatopek, Paavo Nurmi und Abebe Bikila betrieben worden, die in der Bevölkerung vielfach als »wilde Irre« angesehen wurden.

Erst 1968 wurde durch das Buch des Amerikaners Dr. Kenneth Cooper »Aerobics« ein Jogging-Boom ausgelöst. Bei den Olympischen Spielen 1972 in München (Goldmedaille) und 1976 in Montreal (Silbermedaille) weckte der amerikanische Marathon-Läufer Frank Shorter durch Charme und attraktives Aussehen die Begeisterung der Masse. Der Breitensport Jogging war geboren. Untrainierte Menschen begannen nun, entspannt zu joggen, mit der Motivation dadurch ein gesundes, langes Leben zu erhalten. Innerhalb von drei Jahren entwickelte sich in den USA die Anzahl der Langstreckenläufer auf über 20 Millionen.

1970 startete der New York City-Marathon, 1974 folgte Deutschland mit dem Berlin-Marathon. Mit dem Gewinn des Berlin-Marathons und des New York-Marathons begeisterte die sympathische deutsche Marathon-Läuferin Uta Pippig zunächst die deutsche und später auch die amerikanische Laufbewegung.

London-Marathon
Eine der größten City-Marathon-Veranstaltungen Europas mit über 33 000 Teilnehmern.
Die Teilnahme von ausländischen Läufern ist über einen der vielen deutschen Marathon Reiseveranstalter problemlos möglich. Ein Marathon, bei dem viele Läufer mit den verrücktesten Kostümen antreten, zur Freude der Zuschauer. Die beeindruckende Stadtkulisse macht den Lauf zu einem Top-Erlebnis.

New York City-Marathon
Mit 35 000 Teilnehmern einer der größten City-Marathon-Veranstaltungen der Welt.
Die Teilnahme von ausländischen Läufern ist direkt möglich, wenn eine bestimmte Finish-Zeit nachgewiesen werden kann. Ansonsten ist die Anmeldung und Teilnahme über die vielen deutschen Marathon-Reiseveranstalter möglich, die über Start-Kontingente verfügen.
Es finden sich bei der Laufstrecke über zwei Millionen Zuschauer ein, die mit amerikanischer Begeisterung die Läufer anfeuern. Mindestens einmal muss man dabei gewesen sein.

Berlin-Marathon
Mit 25 000 Teilnehmern die größte City-Marathon-Veranstaltung Deutschlands. Berlin ist die am besten organisierte Marathon-Veranstaltung, die ich kenne. Über eine Million Zuschauer feuern die Läufer an. Die Laufstrecke führt an allen Highlights der Stadt vorbei. Es ist eine schnelle Strecke mit einem phantastischen Publikum, gut für eine persönliche Bestzeit. Dieser Marathon ist ein Muss für jeden Marathoni.

Die Entwicklung der Marathon-Welt-Bestzeit

Da die Marathonwettkämpfe nicht auf der Laufbahn, sondern auf den Straßen stattfinden, wird die Laufzeit sehr stark vom Schwierigkeitsgrad der Strecke wie Höhenmeter oder Oberflächenbeschaffenheit beeinflusst. Deshalb sind die Marathonwettkampfzeiten bei unterschiedlichen Austragungsorten nicht absolut vergleichbar. Die weltweit schnellste Marathonzeit wird deshalb nicht als Weltrekord, sondern als Weltbestzeit bezeichnet. Dabei gilt, dass bei Punkt-zu-Punkt-Läufen das Gefälle maximal 1 % betragen darf, wenn die Zeit gewertet werden soll.

Viele Marathon-Veranstalter sind daran interessiert, eine möglichst schnelle Marathonstrecke zu gestalten, um die schnellsten Läufer an den Start zu bekommen.

Somit kann ein hohes Ranking erreicht werden, was die damit verbundenen Werbegelder für die Veranstaltung begünstigt. Sowohl die Anzahl der Läufer als auch die Finish-Zeit des Siegers, im Abstand zur Weltbestzeit, beeinflussen das Ranking des Marathon-Veranstalters.

Seit 1960 verbesserte sich die Weltbestzeit der Männer im Marathon nur um 11 Minuten von 2:15:16 h auf 2:04:55 h, die am 28.10.2003 von Paul Tergat in Berlin erreicht wurde. Ob die Zwei-Stunden-Marke jemals unterschritten wird, halten viele Experten für mehr als fraglich. Ich persönlich glaube, dass es Männern in wenigen Jahren möglich sein wird, 1:59:00 h zu laufen, wenn neue Trainings- und Motivationsmethoden zum Einsatz kommen, Talente frühzeitig gefördert werden, hohe finanzielle Anreize und für die Athleten ein sehr hohes nationales Ansehen in der Gesellschaft geboten werden. Dies wird dann eintreten, wenn das nationale Interesse für den Marathonsport eine breite Begeisterung findet, ähnlich wie in Japan, und damit für die Werbung eine interessantere Plattform entsteht.

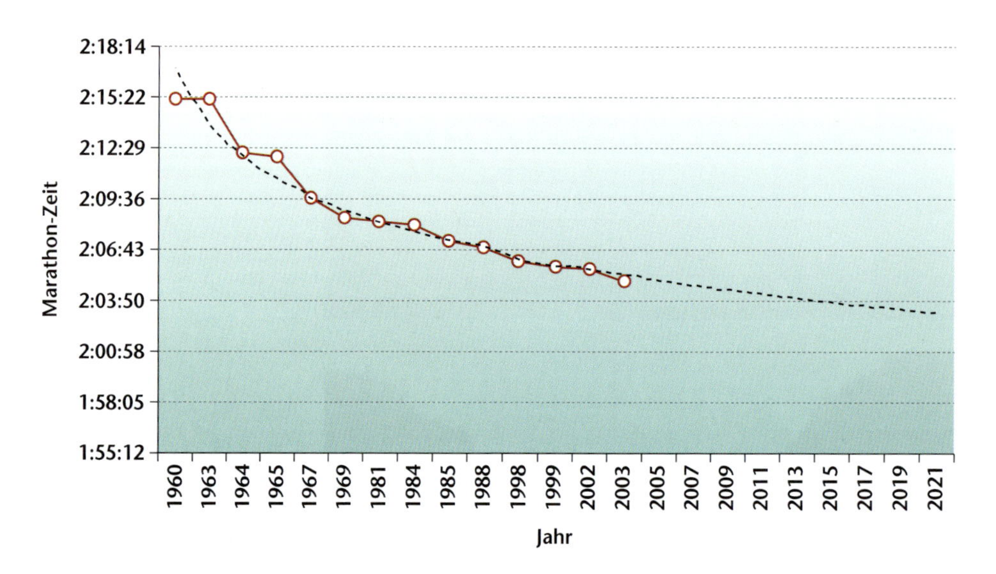

Der fortgeschriebene Verlauf der Marathon-Weltbestzeit endet bei 2:02:30 h, die theoretisch im Jahre 2020 erreicht werden könnte.

Die Entwicklung der Marathon-Weltbestzeit der Männer

Jahr	Zeit	Athlet	Ort	Nation
1908	2:55:18	Haynes	London	USA
1909	2:40:34	Johansson	Stockholm	Schweden
1913	2:36:06	Ahlgren	London	Schweden
1920	2:32:35	Kolehmainen	Antwerpen	Finnland
1925	2:29:01	Michelson	Port Chester	USA
1935	2:26:42	Son	Tokio	Japan
1947	2:25:39	Bok Suh	Boston	Korea
1952	2:20:42	Peters	Cheswick	England
1953	2:18:34	Peters	Turku	England
1954	2:17:39	Peters	Cheswick	England
1958	2:15:17	Popov	Stockholm	Russland
1960	2:15:16	Bikila	Rom	Äthiopien
1963	2:15:15	Terasawa	Tokio	Japan
1963	2:14:28	Edelen	Chiswick	USA
1964	2:13:55	Heatley	Chiswick	USA
1964	2:12:11	Bikila	Tokio	Äthiopien
1965	2:12:00	Shigematsu	Chiswick	Japan
1967	2:09:36	Clayton	Fukuoka	Australien
1969	2:08:33	Clayton	Antwerpen	Australien
1981	2:08:18	De Castella	Fukuoka	Australien
1984	2:08:05	Jones	Chicago	England
1985	2:07:12	Lopes	Rotterdam	Portugal
1988	2:06:50	Dinsamo	Rotterdam	Äthiopien
1998	2:06:05	Da Costa	Berlin	Brasilien
1999	2:05:42	Khannouchi	Chicago	Marokko
2002	2:05:38	Khannouchi	London	USA
2003	2:04:55	Tergat	Berlin	Kenia

Die Entwicklung der Marathon-Weltbestzeit der Frauen

Jahr	Zeit	Athlet	Ort	Nation
1926	3:40:22	Violet Piercy	Chiswick	England
1963	3:37:07	Merry Lepper	Culver City	USA
1964	3:19:33	Mildred Sampson	Auckland	NZL
1967	3:15:22	Maureen Wilton	Toronto	Kanada
1970	3:02:53	Caroline Walker	Seaside	USA
1971	2:49:40	Cherly Bridges	Culver City	USA
1973	2:46:36	Michuko Gorman	Culver City	USA
1974	2:43:54	Jacqueline Hansen	Culver City	USA
1975	2:38:19	Jacqueline Hansen	Eugene	USA
1977	2:34:47	Christa Vahlensiek	Berlin	Deutschland
1978	2:32:29	Grete Waitz	New York	Norwegen
1979	2:27:32	Grete Waitz	New York	Norwegen
1980	2:25:41	Grete Waitz	New York	Norwegen
1983	2:22:43	Joan Benoit	Boston	USA
1985	2:21:06	Ingrid Kristiansen	London	Norwegen
1998	2:20:47	Tegla Loroupe	Rotterdam	Kenia
1999	2:20:43	Tegla Loroupe	Berlin	Kenia
2001	2:18:47	Catherine Ndereba	Chicago	Kenia
2002	2:17:18	Paula Radcliffe	Chicago	England
2003	2:15:25	Paula Radcliffe	London	England

Berlin-Marathon, nach dem Start

London-Marathon, Tower Bridge

ING NEW YORK CITY-Marathon, 1st Ave.

Siegertypen, Paul Tergat (Nr. 2) beim Lauf zur Marathon-Weltbestzeit 2:04:55 h

Marathon Star-Läufer

Paavo Nurmi
(Finnland)

Der fliegende Finne ist bis heute der erfolgreichste Leichtathletik-Olympiateilnehmer aller Zeiten. Von 1920 bis 1928 erhielt er 12 Medaillen, davon 9 in Gold. Sein Husarenstück gelang ihm bei den Olympischen Spielen 1924 in Paris. Dort lief er im 1500-m-Lauf einen Weltrekord und nur 55 Minuten später unterbot er im 5000-m-Lauf seinen eigenen Weltrekord in 14:28 Minuten. 1932 wollte er seine Karriere mit dem Olympiasieg im Marathon krönen. Wenige Tage zuvor wurde er, aufgrund einer zu hohen Spesenabrechnung, von der Teilnahme ausgeschlossen und ihm wurde die Amateureigenschaft aberkannt. Daraufhin beendete er mit 35 Jahren seine Sport-Laufbahn. Er hat als finnischer Nationalheld seinem Land zu großer Beachtung und internationalem Ansehen verholfen und galt als unbesiegbar. Von 45 Wettkämpfen gewann er 43. Er gilt als der erfolgreichste Läufer aller Zeiten.

Emil Zátopek
(Tschechien)

Sein eigenwilliger Laufstil brachte ihm den Spitznamen »die Lokomotive« ein. Die erste Goldmedaille erhielt er 1948 in London über 10 km. Er war der erste Mensch, der 10 km unter 29 Minuten lief. Er wurde zur lebenden Läufer-Legende, als er 1952 bei den Olympischen Spielen in Helsinki innerhalb von 8 Tagen die Goldmedaille über 5000 m, 10 000 m und über den Marathon gewann. Er hat das Intervalltraining bekannt gemacht, das er bis zum Exzess betrieb (z. B. 40 x 400 Meter) Seine Rekorde: 5 km: 13:57 Min (1952), 10 km: 28:54 Min(1954).

Er wurde auch durch viele bemerkenswerte Zitate bekannt: z. B. Vogel fliegt, Fisch schwimmt, Mensch läuft.

Rom 1960: Abebe Bikala läuft barfuß zu Gold

Abebe Bikila
(Äthiopien)

Er war einer der erfolgreichsten Marathonläufer seiner Zeit. Vor allem als »der Mann, der barfuß den Marathon lief«, ist er in Erinnerung geblieben. Er gewann zweimal Gold bei den Olympischen Spielen 1960 in Rom (barfuß) und 1964 in Tokio mit einer neuen Weltbestzeit von 2:12:11 h, obwohl er sich sechs Wochen zuvor einer Operation unterziehen musste. Der Versuch, in Mexiko 68 die dritte Goldmedaille zu gewinnen, scheiterte, da er bei km 17 aufgrund einer Fußverletzung aufgeben musste. Bei einem Autounfall wurde Abebe Bikila 1968 schwer verletzt und dadurch querschnittsgelähmt. Er starb im Jahre 1974.

Waldemar Cierpinski
(DDR)

Er gewann als einziger Europäer zweimal das olympische Gold im Marathon: 1976 in Montreal mit 2:09:55 h und 1980 in Moskau. Mit ihm hat bislang nur Abebe Bikila zweimal Gold im Olympischen Marathon gewinnen können. In Montreal überholte er bei km 34 Frank Shorter und wurde aus Versehen in eine zweite Stadionrunde geschickt. Bei seiner Ankunft sah er Frank Shorter im Ziel, der ihm zum Sieg gratulierte. Bei dem Olympischen Sieg in Moskau war der Fernsehreporter Örtel so begeistert, dass er rief: »Väter haben Sie Mut, nennen Sie Ihre Neuankömmlinge Waldemar«.

Jörg Peter
(DDR)

Er ist bis heute der schnellste deutsche Marathon-Läufer und einziger deutscher Marathonläufer der sich vier Mal für die Olympischen Spiele qualifizieren konnte. Der Dresdner lief 1988 beim Tokyo-Marathon deutschen Rekord in 2:08:47 h, den er bis heute (2005) hält. Den Hamburg-Marathon konnte er 1990/91 zweimal in Folge mit jeweils neuem Streckenrekord gewinnen. Jörg Peters Läufer-Karriere währte fast 20 Jahre. Als 36-jähriger wurde er 1992 beim Rotterdam-Marathon Dritter. Sein Trainingsumfang erreichte bis zu 320 km pro Woche.

Im 10-km Wettkampf wurde er 1977 Europa-Cup-Sieger (27:55 Min) und Vize-Word-Cup-Sieger sowie 1980 Sechster bei den Olympischen Spielen in Moskau.

Grete Waitz
(Norwegen)

Sie war eine der erfolgreichsten Marathon-Läuferinnen aller Zeiten. Als 3000-Meter-Läuferin wollte sie bei ihrem ersten Marathon nur »ankommen«. Im Training war sie nie weiter als 19 km gelaufen. Grete Waitz beendete ihren ersten Marathon nur zwei Minuten langsamer als die aktuelle Weltbestzeit. Sie gewann neunmal hintereinander den New York-Marathon und zweimal den London-Marathon. Von 1978 bis 1983 hielt sie die Marathon-Weltbestzeit der Frauen, die sie 78, 79, 80 und 1983 jeweils auf zuletzt 2:25:29 Stunden verbesserte.

Uta Pippig
(Deutschland)

Gebürtig aus Leipzig. Siegte dreimal in Folge beim Boston-Marathon 1990, 91, 92 und beim Berlin-Marathon 90, 92, 95. Sie gewann als einzige Deutsche den New York-Marathon (1993).

Ihre Marathon-Bestzeit von 2:21:45 h (1994) ist bis heute der deutsche Rekord der Frauen. Von 1994 bis 1995 war sie schnellste Marathonläuferin der Welt. Im Halbmarathon erreichte sie 67:58 Min (1995), bei 10 km 31:21 Min (1990), bei 5 km 15:13 Min (1991).

Sie war mit ihrer fröhlichen Ausstrahlung ein Liebling der Medien und des Publikums.

1998 verlegte sie mit ihrem Trainer und Lebensgefährten Dieter Hogen ihren Wohnsitz nach Boulder, USA. Dort wurde sie dann des Dopings beschuldigt, was sie immer bestritt. Trotzdem wurde sie für zwei Jahre vom Deutschen Leichtathletik Verband gesperrt. Später wurde die Klage vom DLV ohne Zahlung einer Entschädigung zurückgezogen.

Khalid Khannouchi
(USA)

Der gebürtige Marokkaner wanderte in die USA aus und arbeitete als Tellerwäscher in New York. Nachts trainierte er in den Häuserschluchten. 1997 gewann er in Chicago mit 2:07:10 h den Marathon als schnellster Newcomer in der Leichtathletik-Geschichte. Einen Tag vor der Olympiade in Sydney 2000 verletzte er sich. In London lief er 2002 eine neue Marathon-Weltbestzeit in 2:05:38 h und damit als erster Mensch unter 2:06 h.

Paul Tergat
(Kenia)

Er ist der einzige Athlet, dem es fünfmal in Folge gelang, die Cross-WM zu gewinnen (95–99). Er gewann die Silbermedaille je zweimal über 10 km bei der WM und den Olympischen Spielen. Er lief 1997 über 10-km-Weltrekord in 26:27,85 Min. in Brüssel und ein Jahr später Weltrekord im Halbmarathon über 59:17 Min. in Mailand.

Im Marathon war er immer Zweiter von 2000 bis 2002. Deshalb wurde er auch der »ewige Zweite« genannt. Dies änderte sich beim Berlin-Marathon 2003 dramatisch, wo er eine neue Fabel-Weltbestzeit von 2:04:55 h erreichte und als erster Mensch den Marathon unter 2:05 h lief. Er hielt damit beide Weltbestzeiten im Halb- und im Marathon gleichzeitig.

Paula Radcliffe
(Großbritannien)

Bisher bei den 10 km-Wettkämpfen immer nur als Zweite im Ziel, gewann sie ihren ersten Marathon in London 2002, den sie 2003 mit einer neuer Weltbestzeit von 2:15:25 h wiederholte. Sie setzte ihr Siegesjahr 2003 fort mit der Weltbestzeit im Halbmarathon (1:05:40 h), im 10 km und im 5-km-Straßenlauf. 2004 musste sie bei den Olympischen Spielen aufgrund der Hitze aufgeben. Dies löste bei ihr eine sehr starke Frustration und Enttäuschung aus, da sie für sich den Olympischen Marathon-Sieg fest erwarte. Im Herbst 2004 konnte sie dann den New York-Marathon gewinnen. 2005 krönte sie in Helsinki ihre Leistung mit dem Weltmeister-Titel im Marathon.

Berlin, der Super-Marathon

Marathon in Deutschland

Der erste deutsche Marathon über 40 km fand am 5. September 1897 bei Leipzig statt von Paunsdorf nach Bennewitz und zurück. Von 18 Teilnehmern kamen 13 ins Ziel, Sieger war Theodor Schöffler in einer Zeit von 3:25 h.

Die beiden ersten deutschen olympischen Marathonteilnehmer waren Hermann Müller und Robert Senneke bei den Olympischen Spielen 1906 in Athen. Dabei konnte Hermann Müller mit 3:31 h den neunten Platz erzielen, was bis 1976 die beste deutsche Platzierung im Olympischen Marathon blieb. Sieger wurde der Kanadier William Sherring in 2:51 h, Robert Senneke musste aufgeben.

Der erste deutsche Marathon über die Distanz von 42,195 km war der Frankfurt-Marathon, welcher am 13. Juli 1910 stattfand und von Darmstadt nach Frankfurt ins Messegelände verlief. Der Sieger, der Berliner Julius Ries, erreichte das Ziel in 2:49 h.

Nach dem zweiten Weltkrieg war es sehr schwer, in Deutschland das Hobby Marathonlaufen auszuüben. Einerseits wegen der schlechten Laufschuhe und Straßenverhältnisse, andererseits aufgrund der mangelnden Ernährung und Freizeit. Erst in den 70er Jahren entwickelte sich ein stark leistungsorientierter Läuferkreis.

Der Frankfurt-Höchst-Marathon war dann 1981 der erste City Marathon in Deutschland und der führende Marathon in der Welt, was die Summe an Zeiten unter drei Stunden betrifft. Von 2600 Teilnehmern liefen über 22 % unter drei Stunden. Dies ist bezeichnend für die damalige Laufszene, die sehr ehrgeizig und zeitambitioniert war. Nur 2 % der Teilnehmer waren Frauen.

Die Marathonszene hat sich in den letzten 20 Jahren stark verändert. In Deutschland gibt es kaum noch international siegreiche Elite-Läufer, der Nachwuchs fehlt gänzlich. In den letzten Jahren konnte sich kein einziger deutscher Marathon-Läufer weder für die Europameisterschaft noch für die WM oder die Olympischen Spiele qualifizieren.

Dafür entwickelte sich eine überaus breite Laufbewegung an Freizeit-Marathonis, die im Bereich 4:00 h bei den Männern und 4:30 h bei den Frauen liegen.

Der Freizeit-Marathoni nimmt in einem Jahr meist an mehreren Stadt-Marathons teil (Frühjahr und Herbst) und nach einigen Marathon-Erfolgen zunehmend auch bei internationalen Stadtmarathons. Bei den großen Veranstaltungen entsteht ein wahrer Marathon-Tourismus mit steigenden Teilnehmerzahlen. Derzeitig sind in Deutschland ca. 120 000 Marathonis aktiv, davon 20 % Frauen. Von 2003 zu 2004 steigerte sich die

Anzahl deutscher Marathonläufer/innen, bei den Frauen um 49 % und bei den Männern um 34 %. Es gibt in Deutschland kaum noch eine Großstadt, die keinen Marathon oder großen Lauf-Event anbietet. Derzeitig finden alleine in Deutschland über 150 dieser Marathon-Laufveranstaltungen statt.

Der Marathon hat sich von einem Extremsport zu einem Breitensport entwickelt. Eine großartige sportliche Herausforderung wird mit einer kurzzeitigen, strukturierten Trainings-Vorbereitung für jedermann machbar und erlebbar.

Joschka Fischer hat es allen vorgemacht, wie ein dickbäuchiger Mensch in der Mid-Life-Krise die Kurve kriegt und sich in relativ kurzer Zeit zum Athleten verwandeln und einen Marathon in 3:41 h bewältigen kann.

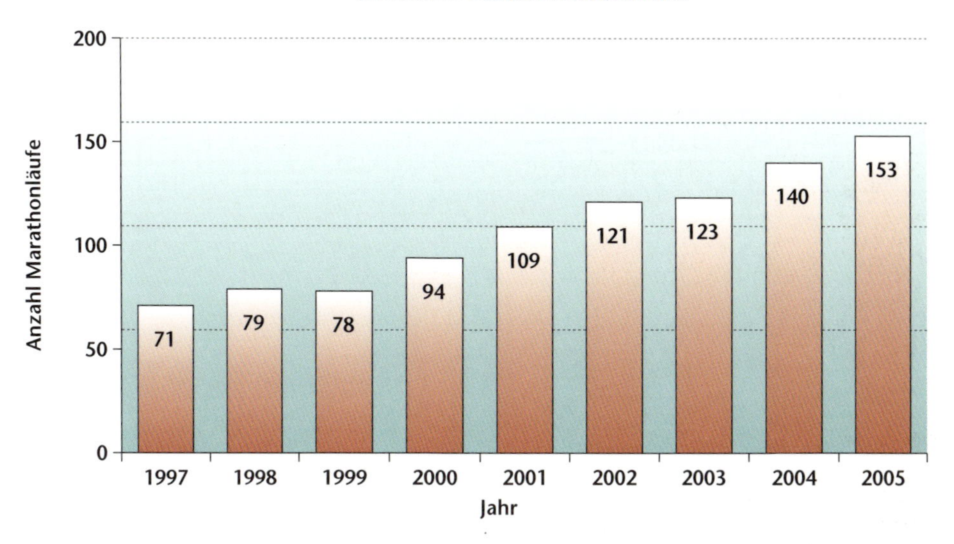

Quelle: www.marathon.de

Frankfurt-Höchst-Marathon 1982

Finish-Zeiten 2004 der deutschen Marathon-Läuferinnen (Quelle:www.greif.de)

Die Anzahl der Läuferinnen hat sich gegenüber dem Vorjahr um 49% erhöht

Damen		Altersklassenverteilung	Läuferinnen gesamt: 19 518
AK	Anzahl	Verteilung	Schnitt: Finish-Zeit in h
W18	102		4:34
W20	2 739		4:25
W30	2 940		4:21
W35	4 055		4:20
W40	4 418		4:24
W45	2 839		4:26
W50	1 512		4:32
W55	498		4:37
W60	303		4:46
W65	92		5:03
W70	16		5:32

Damen		Laufzeit-Verteilung / Durchschnitts-Finishzeit: 4:24h
Finish-zeiten	Anzahl	Verteilung
2:30	2	
2:45	9	
3:00	53	
3:15	183	
3:30	742	
3:45	1 356	
4:00	2 832	
4:15	2 956	
4:30	3 377	
4:45	2 887	
5:00	2 161	
5:15	1 317	
5:30	795	
5:45	443	
6:00	225	
6:15	82	
6:30	49	
6:45	24	
7:00	17	
7:15	17	
7:30	9	
7:45	9	
8:00	0	

Finish-Zeiten 2004 der deutschen Marathon-Läufer (Quelle: Greif-Statistik)

Die Anzahl der Läufer hat sich gegenüber dem Vorjahr um 34% erhöht

Herren		Altersklassenverteilung	Läufer gesamt: 100 628
AK	Anzahl	Verteilung	Schnitt: Finish-Zeit in h
M16	5		5:39
M18	426		4:09
M20	10 604		4:02
M30	12 490		3:58
M35	20 556		3:56
M40	22 719		3:58
M45	15 860		4:01
M50	9 485		4:07
M55	4 346		4:12
M60	2 690		4:21
M65	1 186		4:29
M70	208		4:35
M75	46		5:05

Herren		Laufzeit-Verteilung / Durchschnitts-Finishzeit: 4:02h
Finish-zeiten	Anzahl	Verteilung
2:15	3	
2:30	34	
2:45	474	
3:00	2 855	
3:15	5 539	
3:30	11 227	
3:45	14 471	
4:00	19 761	
4:15	13 645	
4:30	12 005	
4:45	8 317	
5:00	5 767	
5:15	3 093	
5:30	1 787	
5:45	904	
6:00	448	
6:15	202	
6:30	108	
6:45	30	
7:00	23	
7:15	15	
7:30	27	

Die größten Marathons in Europa (2004)

Platz	Land	Marathon	Monat	Marathon-Läufer
1.	F	Paris-Marathon	April	34 870
2.	UK	London-Marathon	April	32 100
3.	D	Berlin-Marathon	September	28 750
4.	D	Hamburg-Marathon	April	18 180
5.	D	Köln-Marathon	Oktober	13 680
6.	S	Stockholm-Marathon	Juni	12 690
7.	D	München-Marathon	Oktober	10 670
8.	D	Frankfurt-Marathon	Oktober	10 360
9.	NL	Rotterdam-Marathon	April	10 050
10.	F	Medoc-Marathon	September	8990
11.	I	Rom-Marathon	März	8760
12.	IRL	Dublin-Marathon	Oktober	8510
13.	E	Madrid-Marathon	April	8400
14.	F	de La Rochelle-Marathon	November	7100
15.	D	Ruhr-Marathon	April	6720
16.	I	Venedig-Marathon	Oktober	5930
17.	CH	Zürich-Marathon	April	5850
18.	FIN	Helsinki-Marathon	August	5600
19.	S	Kopenhagen-Marathon	Mai	5570
20.	A	Wien-Marathon	Mai	5230
21.	D	Rennsteiglauf	Mai	5210
22.	I	Florenz-Marathon	November	4880
23.	GR	Athen-Marathon	November	4500
24.	NL	Amsterdam-Marathon	Oktober	4500
25.	CZ	Prag-Marathon	Mai	4500
26.	F	Mont Saint Michel-Marathon	Juni	4380
27.	D	Mittelrhein-Marathon	Juni (2005)	4310
28.	I	Mailand-Marathon	Dezember	4200
29.	CH	Jungfrau-Marathon	September	3870
30.	CH	3-Länder-Marathon Bregenz	Oktober	3500
31.	D	Rhein-Marathon Düsseldorf	Mai	3460
32.	D	Münster-Marathon	September	3410
33.	D	Freiburg-Marathon	April	3170
34.	HUN	Budapest-Marathon	September	3000
35.	D	Mannheim-Marathon	Mai	2850
36.	F	Lyon-Marathon	September	2840
37.	GB	Edinburg-Marathon	Juni	2800
38.	D	Gutenberg-Marathon Mainz	Mai	2780
39.	D	Bonn-Marathon	April	2770
40.	CH	Bieler Lauftage	Juni	2710
41.	I	Treviso-Marathon	März	2700
42.	I	Carpi-Marathon	Oktober	2510
43.	D	Hannover-Marathon	Mai	2430
44.	D	Essen-Marathon »r.u.d. Baldeneysee«	Oktober	2380
45.	E	Sevilla-Marathon	Februar	2370
46.	CH	Swiss Alpin-Marathon Davos	Juli	2270
47.	F	Marathon de la Liberte	Juni	2200
48.	S	H.C. Andersen-Marathon Odense	Oktober	2200
49.	E	Valencia-Marathon	Februar	2200
50.	D	Karlsruhe-Marathon	September	2010

Die Teilnehmerzahlen beziehen sich auf reine Marathonläufer ohne Halbmarathon-, Staffel- oder andere Läufer.

Die schnellsten Marathons in Europa

Platz	Land	Marathon	Sieger	Zeit
1.	D	Berlin-Marathon	Paul Tergat	2:04:55
2.	UK	London-Marathon	Khalid Kannouchi	2:05:38
3.	NL	Rotterdam-Marathon	Felix Limo	2:06:14
4.	NL	Amsterdam-Marathon	Robert Cheboror	2:06:22
5.	F	Paris-Marathon	Michael Rotich	2:06:33
6.	D	Hamburg-Marathon	Julio Rey	2:07:27
7.	I	Turin-Marathon	Alemayhu Simeretu	2:07:44
8.	I	Rom-Marathon	Alberto di Cecco	2:08:02
9.	I	Mailand-Marathon	Daniel Cheribo	2:08:38
10.	F	Saint-Denis-Marathon	Julio Rey	2:08:38
11.	I	Venedig-Marathon	David Makori	2:08:49
12.	F	Mont-Saint-Michel-Marathon	Oliver N`Simba	2:08:55
13.	A	Wien-Marathon	Samson Kandie	2:08:55
14.	NL	Eindhoven-Marathon	Willy Cheruiyot	2:09:05
15.	I	Carpi-Marathon	Haron Kiplimo	2:09:09
16.	D	Frankfurt-Marathon	Boaz Kimaiyo Kibet	2:09:10
17.	E	Marathon de San Sebastian	Timothy Cherigat	2:09:34
18.	CH	Zürich-Marathon	Viktor Rötlin	2:09:55
19.	CH	Lausanne-Marathon	Tesfaye Eticha	2:10:05
20.	D	Leipzig-Marathon	Chris Cheboiboch	2:10:16

Die besten Marathons der Welt

Bewertet wurde die Anzahl der Läufer und Zuschauer, die Schnelligkeit der Strecke, die Teilnahme von Top-Läufern, die Organisation und der Gesamteindruck.

Platz	Ort	Datum	Punkte
1	London-Marathon	April	71
2	Berlin-Marathon	September	61
3	Chicago-Marathon	Oktober	49
4	New York-Marathon	November	49
5	Boston-Marathon	April	40
6	Stockholm-Marathon	Juni	33
7	Rotterdam-Marathon	April	20
8	Paris-Marathon	April	19
9	Honolulu-Marathon	Dezember	17
10	Amsterdam-Marathon	Oktober	14

Quelle: Runners World

5. Motivation und Zielsetzung

Motivation ist der persönliche Wunsch, etwas Bestimmtes zu schaffen, und bedeutet »ich will«. Das Motiv ist der Beweggrund. Die Motivation bestimmt Richtung, Stärke und Dauer des Leistungs-Verhaltens.

Die Basis in der sportlichen Motivation liegt in dem inneren Wunsch, ein ganz bestimmtes Ziel, ein Ereignis, eine Veränderung, eine höhere Leistung, eine bessere Laufzeit u.s.w. zu erleben oder erreichen zu wollen. Nur Ziele, die wir uns selbst setzen, treiben uns an, bringen uns vorwärts, lassen uns die Komfort-Zone verlassen, um etwas Zusätzliches zu tun, was wir sonst nicht tun würden.

Der einzelne Mensch unterscheidet sich von den anderen Menschen z. B. in den Zielen, die er sich setzt. Große Ziele bewirken eine große Veränderung oder Verbesserung, keine Ziele bewirken Stagnation und Rückgang.

Ein Ziel beinhaltet eine klar definierte Ideologie oder ein Resultat, eine Veränderung des derzeitigen Zustands. Das Resultat des Ziels muss einen Preis symbolisieren, der es Wert ist, dafür längere Zeit Verzicht und Anstrengungen aufzubringen. Geist und Wille werden im Unterbewusstsein von dem definierten Ziel geprägt und setzen sich so gegenüber aufkommenden Widerständen durch.

Um sich eine überdurchschnittliche sportliche Leistungsfähigkeit antrainieren zu können, bedarf es normalerweise eines längeren Zeitraums. Nur bei einem innerlich gefestigten Ziel kann sich ein unbändiger Wille entwickeln, der sich über die aufkommenden Schwierigkeiten wie Zeitmangel, Erkrankung, Leistungseinbruch, Verletzung, schlechtes Wetter u.s.w. hinwegsetzt und die Einhaltung und Fortsetzung des Trainings gewährleistet.

Leistung ist das Resultat aus Bereitschaft, Fähigkeit und Möglichkeiten. Die Möglichkeiten zu joggen oder Fitness zu betreiben sind weltweit ausreichend gegeben. Die Fähigkeit dazu ist individuell unterschiedlich, je nach Veranlagung, Statur, Alter, Körperbau oder Erbanlagen. Die Bereitschaft, etwas zu tun, also Sport zu treiben, ist das Wollen eines jedes Einzelnen.

Somit kann fast jeder Mensch in Fitness und Marathon eine relativ überdurchschnittliche Leistung erbringen und z. B. unter 4 h einen Marathon laufen. Beispiele wie Joschka Fischer belegen dies, auch wenn bei 3:41 h seine Möglichkeiten für eine weitere Leistungsverbesserung durch mangelnde Zeit für Training eingeschränkt wurden.

Zunächst muss jeder für sich definieren, was für ein sportliches Ziel er erreichen will, warum er dieses Ziel anstrebt und wann er dieses Ziel erreichen will.

Erstes Ziel: Was

Das Hauptziel soll genau definieren, was Sie erreichen wollen: z. B. Erlebnis, Veränderung oder Verbesserung.

Mein Hauptziel war, als Nicht-Läufer einen Marathon unter 4 h zu finishen. Weiterhin: das Abenteuer Marathon zu erleben, mindestens drei Marathons hintereinander zu laufen, um das Erlebnis so zu multiplizieren. Dafür aber maximal nur drei Monate Trainingszeit zu investieren.

Zweites Ziel: Warum

Weil ich Gewicht verlieren wollte und dies durch Fasten nicht bewirken konnte (Jo-Jo Effekt).

Weil ich das Abenteuer Marathon einmal erleben wollte.

Drittes Ziel: Wann

Ich setzte mir das Ziel, sofort mit dem Training zu beginnen und nach genau drei Monaten den ersten Marathon-Stadtlauf zu starten. Weitere zwei Stadtmarathons buchte ich im Anschluss an den ersten Marathon im zwei und vier Wochen Abstand. Die Startgebühr für alle drei Marathons bezahlte ich zwei Wochen nach Trainingsbeginn. Somit gab es kein Zurück.

Viertes Ziel: Das »Fernziel«

Aufbauend auf dem ersten Hauptziel definieren Sie nun ein ehrgeiziges Fernziel, welches Sie nach einem Jahr Training realistisch erreichen können.

Mein Fernziel war es, nach einem Jahr Training einen Marathon unter drei Stunden zu finishen bzw. um 15 Minuten schneller zu werden, als meine vorangegangene Bestzeit war.

Fünftes Ziel: Die »Zwischenziele«

Die Zwischenziele sind wöchentlich zu definieren, sie sollten aufeinander aufbauen und systematisch zu dem Hauptziel führen. Die gesetzten Zwischenziele müssen mit aller Kraft erreicht werden.
Meine anfänglichen wöchentlichen Ziele waren:

1. Woche: Gute Laufschuhe – und ein Satz Lauf-Funktionsbekleidung zu kaufen.
Einen Marathon-Plan mit 4 h Finish-Ziel für fünf Tage zu probieren.
2. Woche: Einen Marathon-Plan mit 3:30 h Finish Ziel für fünf Tage zu probieren.
Am Ende der Woche den für mich geeigneten Marathon-Plan auszuwählen.
Ein Pulsmessgerät zu kaufen und meine HFmax zu bestimmen.
3. Woche: Teilnahme an einem 10-km-Volkslauf. Finden eines Trainingspartners für lange Läufe. Feste Anmeldung zu drei Marathon-Läufen.
4. Woche: Finden eines erfahrenen Marathonläufers zum Erfahrungsaustausch.

Sechstes Ziel: Die Zeiteinteilung

Für ein Marathon- oder ein Fitnesstraining müssen Sie sich mit Anfahrt, Umziehen, Durchführung, nach Hause fahren und Duschen durchschnittlich ca. 1,5 Stunden Zeit am Tag nehmen. Diese Zeit muss organisatorisch bereitgestellt und geplant werden. Denn: »Keine Zeit« gibt es nicht, das ist ein heiliger Grundsatz beim Marathontraining.

Motivationsvorstellung: Marathon-Zieleinlauf

Die Zuschauer der Stadtmarathons motivieren und tragen die Läufer ins Ziel.

Nun ist es Zeit, dass Sie Ihre Ziele konkret definieren

Lehnen Sie sich entspannt zurück und stellen Sie sich vor, was Sie erreichen wollen. Was es für positive Veränderungen an Ihrem Körper bewirken wird, wie sie sich freuen werden, wenn Sie das Ziel erreicht haben, durch die Ziellinie laufen, Ihr Gewicht reduziert, Ihre Körperform durch Muskeln verändert oder ein neues Lebensgefühl erreicht haben.

1. Definieren Sie nun Ihr globales Ziel, **was** wollen Sie erreichen:

____

____

2. Definieren Sie nun, **warum** Sie dieses Ziel erreichen wollen:

____

____

3. Definieren Sie nun, **wann** Sie dieses Ziel erreichen wollen:

____

____

4. Definieren Sie nun das **Fernziel**, das Sie in einem Jahr erreiche möchten:

____

____

5. Definieren Sie nun die ersten **Zwischenziele** für die nächste Woche und die zwei darauffolgenden Wochen, die Quartale, bis zu einem Jahr :

____

____

____

____

____

____

____

____

6. Organisieren Sie nun den **zeitlichen Ablauf** über ein Jahr, wie Sie 1,5 Stunden täglich für Sport aufbringen werden und definieren Sie, worauf Sie stattdessen verzichten werden. Definieren Sie, wie Sie den neuen Zeitablauf mit Ihrer Familie in Einklang bringen werden, so dass daraus möglichst beiderseits ein Vorteil entsteht.

____

____

Ihre Haupt-, Dreimonats- und Zwischenziele müssen Sie sich möglichst wöchentlich neu verinnerlichen, um das Unterbewusstsein und den inneren Antrieb motiviert zu halten. Entspannen Sie sich dabei und stellen Sie sich das Erreichen der Ziele bildhaft vor, aber auch, was Sie dafür tun werden.

Nun ist es Zeit, an die Umsetzung zu gehen. Fangen Sie morgen an, das erste Wochen-Zwischenziel zu erfüllen. Kaufen Sie sich ein Paar sehr gute Laufschuhe, Laufsocken, eine Lauf-Fachzeitschrift und joggen Sie los. Oder sehen Sie sich verschiedene Fitnessstudios an, werden Sie Club-Mitglied und starten Sie das erste Kraft-Training.

Spaß auch für die Zuschauerin

6. Laufschuhe

Die Laufschuhe sind der wichtigste Ausrüstungsgegenstand des Läufers. Über 90 % der möglichen Probleme oder Krankheiten bei einem Marathontraining werden durch schlechte Laufschuhe und/oder ein zu hartes Training verursacht. Ein Laufschuh muss passen, darf nicht drücken und muss über genügend Bewegungsfreiheit im Zehbereich von mindestens einer Daumenbreite verfügen. Das Obermaterial darf nicht zu eng am Fuß anliegen, der Schuh darf sich in der Verse und der Sohle nicht verdrehen lassen.

Die Laufbewegung unterteilt sich zu 30 % in eine Bodenkontakt- und zu 70 % in eine Flugphase. Der Bodenkontakt besteht aus der Lande-, Führungs- und Abdruckphase. Ein Jogger landet meist mit der Ferse, rollt über den Mittelfuß zum Vorfuß ab und drückt sich dann mit den Zehenballen ab. Nur Sprinter landen auf dem Vorfuß und drücken sich über den Vorfuß ab. Aufgrund der hohen Anzahl von Bewegungszyklen ist es für den Langstreckenläufer erforderlich, seine Sprunggelenke und Achillessehne zu entlasten. Durch die speziellen Dämpfungs- und Verwindungseigenschaften des Laufschuhs erfolgt eine Fersen- und Sohlendämpfung sowie eine stabile Führung des Fußes in der Abrollbewegung.

Beim Joggen werden Sprunggelenk und Knochen bis zum dreifachen Körpergewicht belastet, je nach Intensität, Untergrund und Schuhdämpfung. Bei einem 10-km-Lauf wirken somit bis zu 1000 Tonnen als gesamte Dauerbelastung auf das Sprunggelenk und auf den Laufschuh. Deshalb ist die Qualität des Laufschuhs für den Trainingserfolg beim Marathontraining so elementar wichtig. Vom ersten Kilometer an.

Die Anforderungen an einen Laufschuh sind sehr hoch bezüglich Passform, Stabilität, Dämpfung, Stützfunktion und Verschleiß. Dazu gibt es unterschiedlichste Hersteller und Technologien die sich in Funktion, Technik, Qualität und Tragekomfort stark unterscheiden.

Obwohl verschiedene Hersteller ihre Laufschuhe in derselben Fabrik, z. B. in Thailand oder China, herstellen lassen, bestehen große Technologie- und Qualitätsunterschiede bei den einzelnen Schuhmodellen.

Für das Marathontraining eignen sich nur sehr wenige Laufschuhmodelle, welche die extrem hohen Anforderungen erfüllen. Es ist elementar und wichtig, zu Beginn des Marathontrainings geeignete Laufschuhe zu tragen, da sonst sehr schnell Verletzungen, Blasen, Knochenhautentzündung, Fußnagelbettentzündung und Demotivation auftreten können. Der ganze Trainingserfolg kann durch schlechte Laufschuhe zerstört werden.

Ein Wettkampfschuh ohne Dämpfung ist nicht zu empfehlen, da die Wadenmuskulatur durch die geteerte Straße so viele Stöße erhält, dass dadurch ohne Dämpfung leicht Muskelkrämpfe entstehen können. Zu viel Dämpfung im Schuh führt allerdings zur Instabilität des Laufstils und zur Verletzungsanfälligkeit.

Es sollten mindestens zwei Paar Laufschuhe von unterschiedlichen Modellen zugelegt werden, um diese täglich zu wechseln. Der Verschleiß der Dämpfungseigenschaften im Laufschuh erfolgt nach ca. 1500 km, also nach ca. 5-6 Monaten bei 70 km/Woche bzw. nach einem Jahr, wenn zwei Paar Schuhe verwendet werden.

Der Fuß schwillt durch die Laufbelastung an, daher muss zwischen der Fußspitze und der Schuhspitze mindestens eine Daumenbreite Abstand bestehen. Der Fußnagel stößt sonst beim Abrollen an, was zu einer Fußnagelbett-Entzündung führen kann (Fußnägel grundsätzlich ganz kurz schneiden). Im Fersenbereich sollte der Schuh fest sitzen. Es sollten dicke Laufsocken verwendet werden, die den Fuß zum Schuh gut gegen Fremdpartikel abdichten.

Nach dem Lauf sind die Laufschuhe durch den Schweiß feucht und sollten deshalb bei Raumtemperatur an einem trockenen Ort gelagert werden. Bei einer zu kühlen Lagertemperatur (etwa im Auto oder Keller) kann der Schuh nicht ausreichend trocknen, so dass Pilze entstehen können, die sich dann über die Socken auf die Füße und Fußnägel übertragen.

Gute Laufschuhe können bei starker Verschmutzung gelegentlich in der Waschmaschine bei 30 °C gewaschen werden.

Fußstellungen

Normalpronation: Beim Auftreten und in der Abrollbewegung knickt der Fuß über das Fußgelenk leicht nach innen ein.

Überpronation: Der Fuß knickt in der Abrollbewegung übermäßig stark nach innen ein. Dies wird auch Supination genannt und ist die am häufigsten vorkommende Fußstellung

Unterpronation: Der Fuß knickt in der Abrollbewegung nach außen ein, was selten vorkommt und auch als Übersupination bezeichnet wird.

Die eigene Fußstellung wird leicht an den Schuhsohlen von abgelaufenen Schuhen erkannt oder mit einer Videoaufnahme am Laufband.

Die Absätze und die Fußsohle eines Überpronierers sind an der Innenseite einseitig abgelaufen, die eines Außenpronierers an der Außenseite.

Bei einer Pronation über 8° sollten Einlagen verwendet werden.

Leisten

Laufschuhe werden mit geraden, leicht gebogenen oder gebogenen Schuhleisten angeboten. Für den Normalfuß eignet sich die gebogene Leiste. Bei geraden Leisten wird der Fuß stärker gestützt.

Zwischensohle:

Die meisten Laufschuhe haben in der Zwischensohle eine Pronationsverstärkung die auf eine Fehlstellung des Fußes korrigierend wirkt.

Je nach Fußform wird unterschieden:

Normalfuß: Die Fußform bildet ein schlankes Gewölbe.
Schuhempfehlung: leicht gebogene Leisten, stabiler Schuh, Dämpfung.

Senkfuß: Die Fußform bildet ein sehr breites Gewölbe, flacher, flexibler Fuß. Schwache Sehnen, Bänder und Muskulatur, erhöhte Verletzungsgefahr.
Schuhempfehlung: gerade oder leicht gebogene Leisten, Pronationsstützen

Hohlfuß: Die Fußform bildet ein sehr schlankes Gewölbe, ist steif und fest. Die Stoßbelastung ist schwer aufzufangen.
Schuhempfehlung: gebogene Leisten, hohe Dämpfung und Flexibilität.

Die eigene Fußform lässt sich z. B. mit einem feuchten Fußabdruck auf einem Löschpapier oder mit einem Flachbettscanner feststellen.

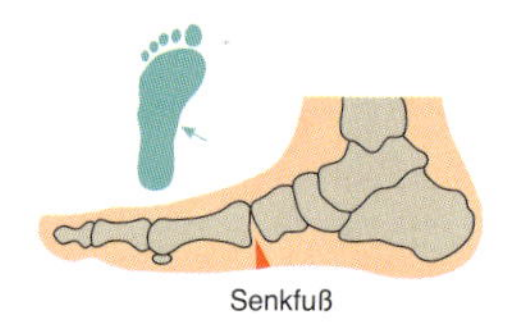

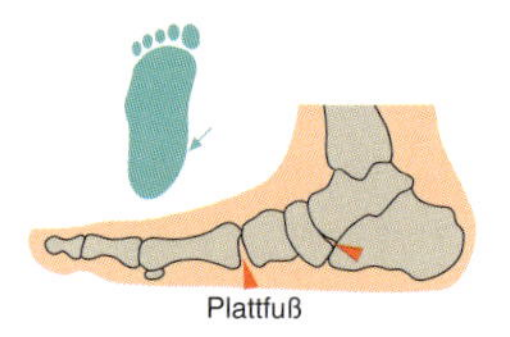

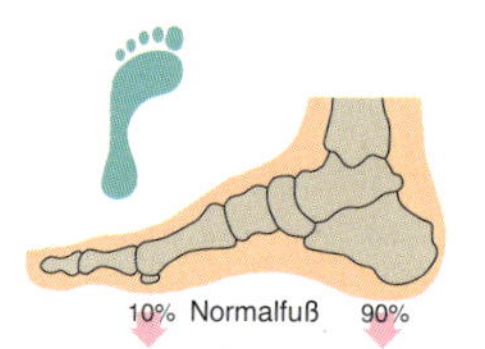

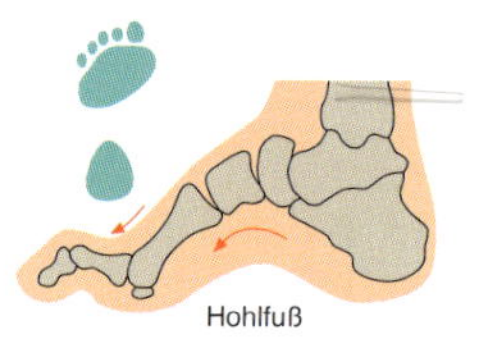

Die verschiedenen Fußtypen

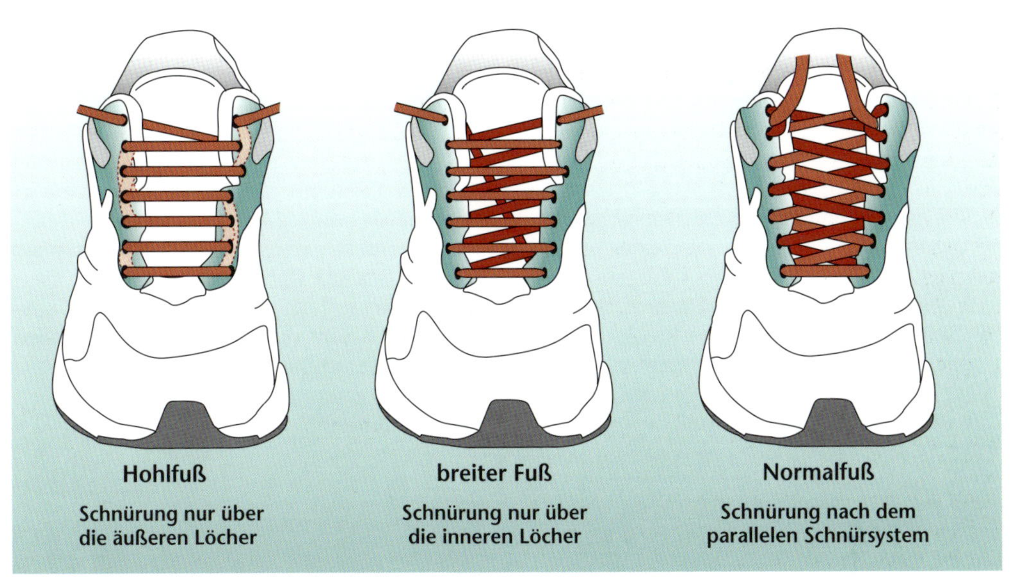

Laufschuh-Schnürung für verschiedene Fußtypen

Einlagen

Bei besonders starken Abweichungen vom Normalfall in der Fußstellung, Fußform, oder bei einem Fußlängenunterschied sollten Spezial-Einlagen vom Orthopäden hergestellt und in den Laufschuh eingearbeitet werden (auch bei Fersensporn und Haglund-Ferse). Die Kosten dazu werden von den meisten Krankenkassen für bis zu zwei Einlagen-Paare pro Jahr übernommen. Die Haltezeit der Einlagen entspricht etwa der eines Laufschuhs.

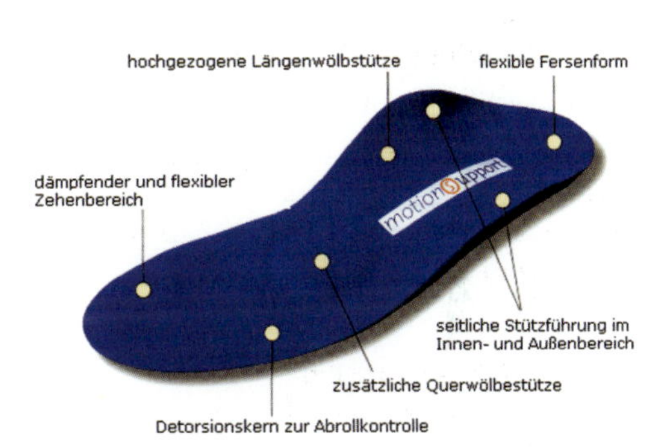

Druckpunkte auf das Fußbett beim Bewegungsablauf eines Läufers

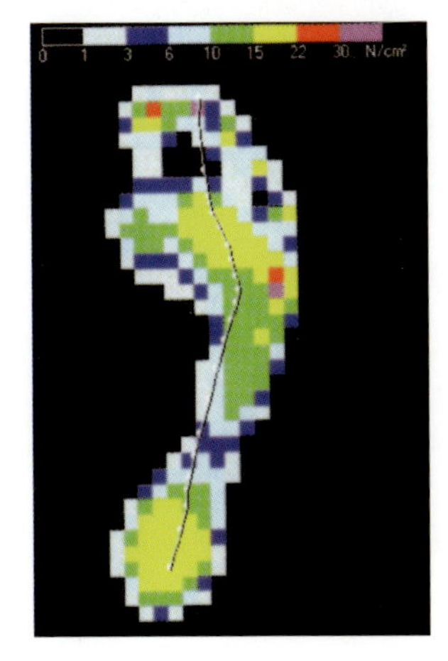

Fußbett-Druckpunktmessung eines Senkfußes

Fußbett-Druckpunktmessung eines Hohlfußes

Die Auswahl des richtigen Laufschuhes hängt von mehreren Faktoren ab wie z. B. Passform, Fußstellung/Pronation, Fußform, Gewicht, Wochenkilometer, Gelände/Untergrund, Laufstil und Tragekomfort. Je höher das Körpergewicht ist, desto härter sollte das Dämpfungsmaterial des Schuhs sein.

Die meisten Läufer tragen zu kleine Laufschuhe. Der Laufschuh muss eine gute, seitliche Führungsstabilität bieten. Ein guter Laufschuh muss trotz Verdrehens der Leiste stabil bleiben. Die Ferse im Schuh muss stabil fixiert sein.

Die Laufschuhe sollten in einem speziellen Läufer-Fachgeschäft gekauft werden, welches eine Videoanalyse auf einem Laufband anbietet. Falls sich der gekaufte Schuh als nicht geeignet herausstellt, kann der Schuh in einem guten Fachgeschäft meist innerhalb von zwei Wochen kostenlos umgetauscht werden. Zum Schuhkauf sollten die alten, abgelaufenen Schuhe mitgebracht werden, an denen der Verkäufer die Verschleißstellen erkennen und so die Fußstellung zuordnen kann. Beim Kauf des neuen Laufschuhs müssen die eigenen Laufsocken getragen werden, um praxisnah Passform, Sitz und Stabilität zu testen.

Für das Lauftraining sollten spezielle Jogger-Socken ohne Naht verwendet werden, die in den Fersen gepolstert und speziell für den linken und rechten Fuß geformt sind. Damit wird die Blasenbildung reduziert.

Der passende Laufschuh, der wichtigste Ausrüstungsgegenstand eines Marathonis

Entspannt ... 4. Frau beim Hamburg-Marathon Kutre Dulecha

7. Laufbekleidung

Die Technologie und Qualität von Jogging-Bekleidung wurde in den letzten Jahren stark verbessert. Eine spezielle Funktionsbekleidung mit Mikro-Kunstfasern ermöglicht gleichzeitig Atmungsaktivität, Schweißabsorbierung nach außen, Wasserdichtigkeit von außen, Windstopp und eine Gewichtseinsparung des Materials. Die Mikrofasern transportieren den Körperschweiß nach außen ab, so dass die Hautoberfläche trocken bleibt. Der Tragekomfort von Mikrofasern ist gegenüber Baumwollmaterialien wesentlich angenehmer und komfortabler.

Entsprechend den Jahreszeiten werden für das Ganzjahrestraining drei verschiedene Bekleidungsvarianten für Frühjahr/Herbst, Sommer und Winter benötigt. Es gibt daher kein schlechtes Jogging-Wetter, sondern nur ungeeignete Laufbekleidung. Als Grundsatz für kaltes Wetter gilt der Zwiebeleffekt. Bei kaltem Wetter werden mehrere Textilien übereinander angezogen.

Für den Langstreckenlauf ist eine leichte, eng anliegende, atmungsaktive Laufbekleidung (Funktionskleidung) mit maximaler Bewegungsfreiheit ohne Scheuerstellen sehr wichtig. Funktionsbekleidung transportiert den Schweiß nach außen und lässt gleichzeitig die Nässe von außen nicht eindringen, so dass die Haut immer trocken bleibt. Diese Funktion reduziert Erkältungsrisiken, die sonst bei Schweißablagerung in Verbindung mit Wind und Kälte auftreten können.

Die Laufbekleidung wird ausgewählt nach der vorliegenden Außentemperatur, der geplanten Trainingsintensität und dem persönlichen Wohlbefinden. Bei windstarker und regnerischer Witterung empfiehlt sich eine Mikrofaser-Funktionsjacke, welche vor Nässe und Wind schützt, aber die Nässe von innen absorbiert.

Die meisten Läufer-Erkältungen werden durch die falsche Auswahl der Laufbekleidung verursacht. Besonders kritisch sind starke Minus-Temperaturen, nass-kaltes Wetter und kühle Winde sowie der Jahreszeitwechsel. Ein Schwachpunkt ist der Nackenwirbelbereich, an dem sich Schweiß ansammeln kann, der dann bei Wind unterkühlt und leicht zu einer Erkältung führen kann. Hier empfiehlt sich, ein Halstuch zu tragen.

Die Laufbekleidung darf auf dem Körper an keiner Stelle scheuern, da dies zu Hautaufschürfungen führt. Die kritischsten Stellen sind die Achselbereiche, der Innenschenkel, der Schritt und der Brustbereich. Es kommen derzeit nur wenige Textil-Hersteller in Frage, welche die Anforderungen für Langstreckenlauf voll erfüllen. Bei einem Laufanfänger sollte das Material von Anfang an zu 100 % geeignet sein, da ein Funktionsfehler zum Trainingsausfall führen kann.

Die Hände sind beim Joggen überempfindlich. Viele Körperteile werden durch die Jogging-Bewegungsabläufe warm gehalten, nur die Hände nicht. Es empfiehlt sich daher, ab einer Außentemperatur unterhalb von 8 °C dünne Handschuhe zu tragen, da beim langen Lauf die Hände sonst stark unterkühlt werden.

Über 18 °C: kurze Hosen, kurze Hemden, Brille gegen Mücken

Über 12 °C: halblange Hosen, halblange Hemden

Unter 12 °C: lange Hosen dünn, lange Hemden plus Fleece oder Jacke, Handschuhe

Unter 3 °C: lange angeraute Hosen, lange angeraute Hemden plus Fleece plus Jacke mit Handschuhen und Mütze/Stirnband, Ohrenschutz

Über 18 °C kurze Bekleidung

Über 12 °C halblange Bekleidung

Unter 12 °C lange dünne Bekleidung

Unter 3 °C mit Jacke und Hose angerauht

8. Stretching/Dehnung

Stretching ist die Dehnung der Muskulatur in einer statisch, intermittierend oder posiometrisch gehaltenen Position. Eine dynamische Dehnung zur Kräftigung der Muskulatur ist kein Stretching.

Sicher erinnern Sie sich noch an die klassischen, wippenden Dehnübungen, die selten zu dem gewünschten Erfolg geführt haben. Die heutigen Dehnübungen nutzen die Stretching-Methode. Dazu geht man langsam in die jeweilige Stretching-Position, bis ein Dehnreiz in den entsprechenden Muskeln verspürt wird. In dieser Position verharren Sie ca. 15 Sekunden, ohne zu wippen. Die jeweilige Stretching-Übung wird dabei dreimal wiederholt. Danach wird die andere Körperseite gedehnt.

Die Dehnungsfähigkeit der Muskulatur hat erheblichen Einfluss auf die Beweglichkeit eines Athleten. Stretching bereitet die Muskulatur auf eine Belastung vor und erweitert die Beweglichkeit durch eine gesteigerte Durchblutung. Die Muskulatur hat den Drang, sich nach der Belastung zu verkürzen. Nach einer Belastung normalisiert Stretching den Spannungszustand der Muskulatur, wirkt einer Verkürzung der Muskulatur entgegen, begünstigt das Muskelwachstum, verkürzt die Regenerationszeit und vermindert die Verletzungsanfälligkeit.

Nach einer intensiven Belastung sollte das Stretching erst nach ca. 30 bis 60 Minuten erfolgen, wenn sich die Muskulatur regeneriert hat. Durch Stretching soll nach der Belastung die »verkürzte« Muskulatur das Ausgangsniveau wiedererhalten.

Untersuchungen ergaben, dass durch Stretching gegenüber Sportlern, die nicht Stretchen, eine Leistungsverbesserung (bis zu 10 %) erreicht werden kann. Bei Dehn- und Stretchingübungen ist besonders auf die richtige Körperhaltung und Ausführung der Übung zu achten.

Es gibt verschiedene Arten der Dehnung:

Statisches Dehnen/Stretching
Bei dieser gehaltenen Dehnung wird die Muskulatur behutsam in die Dehnungsposition geführt und in dieser Position für einen bestimmten Zeitraum gehalten. Dies wird mehrfach wiederholt (ohne zu wippen)

Intermittierendes Dehnen
Die Dehn-Positionierung wird alternierend verstärkt und entlastet (dynamisch mit Wiederholungen)

Posiometrisches Dehnen
Der Dehndruck wird verstärkt (Druck gegen Widerstand) und dient der Kräftigung der Muskulatur

Die Stretchingübungen richten sich auf die speziell belastete Muskulatur sowie auf den gesamten Körper über Hals, Schulter, Hüfte und Beine. Das ausgiebige Stretching findet, mit mindestens 10 Minuten Dauer, eine Stunde nach der Belastung statt. Vor dem Laufen sollte nur ein leichtes Dehnen zur Auflockerung der Muskulatur stattfinden. Eine gedehnte Muskulatur verliert unmittelbar nach der Dehnung an Leistungsfähigkeit. Stretching ist eine sehr wichtige Vorbeugung gegen Muskelverletzungen und gegen Muskelkrämpfe.

Grundsätzlich gilt für ein effizientes, erfolgreiches Training das Prinzip D-B-D: vor jeder und nach jeder Belastung erfolgt eine gezielte Dehnung der belasteten Muskulatur.

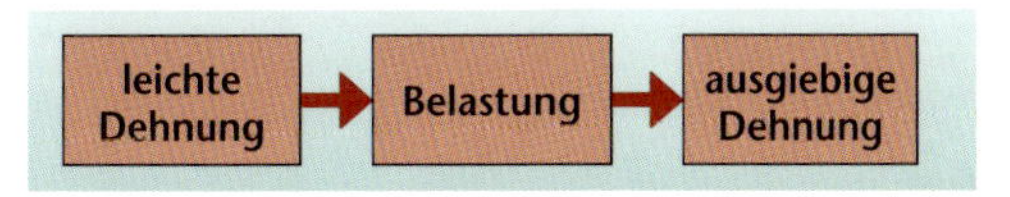

Damit ein Muskel wachsen kann, muss er definiert belastet und danach gedehnt werden. Ein Muskel verkürzt sich nach der Belastung als Gegenreaktion. Ein in sich verkürzter Muskel kann nicht wachsen und reagiert gegen eine starke, ungewohnte Belastung mit Muskelkater und Krämpfen.

Wirkung und Sinn von Stretching sind unter Fachleuten immer noch umstritten.

Dehnen vor der Nachtruhe (sowie Zufuhr von Magnesium und Natrium) verhindern eine mögliche Muskelverkrampfung in der Nacht. Dies alleine schon rechtfertigt das Stretching. Wer nach einer harten Belastung ohne nachfolgendes Stretching schon einmal nachts einen Krampf bekommen hat, der wird Stretching zu schätzen wissen.

Folgendes sollte zum Stretching beachtet werden:

- Stretchen Sie regelmäßig, mindestens drei- bis viermal pro Woche.
- Planen Sie Zeit für Stretching in den Tagesablauf ein (morgens, abends, Mittagspause).
- Suchen Sie einen ruhigen Ort für die Stretching-Übungen.
- Achten Sie auf eine genaue Ausführung der Übungen, Kleinigkeiten entscheiden über den Erfolg.
- Führen Sie die Übungen ruhig und gleichmäßig aus. Überschreiten Sie nicht die Schmerzgrenze.
- Suchen Sie sich geeignete Stretching-Übungen aus, mindestens eine pro Körpersektion.
- Leichte Dehnübungen sollten auch nach dem Aufwärmen angewendet werden.

Stretching in seiner schönsten Form

Stretching, die besten Dehnungsübungen/Gymnastik

Die Endposition sollte 15 Sekunden gehalten werden, danach wird die Übung mit der zweiten Körperhälfte ausgeführt, bis drei Wiederholungen für beide Seiten erreicht sind.
Bild-Illustrationen: Techniker Krankenkasse

Übungen für die Beine

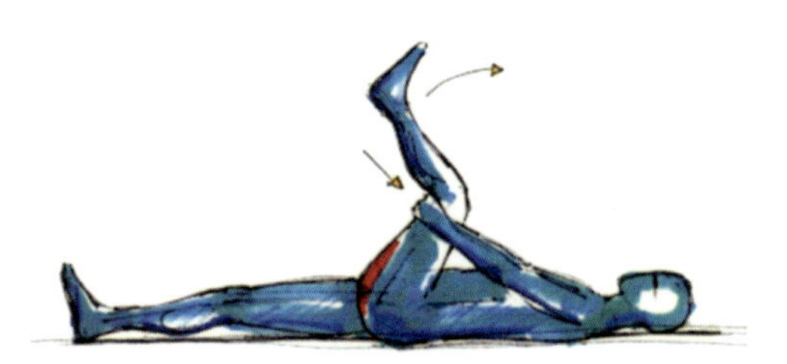

Legen Sie sich auf den Rücken, ein Bein gestreckt, ein Bein angewinkelt. Umfassen Sie das angewinkelte Bein am Unterschenkel und ziehen Sie es zur Brust. Die Fußspitzen sind angezogen, das andere Bein bleibt gestreckt.

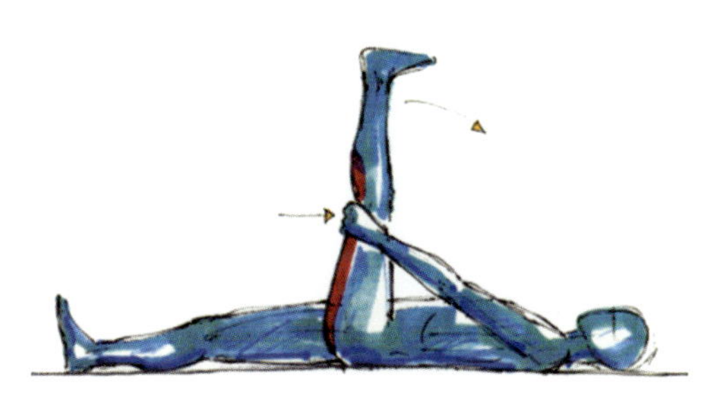

Legen Sie sich auf den Rücken, ein Bein gestreckt, ein Bein angewinkelt. Umfassen Sie das angewinkelte Bein am Unterschenkel und ziehen Sie es zur Brust und strecken Sie das Bein. Die Fußspitzen sind angezogen, das andere Bein bleibt gestreckt.

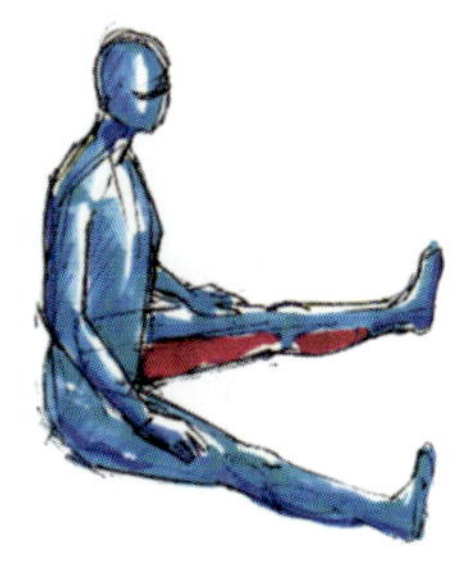

Setzen Sie sich in den Grätschsitz. Versuchen Sie mit geradem Rücken zu sitzen. Versuchen Sie nun den Oberkörper leicht nach vorne zu beugen. Die Fußspitzen sind angezogen, die Beine bleiben gestreckt.

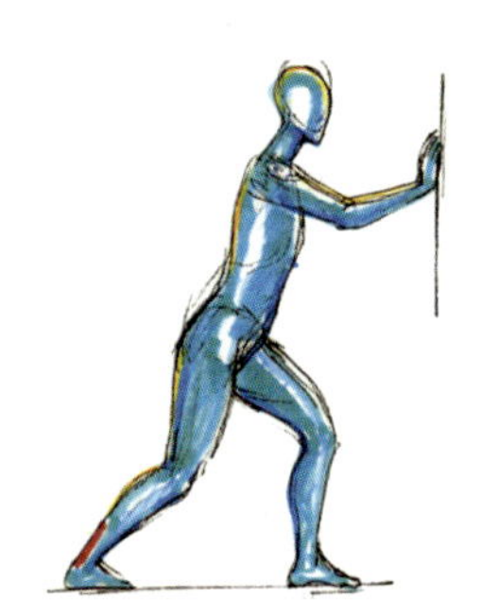

In Schrittstellung vor die Wand stellen, mit beiden Händen abstützen. Das hintere Bein beugen, bis Sie die Dehnung der Achillessehne spüren. Die Ferse bleibt am Boden.

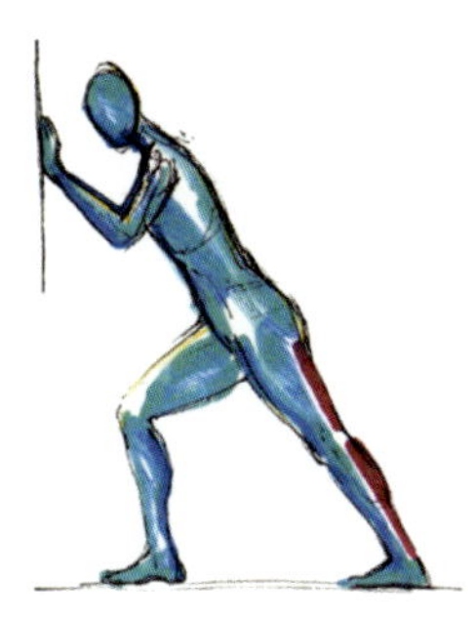

Das hintere Bein bleibt gestreckt, die Ferse bleibt am Boden.

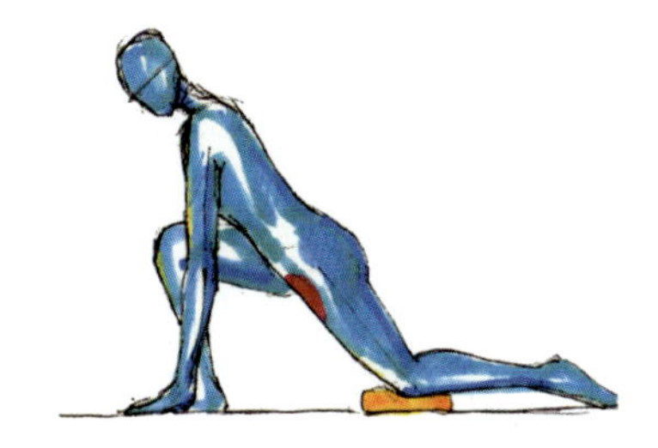

Knien Sie sich in Schrittstellung hin. Schieben Sie die Hüfte nach vorne und verlagern Sie das Körpergewicht nach vorne, bis Sie in der Leistenbeuge den Dehnreiz spüren. Der Rücken bleibt gerade.

Stellen Sie sich aufrecht und umfassen Sie den Knöchel. Das Bein leicht nach hinten ziehen. Die Hüfte bleibt gestreckt.

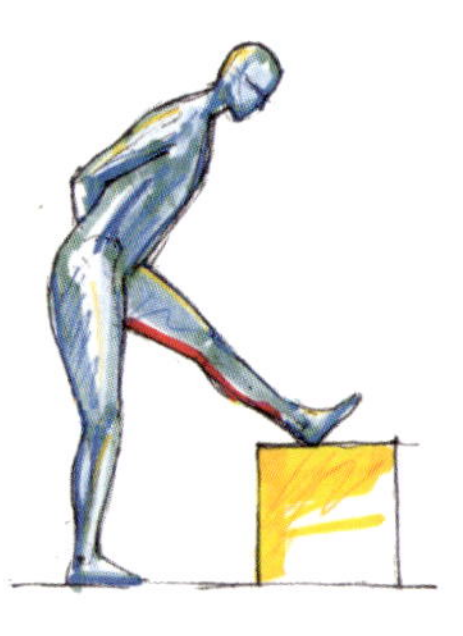

Stellen Sie ein Bein auf z. B. einen Hocker und ziehen Sie die Fußspitze an. Beugen Sie sich mit geradem Rücken nach vorn und schieben Sie das Bekken nach hinten.

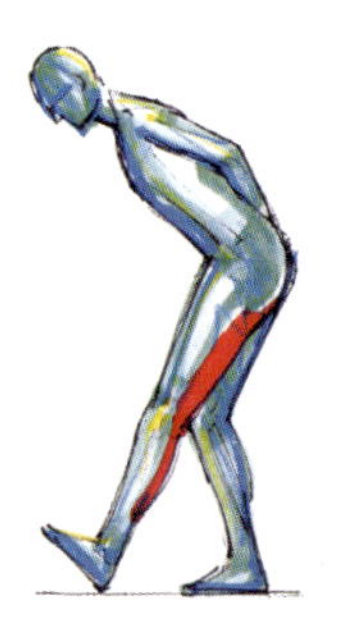

Sie stehen auf dem leicht gebeugten Standbein und stellen das andere Bein gestreckt auf die Ferse. Ziehen Sie die Fußspitzen an und schieben Sie das Becken langsam nach hinten, bis Sie die Dehnung in der hinteren Oberschenkelmuskulatur spüren.

Übungen für Rumpf und den Rücken

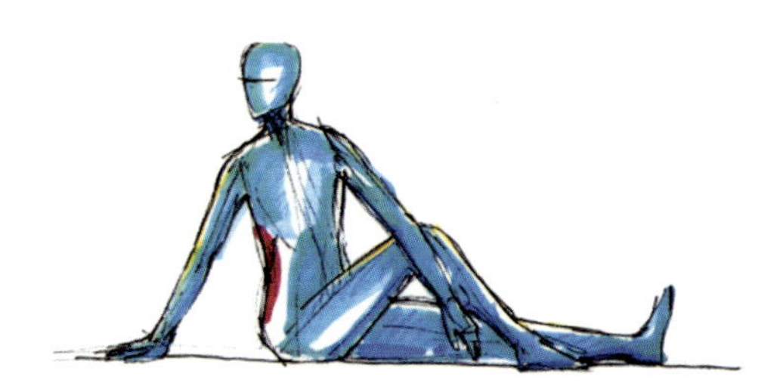

Setzen Sie sich hin, linkes Bein gestreckt, rechtes Bein angewinkelt. Der linke Arm geht außen am rechten Knie vorbei. Drehen Sie nun den Oberkörper und den Kopf langsam nach rechts.

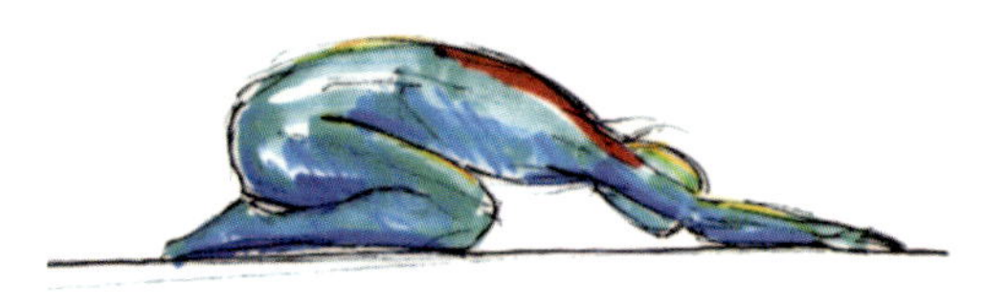

Setzen Sie sich auf Ihre Unterschenkel/Füße, strekken Sie die Arme nach vorne und lösen Sie alle Muskelanspannungen

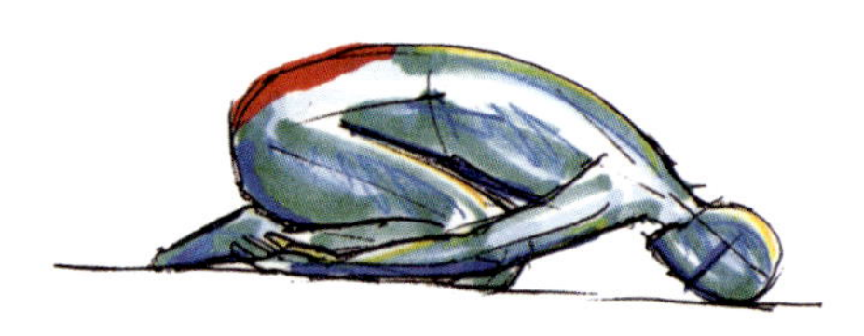

Setzen Sie sich auf Ihre Unterschenkel/Füße und rollen Sie sich so klein wie möglich zusammen

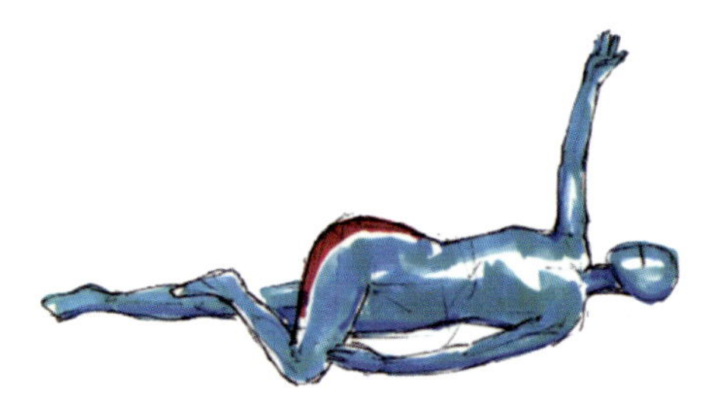

Legen Sie sich auf den Rücken, den rechten Arm zur Seite. Beugen Sie das rechte Bein und versuchen Sie das Knie zum Boden zu bringen. Die Schultern bleiben am Boden.

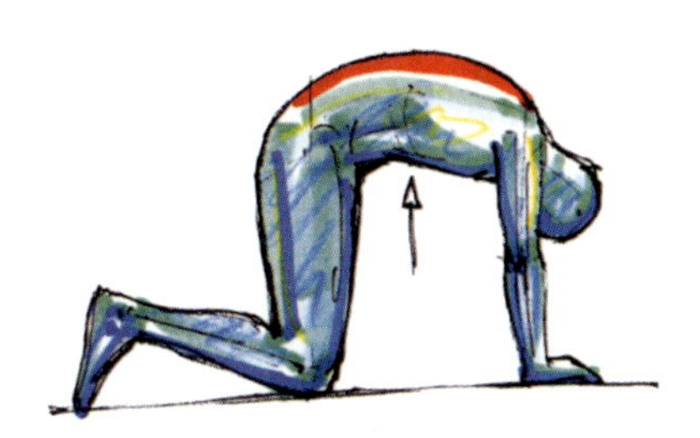

Knien Sie sich hin und stützen sich vorne mit den Armen ab. Beine und Arme sind schulterbreit auseinander. Drücken Sie die Wirbelsäule nach oben.

Übungen für Arme und Nacken

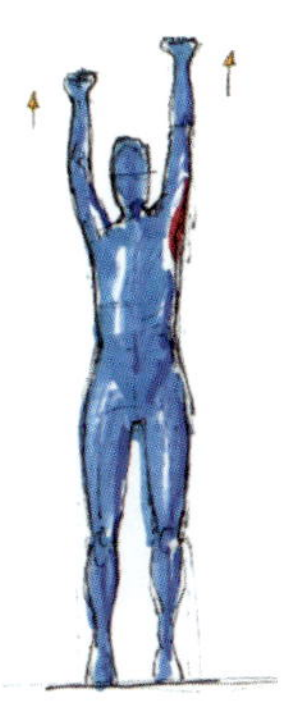

Strecken Sie wechselseitig einen Arm so weit wie möglich nach oben. Die Hand ist abgewinkelt, die Handteller zeigen nach oben.

Nehmen Sie einen gebeugten Arm über den Kopf. Ziehen Sie mit der anderen Hand den Arm nach außen, ohne die Schulter und die Hüfte zu verdrehen.

Strecken Sie beide Arme mit verschränkten Händen so weit wie möglich nach oben.

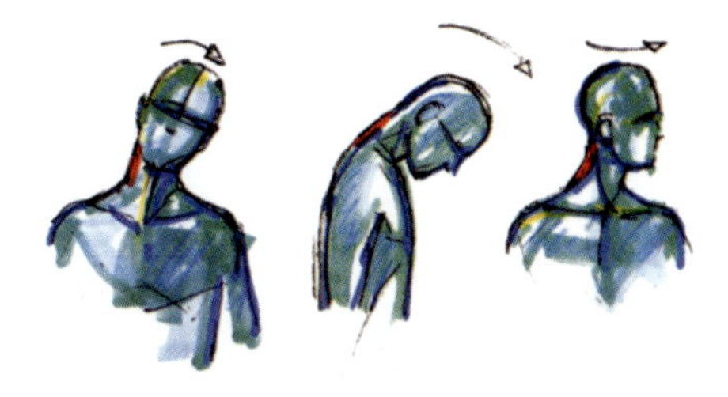

Neigen Sie den Kopf zur Seite, Kippen ihn nach vorn und leicht nach hinten.
Drehen Sie den Kopf nach rechts und links. Die Arme locker hängen lassen

Übungen für Arme und Brust

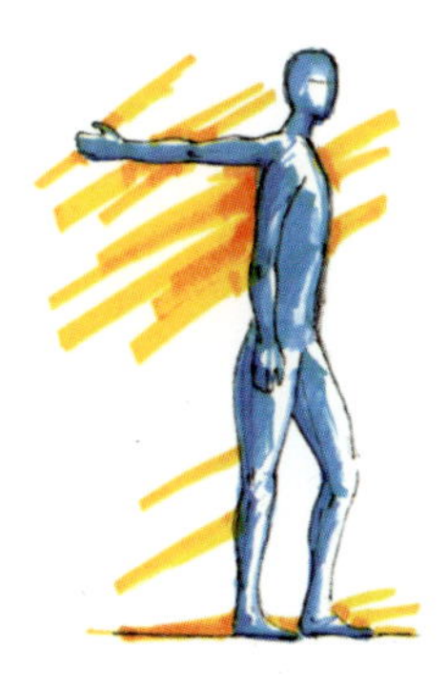

Stellen Sie sich seitlich vor eine Wand, den wandnahen Arm in Schulterhöhe nach hinten gestreckt, die Handinnenfläche an die Wand gelegt. Drehen Sie die wandnahe Schulter so weit wie möglich nach vorne.

Winkeln Sie in Schulterhöhe die Arme an und führen Sie die Ellbogen langsam nach hinten.

Nehmen Sie einen gebeugten Ellbogen nach hinten. Drücken Sie mit der anderen Hand den Ellbogen leicht nach unten.

Beugen Sie einen Arm um Ihren Hals. Drücken Sie mit der anderen Hand den Ellbogen nach hinten.

Negative Übungen für Dehnung/Stretching

Viele historische Dehnungsübungen waren verknüpft mit Wippen und überstarker Muskeldehnung, das oft zu negativen Folgen wie Muskel, Bänder- und Wirbelsäulenüberlastung führte. Einige dieser negativen »Klassiker« sind nachfolgend aufgeführt. Diese Übungen sollten vermieden werden. Bildillustration: Techniker Krankenkasse

Rumpfbeuge
Druckbelastung im Lendenwirbelbereich

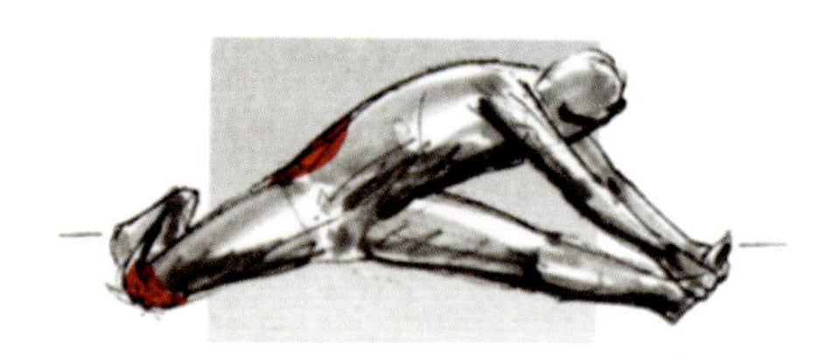

Hürdensitz
Das innere Seitenband wird überdehnt, der Innenmeniskus und Lendenwirbelsäule wird überlastet

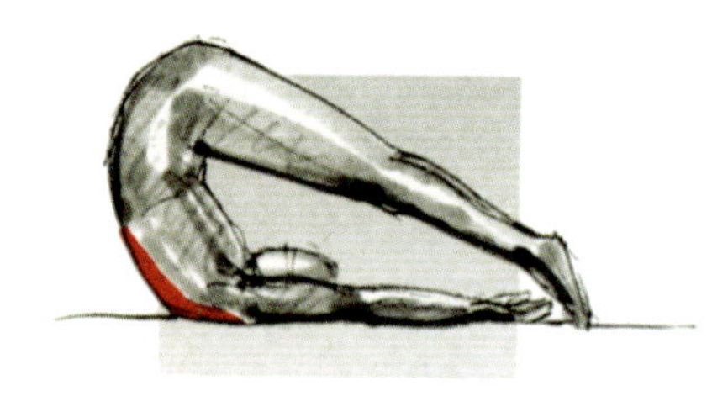

Pflug
Hals- und Brustwirbelsäule werden überlastet

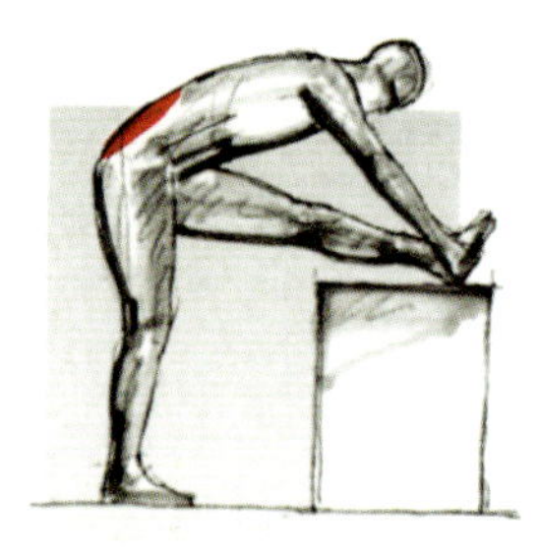

Überlastung der Lendenwirbel

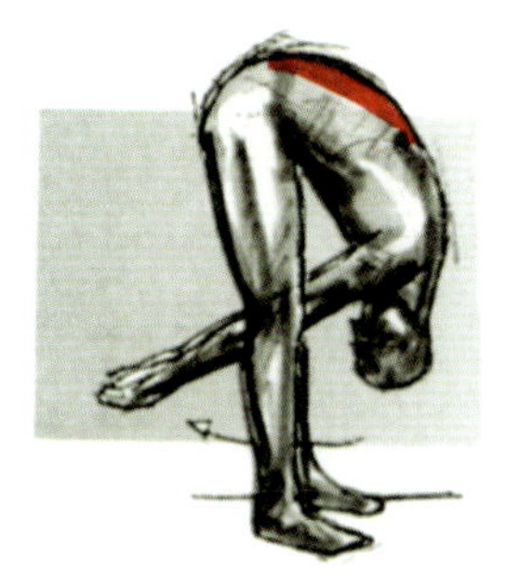

Holzhackerübung
Überlastung der Bänder und Bandscheiben

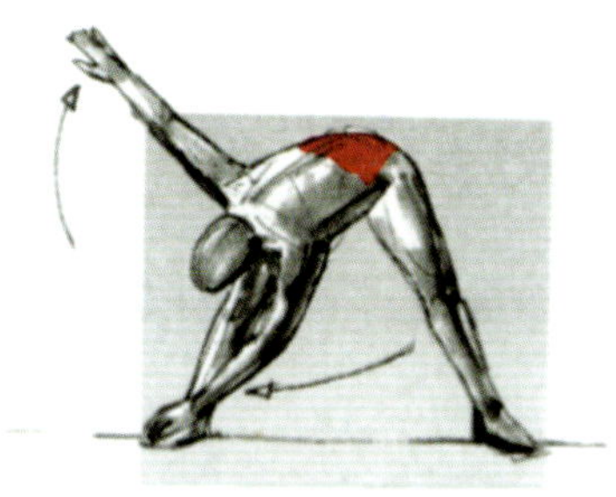

Diagonale Rumpfbeuge
Überlastung der Lendenwirbel

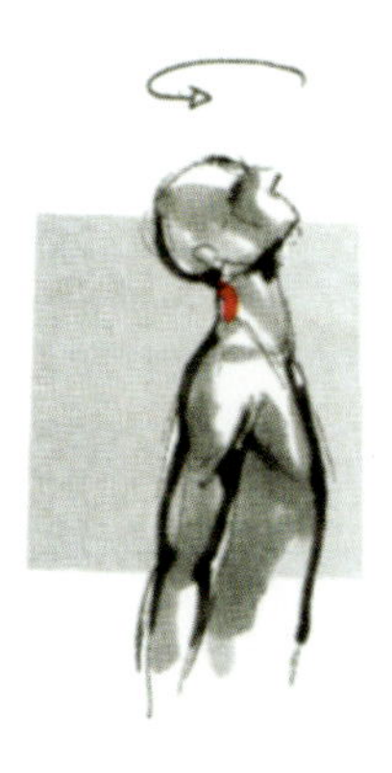

Kopfkreisen
Überlastung der Halswirbelsäule und Bänder

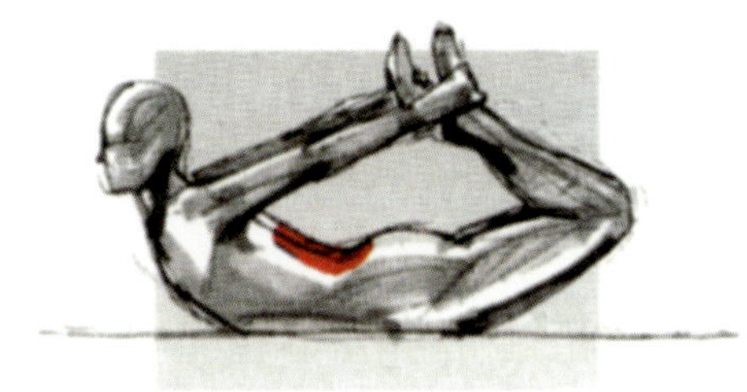

Schwalbennest
Keine Dehnung sondern Anspannung d. Muskulatur

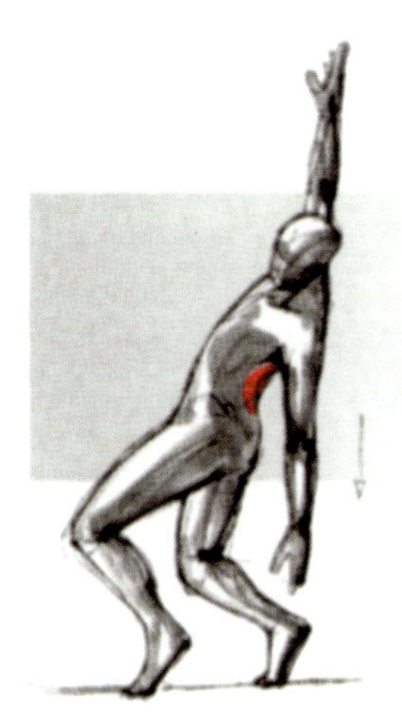

Rumpfbeugen im Stand
Überlastung der Lendenwirbelsäule

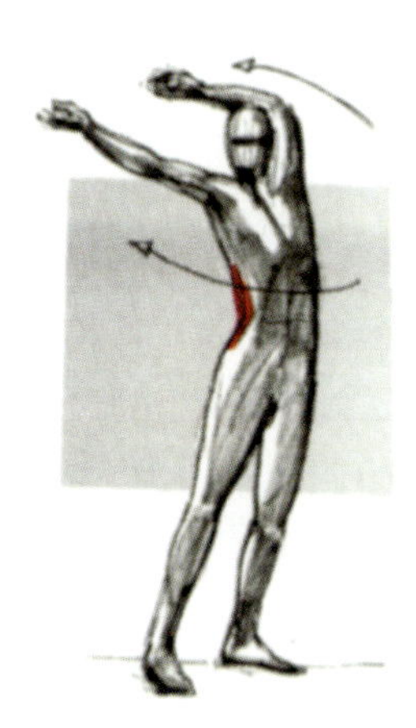

Rumpfkreisen
Überlastung im Lendenwirbelbereich

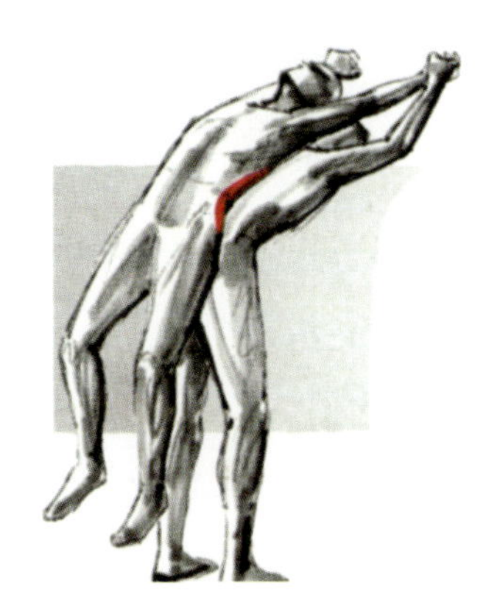

Aushängen
Überlastung der Lendenwirbelsäule

9. Lauftechnik

Sicher kann jeder Mensch von Natur aus laufen und joggen. Bei der Lauftechnik geht es jedoch um den ökonomischen, effizienten Laufstil mit einem hohen Wirkungsgrad aus Krafteinsatz und Kraftübertragung. Einige Läufer haben Laufstilfehler, wodurch Kraft verloren geht. Der Laufstil ist eine individuelle Angelegenheit, bei der jeder Läufer seinen eigenen Stil finden wird. Es gibt ästhetische und weniger gut anzuschauende Laufstile. Laufstile mit Energievernichtung sollten jedoch korrigiert werden.

Der perfekte Laufstil besteht aus einem leichten, fließenden und eleganten Bewegungsablauf, wie dem einer Gazelle. Der Oberkörper, die Arme, Beine und die Hüfte führen hierbei einen Bewegungsablauf durch, der zueinander harmonisch, synchron und kraftunterstützend zur Laufbewegung wirkt, ohne dabei Energie zu vernichten.

Die Laufgeschwindigkeit resultiert aus Schrittlänge, Schrittfrequenz, Hüftstreckung und Fußabdruckskraft.

Barfußläuferin

Die gedämpften Laufschuhe führen besonders Laufanfänger dazu, Ihren Laufstil zu verfälschen und mit der Ferse aufzukommen. Am einfachsten kann die ökonomische Abrollbewegung über Barfußlaufen erlernt werden, auf einem geeigneten Untergrund wie Rasen oder Sand (Achtung vor Blasenbildung). Das Körpergefühl bewirkt die richtige Lauftechnik dann von selbst.

Vorfußlaufen bedeutet, dass die Lande-, Stütz- und Abstoßphase über den Fußballen erfolgen. Dies bietet den geringsten Reibungswiderstand und die höchste Effizienz in der Kraftübertragung. Das Vorfußlaufen ist sehr kraftintensiv und daher nur für sehr schnelle Läufer und im Sprintbereich geeignet.

Im Marathonlauf wird überwiegend über den Mittelfuß abgerollt, mit leichter Tendenz zum Vorfuß. Falsch ist es, auf dem Absatz zu landen und dann erst über die Sohle abzurollen. Hierbei entsteht sowohl ein Bremsmoment als auch eine Stauchung des Knies. Entscheidend ist eine stabile Landung und Führung der Lande- und Abdruckphase mit einer guten biomechanischen Kraftübertragung.

Die vier Phasen des Laufschritts

1. Die Landephase

Bei der Landephase federt der Körper das Zwei- bis Vierfache des Körpergewichtes über das Hüft-, Knie- und Sprunggelenk ab.

2. Die Stützphase

Der Fuß stützt und führt den Bewegungsablauf beim Bodenkontakt (30 % des Bewegungsablaufs) über den Vor- und/oder Mittelfuß und geht dann in die Abrollphase über.

1. Die Abdruckphase
Der Abdruck beginnt, wenn sich der Körperschwerpunkt über dem Auftrittspunkt des Fußes befindet und der Fuß abrollt. Der Läufer drückt sich über den Mittelfuß und den Fußballen ab. Er überträgt die Kraft über das Bein und über die Hüfte.

2. Die Schwebephase
Beide Füße sind in der Luft (70 % des Bewegungsablaufs). Die Schwebephase beginnt nach dem Abstoß des Fußes vom Boden. Mit dem Abstoß werden die Hüfte und das Bein gestreckt.

Eine entscheidende Bedeutung in der Kraftübertragung bildet der Körperschwerpunkt, der auf Höhe des Fußauftritts liegen soll. Am Besten lässt sich die Lauftechnik barfuss auf einer Laufbahn oder im Sand/Strand üben.

Armhaltung
Die Arme sollten angewinkelt (kleiner 90°) als Schwunghilfe am Körper entlang schwingen und den Laufschritt unterstützen. Die Schulter führt die Arme rhythmisch zur Trittfrequenz. Dabei sollen die Arme nicht schräg in die Körpermitte geführt werden oder nach unten durchhängen. Die Hände sind locker geöffnet, der Daumen liegt am Zeigefinger an. Die Arme folgen den Beinen, nicht umgekehrt. Im Spurt kann mit den Armen die Trittfrequenz vorgeben werden. Wer mit der Armführung Schwierigkeiten hat, kann mit einem Gewicht in den Händen eine bessere Armführung trainieren.

Schrittfrequenz
Je höher die Schrittfrequenz ist, desto schneller wird der Lauf. Eine hohe Schrittfrequenz zu halten ist jedoch eine Frage der Kraftreserven und des Schrittlängeneinsatzes. Für lange Läufe eignet sich eine ökonomische, mittlere Schrittfrequenz.

Stützphase

Abdruckphase

Schwebephase

Landephase

Schrittlänge

Die richtige Schrittlänge ist von der Laufgeschwindigkeit abhängig. Mit einer mittleren Schrittlänge wird im Langstreckenlauf der beste Wirkungsgrad erreicht. Der Beinabdruck und Kniehub beeinflussen die Schrittlänge. Die Schrittlänge wird über die Hüfte eingeleitet und geführt. Eine gute Übung zur Schrittlängenoptimierung sind Bergläufe und Skippings (Kniehebeläufe) sowie Geländeläufe.

Eine zu große Schrittlänge bremst den Körperschwung bei der Gewichtsübertragung ab, da über das gestreckte Knie ein Bremsmoment erzeugt wird. Der Fuß wird bei einer zu großen Schrittlänge vor dem Körperschwerpunkt aufgesetzt, der Läufer landet auf dem Fußabsatz. Hierbei verliert der Läufer durch die Brems- und Wartezeit mehrere Zentimeter oder Millisekunden pro Schritt. Eine zu große Schrittlänge belastet zudem die Kniescheibe, die den Aufpralldruck abfedern muss. Zu stark gedämpfte Laufschuhe verleiten zu diesem Laufstilfehler. Eine zu geringe Schrittlänge führt zu einer verkürzten Kraftübertragung und zu einer langsameren Laufgeschwindigkeit.

Hüftstreckung

Eine schlechte Hüftstreckung mit zu langer Schrittlänge ist ein großer Leistungskiller. Dies führt durch Einknicken der Beine zu einer starken, vertikalen Auf- und Abbewegung des Körpers. Dadurch entsteht eine Energieverschwendung, der »hüpfende« Laufstil gleicht dem eines Kängurus.

Der ideale Laufstil hat keine vertikale Bewegung. Mit gestreckter Hüfte werden die Beine mit minimaler Bodenkontaktzeit in die richtige Schrittlänge geführt. Der Läufer »fliegt« über den Boden, beide Beine sind überwiegend gleichzeitig in der Luft. Das Absprungbein ist gestreckt und das Landebein angewinkelt. Dieser Laufstil ähnelt dem einer Gazelle. Dies erfordert jedoch eine gewisse Grundkondition und Übung.

Körperhaltung

Der Körper soll aufrecht und leicht vorgebeugt sein, so dass der Körperschwerpunkt beim Auftreten auf dem Fußballen liegt. Der Kopf ist geradeaus gerichtet, die Augen schauen ca. 3-4 Meter vor den Boden.

Bei schnellen Läufen empfiehlt es sich, den Oberkörper etwas nach vorne zu strecken, was den Kraftübertragungsablauf verbessert. Das Becken ist leicht nach vorne gekippt.

Ungeübte Lauftechnik

Gute Lauftechnik

Kriterium	ungeübte Lauftechnik	optimale Lauftechnik
Armarbeit	wenig, zu großer Armwinkel	gut, steiler Armwinkel, Bewegung mit der Schulter
Kniehub	wenig	relativ hoch
Kniewinkel	leicht gebeugtes Knie im Abdruck, kein gestrecktes Bein	gestrecktes Knie im Abdruck, weit ausgestelltes Bein
Schrittlänge	zu groß, Energievernichtung	mittlere Schrittlänge, wenig Bremsbewegung
Schrittfrequenz	gering	hoch
Fußaufsatz	mit den Fersen	Mittelfuß oder Vorfuß
Vortrieb	Abdruck über den Oberschenkel	Zugbewegung über die Hüfte und Gesäßmuskulatur
Laufhaltung	sitzende Haltung	Hüftstreckhaltung

Atmung und Laufrhythmus

Die Atmung passt sich dem Schrittrhythmus und der Pulsfrequenz automatisch an. Um maximal einatmen zu können, muss maximal ausgeatmet werden. Dieses sollte bewusst trainiert werden. Das Verweilen der Atemluft in den Lungen dient zur Sauerstoffaufnahme. Tiefes Einatmen verlängert diese Zeitspanne. Die Zeit zur maximalen Sauerstoffsättigung der Lungen kann bis zu 3,5 Sekunden betragen. Zu kurzes Atmen lässt viel Sauerstoff ungenutzt entweichen.

Die maximale Atmung und die damit verbundene Sauerstoffaufnahme VO_2max bewirkt eine maximale Leistungsabgabe und Energiegewinnung. Die sportliche Ausdauerleistungsfähigkeit resultiert zu 80 % aus der Sauerstoffaufnahmemenge. Je größer VO_2max, desto besser die Leistung. Je mehr Sauerstoff aufgenommen wird, desto mehr verzögert sich die Laktatentwicklung. Somit kann der Läufer bei gleicher Laktatentwicklung mit einer höheren Sauerstoffaufnahme länger im aeroben Bereich bleiben, oder schneller laufen. Mehr dazu im Kapitel Ausdauertraining.

Laufstil »Hoch 2«

Laufstil und Koordinationsübungen des Lauf ABCs
Um ein Gefühl für einen guten Bewegungsablauf zu bekommen und die koordinativen Fähigkeiten zu verbessern, eignen sich die nachfolgenden Übungen des Lauf ABCs. Die Übungen konzentrieren sich auf einzelne Bewegungsabläufe, erfordern aber in Summe alle Fähigkeiten, wie beim Querfeldein- oder Hindernislauf. Wer seine Körperbeherrschung und Koordinationsfähigkeit verbessert, läuft kräftesparender, eleganter und schneller. Man läuft schließlich nur auf einem Bein. Insbesondere bei fortgeschrittenen Läufern nehmen die Übungen des Lauf ABCs an Bedeutung zur Verbesserung von Laufstil und Laufkraft zu.

Folgende Übungen des Lauf ABCs steigern die Koordinationsfähigkeit:
- Einbeinige Hocke (in der Hocke abwechselnd ein Bein ausstrecken)
- Schwingendes Bein im Stehen (mit einem Bein kreisen)
- Zehen/Fersen belasten im Stehen (abwechselnd Fußspitzen und Fersen hochdrücken)
- Fußgelenklauf (nur auf Fußballen auftreten)
- Hopserlauf (2x links 2x rechts hopsen)
- Seitwärtslauf (Beine spreizen)
- Anfersen aus dem Lauf (Ferse am Gesäß anschlagen)
- Rückwärtslauf (gleichmäßig, symmetrisch)
- Skipping/Kniehebelauf aus dem Lauf (ein Knie abwechselnd zum Becken heben)
- Einbeinsprung aus dem Stehen
- Hochsprung aus dem Lauf
- Strecksprung aus dem Lauf (mit kräftigen, weiten Sprüngen)
- Überkreuzschritt aus dem Lauf (Beine hoch anheben und wechselnd überkreuzen)
- Überkreuzlauf (ein Bein neben das andere überkreuz setzen)
- Querfeldein-Lauf/Geländelauf, Hindernislauf

Die Übungen werden mehrfach wiederholt.

Übungen Lauf-ABC/Laufschule

Einbeinige Hocke
Aus der Hocke wird ein Bein abwechselnd gestreckt und für ca. 5 Sekunden gehalten.
Die Übung erfolgt für jedes Bein mit 5 Wiederholungen.

Schwingendes Bein
Auf einem Bein stehend wird das andere Bein halbkreisförmig vor und zurück geführt.
Die Übung erfolgt für jedes Bein mit 5 Wiederholungen.

Zehen/Fersen belasten
Aus dem Stand wird das Körpergewicht abwechselnd auf die Ferse und die Zehen verlagert und durchgedrückt.
Die Übung erfolgt jeweils über 10 Wiederholungen.

Hopserlauf
Aus dem langsamen Lauf mit einem Bein abwechselnd abspringen und dabei einen Arm ganz nach oben strecken.
Die Übung erfolgt über 2 x 20 m

Skipping/Kniehebelauf
Aus dem Lauf wird das Knie abwechselnd in schneller Trittfrequenz über die Hüfte bis zur Waagrechten angehoben. Das Standbein wird durchgedrückt, der Armeinsatz wirkt dabei unterstützend.
Die Übung erfolgt über 2 x 20 m.

Seitwärtslauf
Sie laufen seitwärts und spreizen die Beine nach außen ab. Die Ferse führt die Abspreizbewegung.
Die Übung erfolgt über 20 m

Anfersen
Aus dem lockeren Lauf werden die Fersen abwechselnd an das Gesäß gebracht.
Die Übung erfolgt über 20 m.

Rückwärtslauf
Locker rückwärts laufen im gleichmäßigen Tempo mit einem symmetrischen, gleichmäßigen Laufstil.
Die Übung erfolgt über 20 m.

Hochsprung
Aus dem Lauf erfolgt ein kräftiger Beinabsprung mit maximalem Hochsprung. Der Armeinsatz wirkt dabei unterstützend. Die Übung wird für jedes Bein 5 x wiederholt.

Strecksprung
Aus dem lockeren Lauf erfolgen mit starkem Fußabdruck weite Sprünge nach vorne. Die Arme unterstützen den Sprungeinsatz. Oberkörper und Beine sind dabei gestreckt.
Die Übung erfolgt für jede Seite mit 5 Wiederholungen

Überkreuzschritt
Im Seitwärtslauf wird das Kniegelenk um 90 Grad angewinkelt und halbkreisförmig nach vorne geführt, während das andere Bein gestreckt ist. Die Bewegung wird von dem Becken und den Oberarmen geführt.
Die Übung erfolgt in jeder Seitenlage über 20 m.

Überkreuzlauf
Die Füße werden im Seitwärtslauf gegeneinander überkreuzt. Der Oberkörper und das Becken kontrollieren dabei die Bewegung.
Die Übung erfolgt für jede Seite über 20 m.

10. Energie

Die Energiespeicher Kohlenhydrate und Fett werden durch Sauerstoff biochemisch aufbereitet (verbrannt). Das Leberglykogen wird dem Blut als Glukose (Blutzucker) zugeführt. Das Muskelglykogen wird muskulär als Energie bereitgestellt. Die Fähigkeit, eine maximale Menge an Sauerstoff aufzunehmen (VO_2max) und den Verbrennungsprozess über eine lange Belastungszeit effektiv zu aktivieren, ist bei der Ausdauerleistung ein entscheidender Leistungsfaktor.

Körperliche Leistung wird über die Muskulatur abgegeben. Die Muskulatur benötigt Energie als Voraussetzung, um Arbeit leisten zu können. Die molekularen Nährstoffe Kohlenhydrate, Fettsäuren und Eiweiß (5 % max.) werden unter Verbrauch von Sauerstoff in ATP (Adenosintriphosphat) gewandelt und so über das Blut der kontrahierenden Muskulatur als Energie zur Verfügung gestellt, die dann in Arbeit umgesetzt wird.

Aerobe und anaerobe Energiegewinnung

Die Energieverbrennung erfolgt entweder in:

1. **aerobe Verbrennung**, wenn ausreichend Sauerstoff vorhanden ist, oder
2. **anaerobe Verbrennung**, wenn zu wenig Sauerstoff vorhanden ist.
   Bei der anaeroben Energiezerlegung entsteht das unerwünschte und leistungshemmende Abfallprodukt Laktat, welches den Körper vor Überlastung schützt.

ATP für sehr hohe, kurzzeitige Belastung

Das ATP ist der Energieträger, der nach dessen Aufspaltung zu einer direkten Muskelkontraktion führt. ATP wird biochemisch in das ADB (Adenosindiphosphat) und in ein anorganisches Phosphat gespalten. Dadurch wird die Energie freigesetzt und in mechanische Arbeit durch die Muskulatur umgesetzt. Der ATP Speicher in der Muskulatur reicht jedoch nur für wenige Muskelkontraktionen und muss deshalb ständig neu gebildet werden über:

- **aeroben Stoffwechsel** (langsame Energieaufbereitung aus Glukose und Fettsäuren)
- **anaerob alaktaziden Stoffwechsel** (Kreatinspeicher für max. 20 Sekunden)
- **anaerob laktaziden Stoffwechsel** (Glukoseverbrennung ohne Sauerstoff mit Laktatbildung)

Der vom Organismus gewählte Stoffwechselvorgang ist fließend und Abhängig von der Belastungsintensität, der Belastungsdauer sowie von dem Trainingszustand des Athleten.

Bei einer explosiv eingesetzten sehr hohen Belastung mit maximaler Körperkraft für die Dauer von ein bis zwei Sekunden greift der Körper ausschließlich auf den Energiespeicher ATP zurück. Diese Form des Krafteinsatzes kommt z. B. beim Heben eines Gewichts, das dem 1,5-fachen Körpergewicht entspricht, zum Einsatz, beim Kugelstoßen oder bei einem kurzen Antritt. Dieser Krafteinsatz ist maximal zwei- bis dreimal wiederholbar. Die Regenerationszeit beträgt einige Minuten.

Kreatinphosphat und ATP für hohe, kurzzeitige Belastung

Bei einer hohen Belastung mit 90 % der max. Kraft über eine Dauer von maximal 15 Sekunden verwendet die Muskulatur den Energiespeicher Kreatinphosphat und ATP. Diese Energie wird besonders beim Kraftsport und Sprint bereitgestellt. Der Kreatinphosphatspeicher kann durch Muskelaufbautraining, bewusste Ernährung und Nahrungsergänzung vergrößert werden. Die Kurzzeit-Regeneration beträgt wenige Sekunden.

Oxidation aus Kohlenhydraten und Fettsäuren für mittlere und lange Belastung

Für eine mittlere aerobe Belastung unterhalb der anaeroben Schwelle (unter 85 % HFmax) greift der Körper zur Energiegewinnung auf die Speicher von Kohlenhydraten und Fettsäuren zurück. Diese werden im Mischstoffwechselprozess als Energie aufbereitet (oxidiert) und erzeugen neues ATP.

Aus einem Gramm Kohlenhydraten werden 4,1 kcal und aus 1 Gramm Fett werden 9,3 kcal Energie freigesetzt. Die Energieverbrennung von Fett erfolgt jedoch erheblich langsamer als die von Kohlenhydraten. Daher werden Kohlenhydrate auch als der Kraftstoff »Super-Benzin« und die Fettsäuren als »Diesel« bezeichnet. Je höher die Belastung ist, desto mehr oxidiert der Mischstoffwechsel die schnell verfügbaren Kohlenhydrate und je geringer die Belastung ist, desto mehr langsam verfügbare Fettsäuren werden relativ betrachtet (in Prozent) oxidiert.

Der Kohlenhydratspeicher wird ohne weitere Energiezuführung beim Marathonlauf meist innerhalb von ca. 90-100 Minuten (bei 85 % HFmax) vollständig abgebaut. Durch gezieltes Ausdauertraining (Fettstoffwechsel) werden die Kohlenhydratspeicher langsamer aufgebraucht, weil die arbeitende Muskulatur lernt, mehr Fettsäuren zur Energiegewinnung zu verbrennen. Die Kohlenhydratspeicher können im Volumen durch gezielte Ernährung in Summe bis zu 50 % vergrößert werden. Es ist daher sehr wichtig, bei sehr langem Ausdauersport (z. B. über 3 Stunden) frühzeitig und fortlaufend hoch konzentrierte Kohlenhydrate aufzunehmen. Die Energiebereitstellungszeit für einen hoch konzentrierten Energieriegel beträgt ca. 15 Minuten. Schneller wirken Elektrolytgetränke. Wenn die Energiebilanz durch Zuführung von Kohlenhydraten im Gleichgewicht gehalten wird und ein aerober Stoffwechsel stattfindet, kann ein gut trainierter Athlet in dieser Form theoretisch »ewig« laufen. Ultraläufe und Dreifach-Ironman-Triathlons beweisen dies. Die Fettreserven reichen normalerweise aus, um damit über 300 Marathons in Folge laufen zu können. Die Belastung des Bewegungsapparates lässt dies natürlich nicht zu.

Ohne Kohlenhydratreserven können nur sehr wenige Fettsäuren verbrannt werden, so dass dabei eine Dauerbelastung nur bei sehr niedriger Intensität erbracht werden kann, entsprechend der niedrigen Energieflussrate durch die Betaoxidation. Deshalb kommt es dann in diesem Zustand oft zum vollständigen Energieeinbruch.

Der Fettstoffwechsel muss durch lange und langsame Läufe (über 3 Stunden) speziell trainiert werden.

Die Reserven an Fettsäuren sind im Körper nahezu unerschöpflich. Das Fett verbrennt vorwiegend im Feuer der Kohlenhydrate. Wenn keine Kohlenhydrate mehr als Energieträger zur Verfügung stehen, dann zerlegt der Körper Muskelprotein in Aminosäuren, wandelt diese in Glukose und verbrennt somit einen Teil seiner eigenen Muskulatur. Der Verbrennungsprozess von Fetten durch Proteinwandlung erfolgt jedoch sehr langsam und führt deshalb zu einem starken Energieeinbruch.

Zur Fettverbrennung benötigt der Verbrennungsprozess sehr viel Sauerstoff. Je höher der VO_2max-Wert ist, desto mehr Energie kann pro Zeiteinheit aufbereitet werden. Wenn die Kohlenhydratreserven stark reduziert sind, kann es beim Marathon zu einem Energie- und Leistungseinbruch kommen. Diese Situation wird als »der Mann mit dem Hammer« bezeichnet, die nur auftritt, wenn zu wenig Kohlenhydrate während der Belastung zugeführt werden oder keine langen Läufe (mind. sieben Stück drei Monate vor dem Marathon) trainiert worden sind.

Die fünf Energielieferanten der Muskulatur

ATP: Adenosin-Triphosphat

ATP ist der Energielieferant im Intermediärstoffwechsel und der Treibstoff für alle Körperzellen. ATP ist zu einem sehr geringen Teil in den Zellen gespeichert und wird laufend durch den Abbau der Makronährstoffe gebildet.

Es ist der einzige Energieträger, der nach seiner Aufspaltung die Muskelkontraktion bewirkt. Die Energiefluss-Verbrennungsprozesse führen dazu, den kleinen ATP-Speicher wieder aufzufüllen.

Die gesamte Turbo-Energie ATP wird dem Körper bei explosiver, höchster Kraftausführung zur Verfügung gestellt. Der ATP-Energiespeicher reicht nur für ca. zwei Sekunden. Sportlich nutzbar z. B. für Kugelstoßen, Speerwurf, Gewichtheben, Hochsprung.

KP: Kreatinphosphat

Kreatin steht dem Körper für hohe, kurzzeitige Krafteinsätze zur Verfügung. Der Kreatinspeicher hält bis ca. 20 Sekunden im gut trainierten Zustand an. Die sportliche Verwendung liegt besonders im Fitness- und Kraftsportbereich sowie im Laufbereich beim Sprint, Weitsprung oder dem Wurfsport.

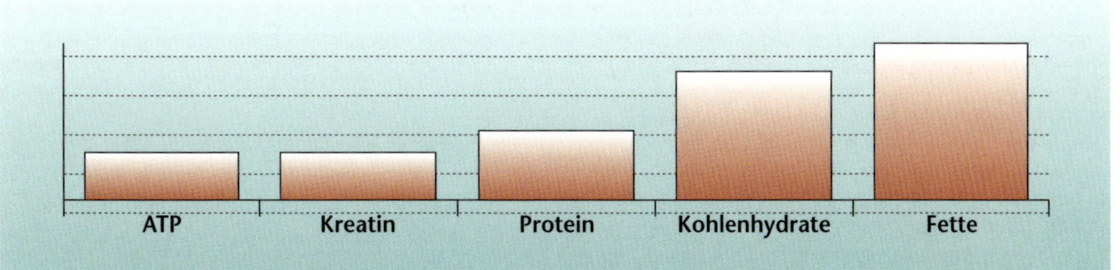

Glukose, Glykogen: Kohlenhydrate

Kohlenhydrate sind neben den Fetten der wichtigste Energie-Lieferant beim Ausdauersport, sie kommen im Organismus als Glukose und Glykogen vor. Glykogen ist die Verbindung von mehreren Glukoseeinheiten zu einem langkettigen Molekül. Durch den Stoffwechsel werden die Kohlenhydrate in Glukose aufgeschlüsselt, diese wird resorbiert und dient der Energiegewinnung oder der Energiespeicherung in Form von Glykogen in der Muskulatur (2/3 bis 3/4) und in der Leber (1/3 bis 1/4). Bei Energiebedarf wird die Glukose durch Sauerstoff in ATP umgewandelt (durch Mitochondrien der Körperzellen). Je größer der Glukosespeicher, desto länger die Ausdauerleistung. Der Glukosespeicher ist durch Training und »Carbo-Loading« bis zu 50 % erweiterbar. Ein 70-kg-Läufer kann z. B. max. 1800 kcal als Glukose speichern (400 Gramm). Davon 80 Gramm in der Leber und 320 Gramm in der Muskulatur. Nach ca. 90–100 Minuten Dauerlauf sind die Glukosespeicher weit gehend entleert in Abhängigkeit von der Belastungsintensität. Daher ist es so wichtig, rechtzeitig Kohlenhydrate nachzuführen.

Von großer Bedeutung sind die komplexen, langkettigen Kohlenhydrate, da sie lang anhaltende Energie liefern, wie z. B. Getreide, Kartoffeln, Nudeln, Reis, Vollkornbrot, Obst und Gemüse.

Fette

Bei Belastungseinheiten ab 20 Sekunden werden zunehmend Fette vom Körper zur Energiegewinnung aufbereitet. Bei einer Dauerbelastung werden Fettsäuren im Mischstoffwechsel mit Kohlenhydraten oxidiert. Ein Ausdauerathlet kommt trotzdem mit einem sehr geringen Anteil an Körperfett aus (8 % beim Mann, 12 % bei der Frau). Der Stoffwechsel (Oxidation) von Fett muss regelmäßig durch lange, langsame Läufe trainiert werden, damit der Energiezuführungsprozess mit einem hohen Wirkungsgrad erfolgen kann.

Protein/Eiweiß

Eiweiß besteht aus Aminosäuren und wird hauptsächlich zur Muskelbildung und Muskelerhaltung benötigt.

Geringfügig (maximal 5 %) wird Protein auch zur Energieversorgung herangezogen, wenn die Kohlenhydratspeicher zu Ende gehen. Protein beeinflusst den Muskelaufbau und damit den Trainingserfolg sehr stark. Es kommt hauptsächlich in Fleisch, Fisch, Milchprodukten und Sojabohnen vor. Der Bedarf an Eiweiß beträgt pro kg Körpergewicht ca. ein Gramm/Tag, bei Kraftsportlern und Ausdauersportlern mit sehr hohem Trainingsumfang bis zu zwei Gramm/Tag. Eiweiß-Unterversorgung macht sich bei Sportlern durch Zerrungen, Müdigkeit und auch Muskelkater bemerkbar.

Energiemischung

Beim aeroben Training besteht die Energieversorgung, je nach Belastungsdauer, aus einem Gemisch aus Kohlenhydraten und Fettsäuren. Das Mischverhältnis ist primär abhängig von der Belastungsintensität.

Beim anaeroben Training besteht die Energieversorgung im Vergleich zum vorangegangenen aeroben Training nur aus Kohlenhydraten. Der Bedarf an Kohlenhydraten als Energiequelle steigt mit Erhöhung der Belastung stark an. Es findet ein fließender Energiemischstoffwechsel in Abhängigkeit zu der Belastungsdauer und zu der Belastungsintensität statt.

Glykolyse

Der Prozess, bei dem das gespeicherte Glykogen in Glukose umgewandelt wird, nennt sich Glykolyse.

Oxidation

Die Verbrennung von Fettsäuren und Glukose zu CO_2 und H_2O unter Bildung von ATP nennt sich Oxidation.

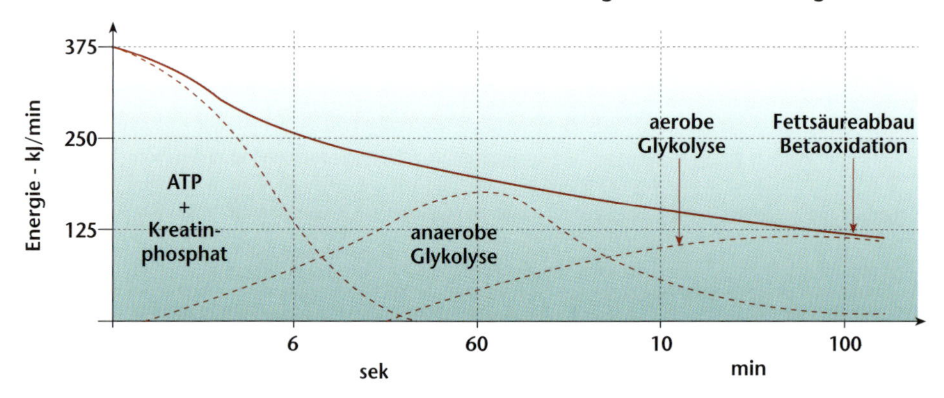

Energiequellenbezug in Abhängigkeit zur Belastung:

anaerobe Ausdauer			aerobe Ausdauer		
Kurzzeit	**Mittelzeit**	**Langzeit**	**Kurzzeit**	**Mittelzeit**	**Langzeit**
bis 20 Sek	bis 60 Sek	bis 2 Min	10–30 Min	bis 100 Min	über 100 Min
200 m	400 m	800 m	2,5–5 km	5 bis 15 km	über 15 km
ATP/KP	Glykogen und Glukose		Glykogen	Glykogen/Fett	Fettreserven
anaerob	anaerob			Oxidation	
alaktazid	laktazid				

Das Energiespeicher-Volumen für Kreatin, Glykogen und Glukose kann durch Training vergrößert werden. Blut hat einen Sauerstoffanteil von 20 %. Bei einem untrainierten Läufer werden ca. 14 % des vorliegenden Sauerstoffs zur Energieverbrennung nicht verarbeitet, bei einem trainierten Sportler sind es nur 8 %. Somit kann ein trainierter Athlet mehr und schneller Energie aufbereiten.

Leuchtende Läufer ...

Endspurt ...

11. Training allgemein

Sportliches Training ist ein Prozess mit dem Ziel, systematisch eine kontinuierliche, körperliche Leistungsverbesserung zu bewirken.

Der größte Trainingserfolg wird durch die planmäßige und zielgerichtete Entwicklung der motorischen, physischen und psychischen Fähigkeiten des Athleten erreicht. Die sportliche Leistungsfähigkeit und deren Entwicklung ist abhängig von mehreren Faktoren, die sich wechselseitig beeinflussen.

Die persönliche sportliche Leistungsfähigkeit eines Athleten

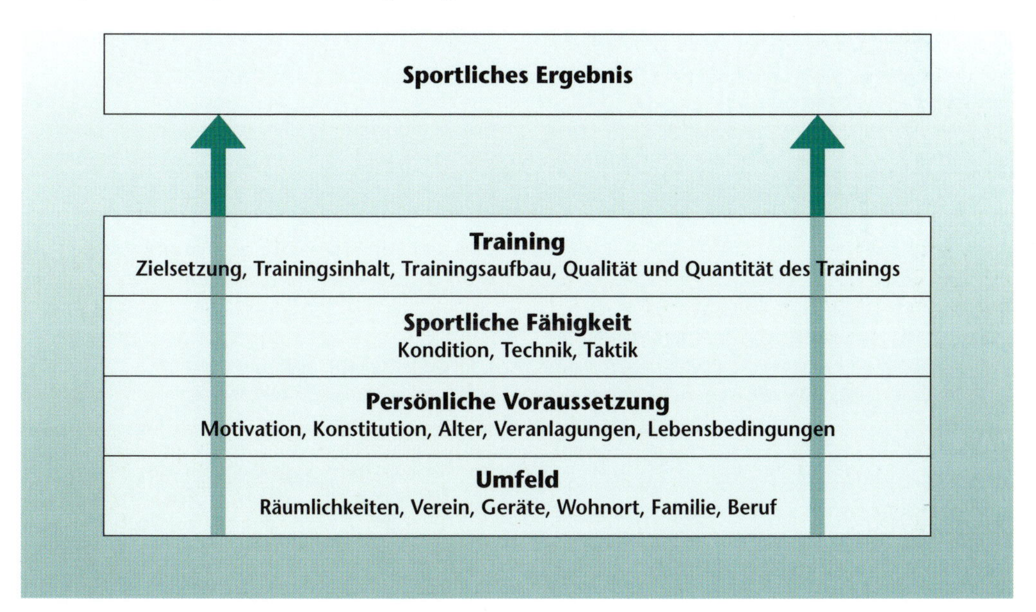

Trainierbarkeit
Dies ist die Summe der persönlichen Voraussetzungen. Vor allem die körperliche Verfassung setzt die Rahmenbedingungen für die Trainierbarkeit und die Trainingsgestaltung.

Trainingsziele
Die Ziele hängen von den Interessen des Athleten ab. Freizeitsportler haben andere Ziele und Interessen als Leistungssportler. Entscheidend für die Zielsetzung ist auch der aktuelle Leistungsstand und die zur Verfügung stehende Trainingszeit.

Die motorischen Grundeigenschaften eines Marathon-Läufers

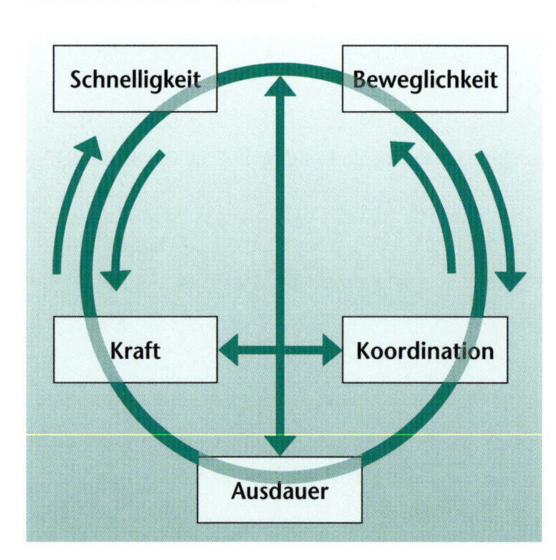

Ausdauer
Ausdauer ist die Resistenz des Organismus und die Anpassung des Stoffwechsels gegen Ermüdung bei lang andauernder Belastung.

Wir differenzieren dabei nach der Grundlagenausdauer (GA1) und der Kraftausdauer (GA2). Die Grundlagenausdauer wirkt sehr stark auf die aerobe Leistungsfähigkeit und auf die Verkürzung der Erholungszeit ein. Aus der Kraftausdauer resultiert die Ausdauer-Schnelligkeit. Das Ausdauertraining steht im Mittelpunkt beim Marathon-Training.

Kraft
Kraft ist die Fähigkeit, Widerstände zu halten (statisch) oder zu überwinden (dynamisch) sowie die Voraussetzung aller Bewegungsformen des Körpers.

Krafttraining ist die Anpassung der Muskulatur an die spezifische Belastung. Es gibt die Maximalkraft, Explosivkraft, Startkraft, Schnellkraft und die Ausdauerkraft. Ein gutes Lauftraining wird ergänzt mit einem speziellen Krafttraining für die Bein- und Ganzkörper-Muskulatur.

Schnelligkeit
Schnelligkeit ist die Anpassung des Zusammenspiels von Nerven und Muskulatur, um motorische Aktionen in einer möglichst kurzen Zeit zu vollziehen.

Dabei wird zwischen der Grundschnelligkeit und der Ausdauerschnelligkeit differenziert. Beim Joggen wird die Schnelligkeit von der Schrittkraft, der Schrittfrequenz und der Schrittlänge bestimmt. Trainingsformen für die Schnelligkeit sind z. B. Intervall-Läufe, Schwellenläufe, Bergläufe, Wettkämpfe, VO_2max-Optimierung, anaerobes Ausdauertraining.

Beweglichkeit
Als Beweglichkeit wird die Anpassungsfähigkeit und Dehnfähigkeit von Muskeln, Sehnen und Gelenken bezeichnet. Man unterscheidet die aktive (dynamische Kräftigung) und passive (statisches Stretching) Beweglichkeit. Zur Erhaltung und zum Ausbau der Beweglichkeit ist vor dem Sport eine leichte Dehnung, nach dem Sport eine ausgiebige Dehnung erforderlich.

Koordination
Das Zusammenspiel von Gehirn, Nerven und Muskulatur wird als Koordination bezeichnet. Bei einem Lauf über unebenen Grund oder bei einem Hopserlauf können die Koordinationseigenschaften eines Läufers festgestellt werden. Bei Bewegungsabläufen stehen die motorischen Lern-, Steuerungs-, Anpassungs- und Umstellungsfähigkeiten im wechselseitigen Zusammenspiel.

Übungen für die Koordinationsfähigkeit sollten am Anfang eines jeden Trainings stehen. Dies kann beim Warmlaufen erfolgen durch Hopser-, Seitwärts- und Rückwärtslauf, oder vor dem Hanteltraining mit dem Führen von leichten Gewichten. Zur Koordination zählen die Fähigkeiten für Gleichgewicht, Reaktion, Rhythmus, Koppelung, Differenzierung und Orientierung.

Grundsätzliche Prinzipien eines erfolgreichen Ausdauertrainings

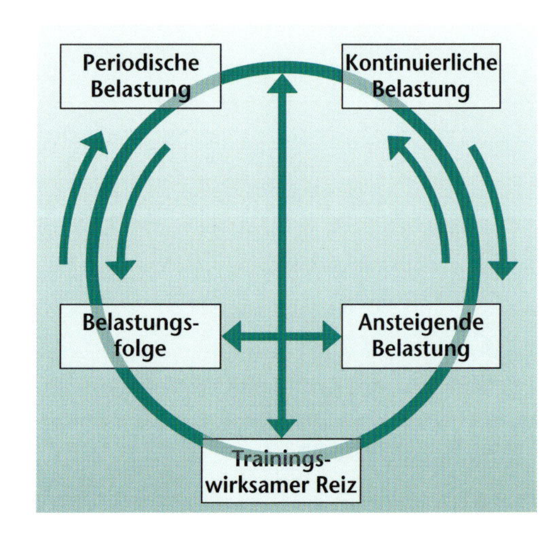

Prinzip des trainingswirksamen Reizes
Um einen Belastungszuwachs und damit einen Trainingseffekt zu erzielen, muss die Muskulatur mindestens zu 70 % von der Maximalleistung belastet werden. Unter 70 % Belastung erfolgt kein Trainingseffekt, sondern Regeneration.

Prinzip der ansteigenden Belastung
Bei einer richtig dosierten Belastungserhöhung mit einer zeitlich abgestimmten Belastungs- und Erholungsphase passt sich die Muskulatur der Belastung entsprechend an und wächst. Dieses Prinzip wird auch Superkompensation genannt. Die Trainingsbelastung muss genau definiert, kontrolliert und in einem bestimmten Zeitabstand gesteigert werden. Zunächst wird die zeitliche Belastungsdauer gesteigert, danach wird die Intensität bei kürzerer Belastungsdauer erhöht. Sobald die gesteigerte Intensität erfolgreich bewältigt werden kann, wird die Belastungsdauer wieder leicht gesteigert.

- **Beispiel Marathon**

Das Marathonrenntempo soll 12 km lang gehalten werden. Zu Beginn des Trainingsplans wird dies noch nicht möglich sein. Daher ist zu Beginn des Trainingsprogramms das Renntempo so zu reduzieren, dass es über mindestens 7 km gehalten werden kann.

Sobald 8 km gehalten werden, erfolgt der Versuch über 9 km u.s.w., bis 12 km in dem speziellen Tempo konstant gehalten werden können. Wenn das maximale Tempo dann über 12 km gehalten werden kann, erfolgt eine um 5 Sekunden schnellere km-Zeit-Vorgabe, und die Übung beginnt bei 7 km Tempohaltung erneut – so lange, bis das Soll-Marathonrenntempo 12 km lang gehalten werden kann.

- **Beispiel Fitness**

Das Bankdrücken mit 50 kg Gewicht kann über sieben Wiederholungen mit drei Sätzen gedrückt werden. Nun wird mit dem gleichen Gewicht versucht, auf acht Wiederholungen zu erhöhen u.s.w., bis 12 Wiederholungen mit drei Sätzen erreicht werden. Danach wird das Gewicht um 1 bis 2 kg erhöht und erneut bei sieben Wiederholungen mit je drei Sätzen begonnen u.s.w.

Prinzip der kontinuierlichen Belastung
Um einen Trainingserfolg erzielen zu können, muss ein Athlet kontinuierlich trainieren. Ein deutlicher Trainingseffekt tritt überwiegend erst bei drei bis vier Trainingstagen pro Woche auf. Eine schnell aufgebaute Leistung baut sich auch schnell wieder ab. Eine langsam aufgebaute Leistung ist stabiler und bleibt länger erhalten.

Prinzip der periodischen Belastung und des Muskelreizes
Ein Training soll langfristig erfolgen. Auf ein Training mit starker Intensität muss ein Training mit geringerer Intensität folgen – und umgekehrt. Die unterschiedliche Muskelbelastung führt zu einem Muskelreiz mit Regenerationswirkung. Die darauf folgende Superkompensation bewirkt eine Leistungssteigerung.

Prinzip der vier richtigen Belastungsfolgen
Die Reihenfolge der Belastung innerhalb des Trainingsablaufes ist für den Trainingserfolg sehr wichtig. Der Beginn eines Trainings sollte wie folgt sein:

1. Aufwärmen über 10 Minuten
2. Koordinationsübungen über 5 Minuten.
3. Zuerst Übungen mit hoher Konzentration oder hohem Kraftaufwand oder mit Schnellkraft ausführen.
   Danach Übungen mit Kraftausdauer oder aerobe Ausdauerbelastung
4. Langsames Auslaufen am Ende des Trainings
   Stretching 1 Stunde später über ca. 10 Minuten, nachdem der Körper entspannt ist

Training – und trotzdem kein Erfolg
Die Ursachen für ein erfolgloses Training liegen oftmals darin:

- Der Athlet trainiert in der Trainingsdauer zu lang oder zu kurz.
- Der Athlet trainiert in der Trainingsausführung zu hart oder zu schwach.
- Der Athlet trainiert monoton immer die gleichen Übungen mit der gleichen Intensität.

Die maximale Belastungsfähigkeit
Zu Beginn einer Trainingsaufnahme (z. B. bei Trainings-Neubeginn, neuer Trainingsplan, neue Saison) sollte die aktuelle, maximale Belastungsfähigkeit sowie bei fortgeschrittenen Läufern die anaerobe Schwelle gemessen werden.

Für das Lauftraining: maximaler Puls z. B. am Ende eines 10 km Wettkampfs, Berglaufs, Intervalllaufs oder durch eine Leistungsdiagnostik mit Laktatmessung.

Für das Fitnesstraining: maximales Gewicht, das mit einer Wiederholung bewegt werden kann.

Prinzip der vier richtigen Belastungsfolgen

Aufwärmen

Koordinationsübungen

Konzentrationsübung | Kraftübung | Schnellkraft

Kraftausdauer | aerobe Ausdauer

Stretching

Trainingsperioden

Beim Wettkampfsport wird das Trainingsjahr in vier Perioden unterteilt:

1. **Allgemeine Vorbereitungsperiode**
   Beginnt nach der Übergangsperiode bis zur speziellen Vorbereitungsperiode (z. B. das Wintertraining)
2. **Spezielle Vorbereitungsperiode**
   Beginnt 8–12 Wochen vor der Wettkampfperiode (Marathon-Trainingsplan)
3. **Wettkampfperiode**
   Zeit der Wettkampf-Saison, beim Marathon meist im Frühjahr und Herbst
4. **Übergangsperiode**
   Beginnt nach dem Wettkampf sowie zwischen den Wettkämpfen

In der allgemeinen Vorbereitungsperiode werden Grundlagenausdauer, Kraft und Technik verstärkt trainiert. Dies ist die Zeit nach der Übergangsperiode und vor der speziellen Vorbereitungsperiode. Bei Marathonläufern ist die Vorbereitungsperiode meist die Zeit zwischen Dezember und Januar.

In der speziellen Vorbereitungsperiode wird das Training speziell auf das Wettkampfziel konzentriert, z. B. VO_2max, Ausdauer, Schnellkraft, WSA, Schwellentraining sowie GA2 Trainingsbelastung.

Unter WSA versteht man die wettkampfspezifische Ausdauer. Daraus resultiert maßgeblich das Niveau des Marathonrenntempos (MRT).

Die Intensität wird dabei zunehmend gesteigert. Das systematische Training beinhaltet alle Belastungsstufen und ist auf die Erreichung einer bestimmten Wettkampfzeit ausgerichtet. Diese Trainingsperiode beinhaltet der Marathon-Trainingsplan.

Die Wettkampfperiode ist das reduzierte Training während der Wettkampfsaison. Der Trainingsumfang wird dabei auf ca. 50 % reduziert.

Die Übergangsperiode ist die Zeit nach einem Wettkampf oder zwischen Wettkämpfen und dient der Regeneration bei gleichzeitiger Aufrechterhaltung der Leistungsfähigkeit.

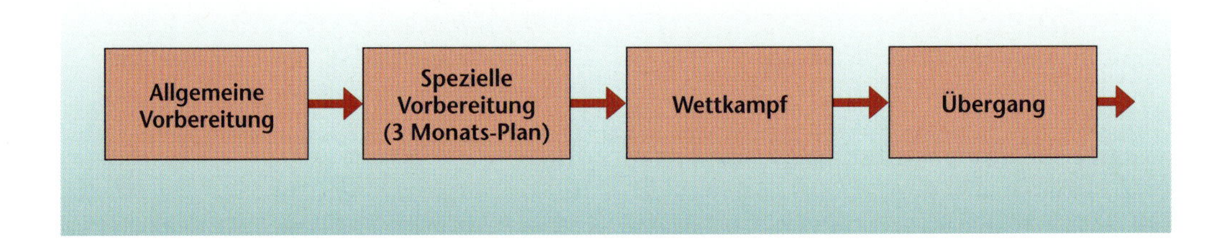

Gut trainiert ein leuchtendes Beispiel ...

Dreier-Team

12. Superkompensation

Die positive und negative Superkompensation

Die Superkompensation beinhaltet das eigentliche Prinzip eines Trainingserfolgs. Superkompensation wird auch als Leistungssprung bezeichnet.

In Folge einer starken, kontrollierten Trainingsbelastung wirkt auf die Muskulatur ein Reiz. Der Körper wird dadurch ermüdet und geschwächt. In einer darauf folgenden Ruhepause regeneriert sich der Körper und versucht, sich der vorangegangenen sportlichen Belastung anzupassen. Er vergrößert deshalb seine Muskulatur und die Energiespeicher gegenüber dem Ausgangsniveau vor der Belastung.

Dieser Effekt wird als Superkompensation bezeichnet. Der Körper muss geschwächt werden, damit er sich stärken kann.

1/2: Belastung durch erhöhten Muskelreiz/Trainingsbeginn

2/3: Abnahme der Leistungsfähigkeit durch die Belastung

3/4: Beginn der Regenerationsphase

4: Regenerationsphase

4/5: Wiedererreichung der Ausgangsleistung danach
erhöhte Leistungsfähigkeit = positive Superkompensation

5: Phase des maximalen Leistungszuwachses durch Superkompensation.
Jetzt muss eine neue Belastung als Muskelreiz gesetzt werden, um die Leistungsfähigkeit weiter zu steigern. Ohne neuen Belastungsreiz klingt der Leistungszuwachs wieder auf das Ausgangsniveau ab.

Das Leistungsniveau steigt durch den Superkompensationseffekt nach ein bis zwei Tagen an. Wird nun ein neuer, starker Reiz auf die Muskulatur ausgeübt, dann wiederholt sich der Superkompensations-Effekt.

Das Timing für die Folgebelastung ist sehr individuell, kann aber mit einem guten Körpergefühl gespürt werden. Es muss in der Muskulatur positiv kribbeln und das Gefühl vorliegen, vor Kraft zu

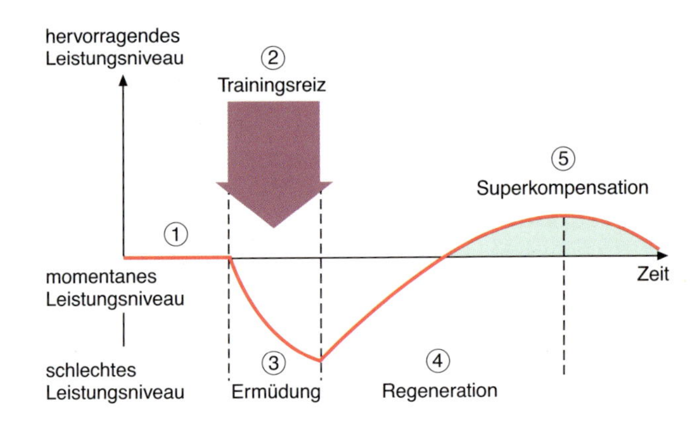

strotzen, dann ist der Maximalwert der Superkompensation erreicht und der Körper bereit für eine neue, starke Trainingsbelastung.

Zur Orientierung: die Regenerationszeit nach einer hohen Belastung ist abhängig von der Belastungsdauer im anaeroben Bereich. Pro Kilometer anaerober Belastung wird ein Tag Regeneration benötigt. Eine intensive Trainingsbelastung erfordert ca. zwei Tage Regenerationszeit.

Positive Superkompensation

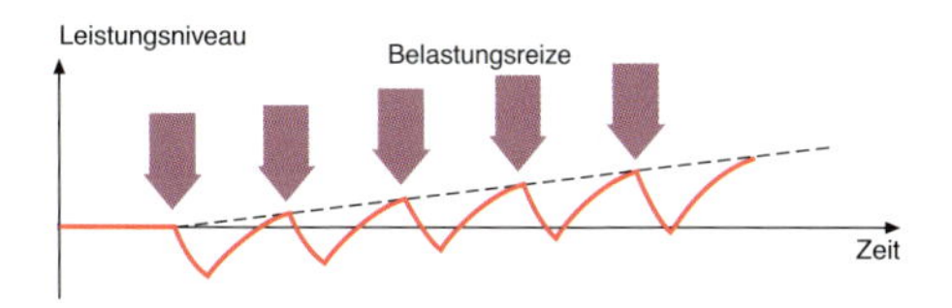

Der Zeitpunkt für den neuen Belastungsreiz wurde optimal gewählt am höchsten Niveaupunkt der Leistungskurve.

Negative Superkompensation

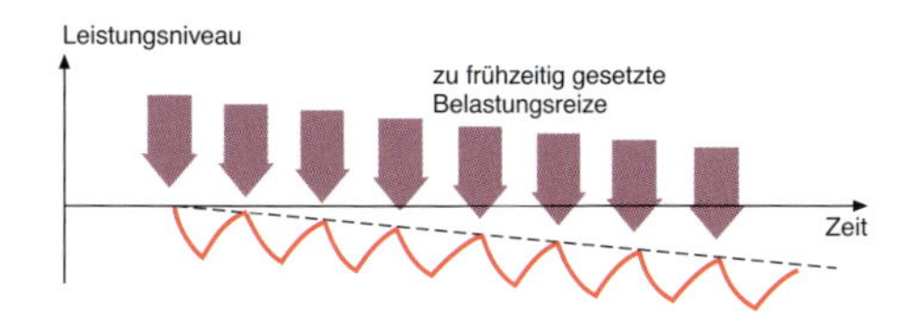

Der Zeitpunkt für einen neuen Belastungsreiz wurde zu früh gewählt, bevor die Regeneration abgeschlossen war.

Wenn die Folgebelastung zu früh eintritt, erfolgt eine negative Superkompensation d.h. die Folgeleistung wird schwächer, da sich der Körper nicht erholen bzw. stärken konnte. Dies wird auch als Übertraining bezeichnet. Eine Leistungssteigerung kann nur durch die Regeneration und Nutzung eines positiven Superkompensationseffekts erreicht werden.

Ein monotones, gleichförmiges Training, wie z. B. täglich eine Stunde joggen in derselben Geschwindigkeit, sowie Belastungen unterhalb 70 % der HFmax bietet für die Muskulatur keinen Belastungsreiz und bleibt deshalb ohne Trainingseffekt. Der Körper stellt sich auf diese wiederkehrende Belastung ein, ohne sein Leistungsniveau zu erhöhen. Es findet somit kein Training bzw. keine physische Weiterentwicklung statt.

Ein positiver Superkompensationseffekt benötigt vor und nach der hohen Belastung einen Belastungswechselreiz durch langsame oder leichte Trainingseinheiten, die eine Regeneration ermöglichen (65 bis 75 % HFmax). Beispiel: auf das 1/2/3/2/1-km Fahrtspiel folgen am nächsten Tag ein langsamer Dauerlauf, danach ein Ruhetag und dann ein 10 x 1000-m-Intervall im 10-km-Renntempo.

Für fortgeschrittene Athleten eignet sich der Wochen-Belastungszyklus 2/1, 3/1, d.h. auf zwei Tage intensives Training folgt ein Tag Regeneration, danach auf drei Tage intensives Training ein Tag Regeneration.

Trainingsmethoden mit Superkompensationseffekt

Um einen speziellen Trainingseffekt zu erzielen, kommt es auf die richtige Belastungsgestaltung, die Belastungsdauer und den ausgeübten Muskelreiz an (sh. Tabelle unten).

Reizintensität
Die Stärke des einzelnen Reizes in Prozent zur max. persönlichen Leistung wird als Reizintensität bezeichnet.

Beispiel Joggen: Prozent vom max. Puls, Fitness: Prozent vom Maximalgewicht.

Reizdichte
Das zeitliche Verhältnis von Belastung und Erholung wird als Reizdichte bezeichnet.

Beispiel Joggen: 10 x 1000 m, dazwischen drei Minuten gehen.

Fitness: drei Sätze mit 10 Wiederholungen, dazwischen eine Minute Pause.

Muskelreiz	**Dauermethode**	**Intervallmethode**	**Wiederholungsmethode**
Reizintensität	30–50 %	60–80 %	85–95 %
Reizdichte	ohne Pause	lohnende Pause	vollständige Pause
Reizdauer	lang	mittel	kurz
Reizumfang	gering	mittel	sehr hoch

Reizdauer

Die Dauer des Einzelreizes bzw. einer Serie von Reizen wird als Reizumfang bezeichnet.

Beispiel Joggen: 10 x 1000 m in je 4 Minuten = 40 Minuten Reizdauer.

Fitness: Dauer von drei Sätzen Bankdrücken = zwei Minuten.

Reizumfang

Die Zahl der Einzelreize pro Trainingseinheit wird als Reizumfang bezeichnet.

Beispiel Joggen: 10 x 1000 m in je 4 Minuten = 10 Reize.

Fitness: Drei Sätze Bankdrücken mit 10 Wiederholungen = 30 Reize.

Dauermethode

Die grundlegende Methode zur Verbesserung der Ausdauerfähigkeit ist die Dauermethode. Sie bildet die Grundlage des Marathontrainings für Ausdauer, Stoffwechsel und Fettverbrennung.

Es wird differenziert in zwei aerobe Grundlagenausdauerläufe.

1. Der extensive Bereich GA1, der langsame Dauerlauf mit 60-70 % HFmax zum Stoffwechsel- und Herz-Kreislauftraining
2. Der intensive Bereich GA2, der lockerer Dauerlauf mit 70-80 % HFmax, zur Steigerung der Kraftausdauer.

Die Dauermethode findet ausschließlich im aeroben Bereich statt und hat große Bedeutung für das Stoffwechseltraining, die Ausdauer- und die Herz-Kreislauf-Verbesserung.

Intervallmethode

Das Intervalltraining wird durch definierte Pausen geprägt (lohnende Pause), die zwischen mehreren aufeinander folgenden hohen Belastungen liegen. Die Pause darf nicht zur vollständigen Erholung führen, sondern nur zu einer Reduzierung des Pulses auf ca. 70 % der HFmax, innerhalb dieser Pause wird im langsamen Dauerlauf über zwei bis drei Minuten weitergelaufen. Danach erfolgt erneut eine hohe Belastung.

Dies fördert den Herz-Kreislauf durch die »Achterbahn-Belastung«, besonders aber die anaerobe Leistungsfähigkeit, VO_2max, sowie das Muskel- und Herzkreislaufsystem.

Typische Intervallmethoden sind 10 x 1000 m, 5 x 2000 m, oder die 1-2-3-2-1 km im 10-km-Renntempo, oder 10 x 400 m, 10 x 700 m in max. Tempo und das Pyramidentraining.

Die Stadion-Laufbahn eignet sich für die Intervallübungen aufgrund der exakt messbaren Zwischenzeit-Ergebnisse sehr gut. Die Intervallmethode ist eine der wirksamsten Methoden, um schneller zu werden. (Mehr dazu siehe Intervalltraining)

Wiederholungsmethode

Die bei der Wiederholungsmethode eingesetzte Pause (vollständige Pause) soll für eine vollständige Wiederherstellung der Leistungsfähigkeit sorgen, so dass ein neuer Reiz mit höchster Belastung gesetzt werden kann. Typische Übungen für die Wiederholungsmethode sind z. B. beim Lauftraining die 100-m-Sprint oder beim Fitnesstraining das Bankdrücken mit maximalem Gewicht.

Intervalltraining auf der Bahn

13. Training mit Pulskontrolle

Mehr als 70 % der Hobbyläufer trainieren zu intensiv, sie laufen zu schnell. Sie schätzen die richtige Belastungsintensität falsch ein und erreichen deshalb nicht den maximalen Trainingserfolg. Daher ist das Training mit Pulskontrolle durch Pulsuhren erfolgsentscheidend.

Die maximale Herzfrequenz gibt an, wie schnell das Herz pro Minute bei maximaler Körperbelastung schlägt. Die Herzfrequenz reagiert unmittelbar auf eine Belastungsänderung (ähnlich einem Drehzahlmesser beim Auto). Sie ist eine sichere Belastungskontrolle für die Steuerung und Definition der Trainingsintensität. Die Pulsfrequenz unterliegt vielfältigen Einflussfaktoren, wie z. B. Alter, Trainingszustand, Klima, Medikamenteneinnahme. Die Herzfrequenz steigt bei einer Belastungserhöhung im aeroben Bereich linear und im anaeroben Bereich exponentiell an.

Die manuelle Pulsmessung per Fingerdruck zeigt Nachteile in der Durchführung und der Präzision. Den Puls manuell zu messen erfordert Übung sowie eine Unterbrechung der sportlichen Aktivität. Die Belastungsunterbrechung zwecks Pulsmessung führt zu einer kurzen Regeneration und somit zu einem abklingenden, niedrigeren Messwert. Die manuelle Pulsmessung erfolgt meist über 6 Sekunden Dauer, der Messwert wird mit 10 multipliziert. Daraus resultiert eine Streuung der Messwerte aufgrund der Rundungsfehler für die Schläge vor oder nach exakt 6 Sekunden um bis zu +/–5 Pulsschläge auf die Hochrechnung von einer Minute.

Um die aktuelle Herzfrequenz ohne Pulsmesser durch das Laufgefühl bestimmen zu können, bedarf es einer langjährigen Erfahrung, die aber selbst dann ungenau ist.

Die Pulswerte ändern sich mit dem Lebensalter. Junge Menschen haben z. B. bei 70 % Belastung einen viel höheren Puls als ältere Menschen. Ein guter Herzfrequenzmesser ist daher unverzichtbar für ein kontrolliertes und effizientes Ausdauer- und Marathontraining.

Pulsuhren

Ein Brustgurt mit integriertem Pulssensor sendet über eine Frequenz die Pulsdaten an einen Empfänger, der in der Pulsuhr integriert ist. So ist es während des Laufens möglich, über das Uhrendisplay jederzeit eine genaue Kontrolle über die eigene Pulsfrequenz und Belastung zu erhalten.

Die Pulsuhr ermöglicht zusätzlich eine Messung der Laufzeiten, speichert die Runden- und Zwischenzeiten und sendet ein akustisches Signal bei Abweichung der definierten oberen und unteren Pulswerte. Die Pulsuhr erfasst die gestoppten Rundenzeiten im Speicher, die so nach dem Lauf ausgewertet werden können. Ohne eine Pulskontrolle würden die meisten Läufer viel zu hart oder zu schwach trainieren. Sie erzielen ohne Pulskontrolle nicht den Trainingserfolg, den ein Läufer mit Puls kontrolliertem Training erreicht.

Pulsuhr (Puls-Empfänger)

Brustgurt (Puls-Sender)

Nur ca. 10 bis 15 % des Trainingsumfangs werden mit sehr schnellen Läufen im anaeroben Bereich absolviert. Der Hauptumfang des Lauftrainings erfolgt zu 80 bis 85 % im mittleren bis langsamen Dauerlauf. Ein Pulsmessgerät wird benötigt, um die spezifischen Herzfrequenz- und Belastungsbereiche besonders im aeroben und anaeroben Bereich sowie beim Schwellentraining genau treffen und kontrollieren zu können, oder um in unebenem Gelände die Laufintensität anpassen zu können.

Pulsmesser können störanfällig gegen äußere elektromagnetische Einflüsse wie Hochspannungsanlagen sein. Es ist daher beim Kauf auf gute Qualität zu achten.

Einer der Erfolgsfaktoren, wie ein gesunder Laufanfänger innerhalb von nur drei Monaten Training zu einem Marathon-Finisher unter 4 Stunden werden kann, liegt im pulskontrollierten Ausdauertraining.

Bestimmung der maximalen Puls-/Herzfrequenz

Der maximale Puls wird bei der höchsten körperlichen Belastungsgrenze erreicht. Die genaue maximale Puls/Herzfrequenz kann nicht berechnet, sondern nur gemessen werden. Die Pulswerte eines Menschen sind wie bei einem Fingerabdruck verschieden und können bei gleicher Belastung und Alter bis zu 50 % schwanken.

Der Puls nimmt mit zunehmendem Alter ab. Er erhöht sich bei zunehmender Belastung, bei Erhöhung der Außentemperatur oder bei der Stoffwechselumstellung auf erhöhte Fettverbrennung.

Die genaueste Pulszuordnung erfolgt über die Laktat-Messung unter Belastung. Der bei Laktat 4,0 mmol abgelesene Pulswert entspricht 90 % der maximalen Herzfrequenz. Von diesem Punkt ausgehend, werden dann die weiteren Pulswerte und deren Trainingsintensitäten zugeordnet. Die Laktat-Messung ist jedoch aufwändig und erfordert den Besuch in einem Leistungsdiagnosezentrum oder beim Arzt. Die Messung des Laktat-Schwellenwerts ist eine wichtige Orientierungsmarke zur individuellen Trainingsbelastung und sollte jährlich zu Beginn des Trainings durchgeführt werden.

Eine theoretische Grundorientierung der maximalen Pulsfrequenz mit einer Genauigkeit von +/-30 % bietet die Formel: 220 abzüglich das Lebensalter = maximale Herzfrequenz (HFmax)

Beispiel: Alter 30 Jahre, d. h. 220 – 30 = 190 HFmax.

Die Messung des maximalen Pulses erfolgt bei einer maximalen körperlichen Anstrengung z. B. beim Zieleinlauf/Endspurt eines Wettkampfes, oder nach 1 Stunde Laufen mit dem Abschluss von 5 Steigerungsläufen à 100 Meter. Im Moment der totalen Erschöpfung ist dann der Pulswert zu messen.

Die Belastungsobergrenze liegt im Wettkampf bei ca. 80–95 % der maximalen Herzfrequenz, je nach Wettkampf-Distanz. Wettkämpfe bis 10 km werden mit 90–95 % der HFmax gelaufen. Der Marathon wird mit ca. 80–85 % der HFmax gelaufen, je nach Trainingszustand.

Die Pulsfrequenz nimmt bei einer kontinuierlichen Laufgeschwindigkeit mit der Zeit leicht zu, deshalb nimmt die Laufgeschwindigkeit im Marathon bei gleich bleibendem Puls ab km 20 leicht ab. Die Ursache des Pulsanstiegs beim Marathon liegt auch an der Zunahme der inneren Körperwärme, was den Kreislauf zusätzlich beansprucht.

Auch bei einer mangelnden Sauerstoffversorgung steigt der Puls an, weil mehr Blut zur Sauerstoffzuführung generiert werden muss. Beim Marathon ist ein erheblicher Pulsanstieg ab km 20 zu bemerken, sobald die Energiereserven Glykogen vollständig aufgebraucht sind und der Körper mehr Sauerstoff für den Fettverbrennungsprozess benötigt.

Im Marathonwettkampf sind Körper und Kreislauf ab ca. km 32 im Ausnahmezustand.

Gruppierung der Herzfrequenz-Belastungszonen

Herzfrequenz-Zone	HFmax in %	Trainingseffekt	Trainingsform
aerobe Zone	50–60	kein Effekt	sehr langsamer DL
aerobe Zone	60–75	Regeneration	langsamer DL
aerobe Zone	75–80	aerobe Ausdauerfähigkeit	ruhiger, lockerer DL
Schwellenzone	85–90	anaerobe Ausdauerfähigkeit	Intervalle, Bergläufe
anaerobe Zone	90–95	mentale Wettkampfhärte	kurzer Wettkampf

Bestimmung der Ruhe-Herzfrequenz

Der Ruhepuls gibt an, wie hoch die Basisherzfrequenz in absoluter körperlicher Ruhe ist. Die Messung der Ruheherzfrequenz erfolgt morgens, liegend im Bett, unmittelbar nach dem Aufwachen. Auf dem Nachttisch sollte daher ein Pulsmessgurt griffbereit sein. Je niedriger der Ruhepuls, desto besser ist der Ausdauertrainingszustand.

Ein Ruhepuls zwischen 40 und 50 Schlägen ist bei gut trainierten Athleten üblich. Thomas Hellriegel, ein Triathlon-Profi, erreichte in seiner Bestform einen Ruhepuls von 32. Unregelmäßigkeiten ab drei Herzschlägen über dem normalen Ruhepuls signalisieren ein Übertraining, oder den Auftritt einer Krankheit. In diesem Falle ist eine Trainingspause angebracht, so lange, bis der Ruhepuls wieder seinen Normalwert erreicht hat. Der Ruhepuls sollte täglich gemessen und im Trainingsprotokoll erfasst werden.

Bestimmung der Erholungs-Herzfrequenz

Das Abklingen der Herzfrequenz nach Belastungs-Ende gibt Aufschluss über die Ausdauer- und Regenerationsfähigkeit des Läufers. Je höher die Ausdauerfähigkeit, desto schneller klingt der Puls nach der Belastung ab.

Ein Test zur Bestimmung der Erholungs-Herzfrequenz erfolgt nach dem Erreichen der maximalen Herzfrequenz oder am Ende eines Intervalls. Im Stehen oder Gehen wird gemessen, wie lange es dauert, bis der Puls unter 110 Schläge/Min. (65% HFmax) liegt. Bei Leistungssportlern beträgt diese Erholungszeit oft weniger als eine Minute.

Theoretische Bestimmung des max. Belastungspulses für den aeroben Grenzbereich
Ausgehend von der max. Pulsfrequenz, wird dieser Bereich mit oder 80–85 % der max. Herzfrequenz zugeordnet. Eine Faustformel sagt: 170 – halbes Lebensalter = aerober Grenzbereich. Beispiel 40 Jahre alt: 170 – 20 = 150 Pulsfrequenz für die aerobe Schwellengrenze. Die Faustformel ist theoretisch, d. h. +/–30 % Abweichung sind möglich.

It´s running ...

Viele Marathonis müssen Lehrgeld bezahlen, wenn Sie zu Beginn eines Wettkampfs mit einem zu hohen Tempo und zu hohem Puls laufen. Die anaerobe Sauerstoffaufnahme bewirkt eine überhöhte Laktatentwicklung, die zu einer Übersäuerung der Muskulatur führt und den Läufer dadurch in seiner Leistung sehr stark drosselt.

Die Pulsfrequenz und die Laufgeschwindigkeit müssen von Anfang an passen und über den Wettkampf stabil gehalten werden. Zur Kontrolle sollten bei jedem Kilometer Zwischenzeit und Puls kontrolliert werden. Deshalb ist jeder Kilometer bei den größeren Wettkampfveranstaltungen markiert.

Die Pulsuhren sind mit einer oberen und unteren Pulsfrequenz-Grenze programmierbar, so dass beim Verlassen der Grenzwerte ein akustisches Warnsignal ertönt.

Pulswerte kontrolliert?

Marathonwettkampf Frankfurt

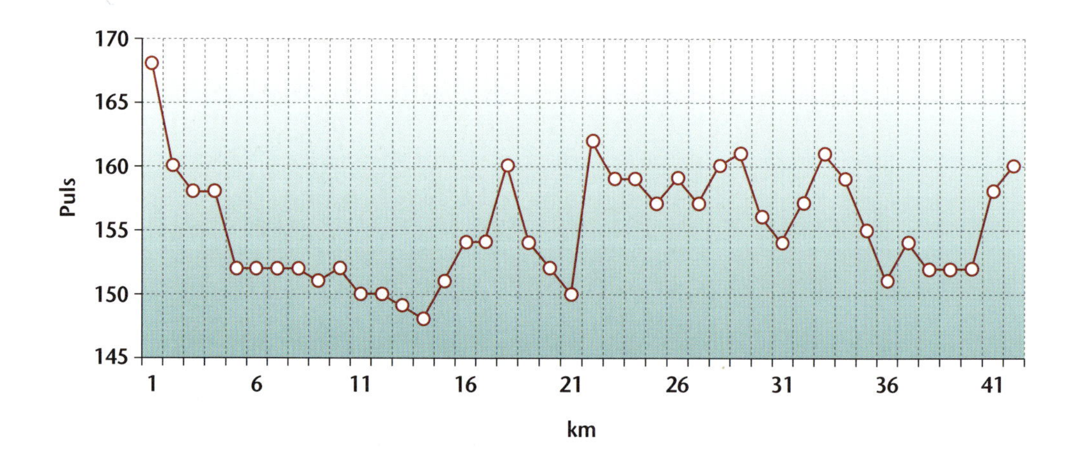

Mein Puls beim Frankfurt-Marathon, Finishzeit 2:52 h. Die ersten drei km »Adrenalin-Stoß«, danach »I believe I can fly«, ab km 21 »jetzt wird es Ernst«, ab km 33 »its all over now baby blue«, bei km 39 »Endspurt«.

14. Ausdauertraining

Unter Ausdauer versteht man die Widerstandsfähigkeit des Organismus gegen Ermüdung sowie die rasche Erholungsfähigkeit nach einer Belastung. Ein Ausdauertraining dient im Schwerpunkt dazu, die Fähigkeiten zu entwickeln, eine lang andauernde Laufbelastung zu bewältigen, die Laufgeschwindigkeit über die lange Distanz zu erhöhen und konstant beizubehalten sowie die dafür notwendige Energiegewinnung durch eine effiziente Verbrennung von Fettsäuren zu trainieren.

Verbesserung der Ausdauerfähigkeit

Für das Marathon-Ausdauertraining eignen sich vorwiegend sechs Methoden, die Fähigkeiten für lange Distanzen sowie die Laufgeschwindigkeit zu verbessern. Diese Trainingsmethoden werden abwechselnd trainiert und setzten für die Muskulatur die notwendigen Trainings-Reize.

Die sechs elementaren Trainingsmethoden für das Ausdauertraining

1. Regeneration RECOM mit langsamen Läufen und Ruhetagen
2. Grundlagenausdauer GA1 über extensive längere Läufe
3. Kraftausdauer GA2 über lockere mittlere Läufe
4. Aerobe und anaerobe Ausdauer EB über Intervall-Läufe
5. Anaerobe Ausdauer IAS über Schwellen-Läufe
6. Wettkampfhärte SB über maximale Belastung

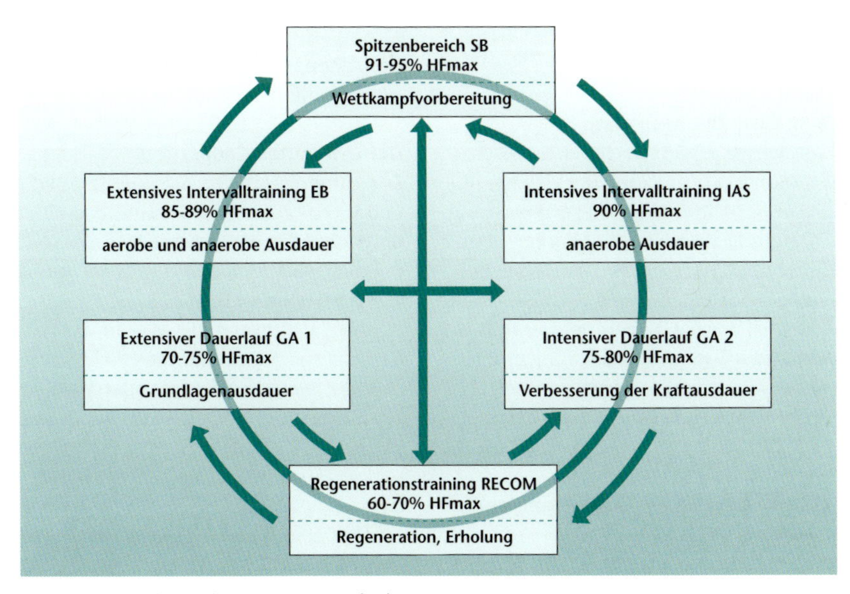

Kreislauf der sechs Ausdauer-Trainingsmethoden

Belastungsbereiche der aeroben und anaeroben Energiegewinnung

Die Energiebereitstellung wird in die aerobe und anaerobe Energiegewinnung gegliedert.

Die nachfolgenden Trainingsbereiche sind dementsprechend zugeordnet.

Aerober Bereich
Training RECOM zur Regeneration
Sehr langsame Läufe im Bereich von 60–70 % der maximalen Herzfrequenz dienen ausschließlich der Regeneration. Es wird dabei kein Muskelreiz ausgeübt.

Aerober Bereich
Training GA1 als Grundlagenausdauertraining
Dem Blutkreislauf steht ausreichend Sauerstoff zur Verfügung, um der Muskulatur die abgegebene Energie über vom Sauerstoff aufbereitete Glukose wieder vollständig zuführen zu können. Das Stoffwechselnebenprodukt Laktat wird dabei vollständig abgebaut. Der aerobe Trainingsbereich befindet sich unterhalb von Laktat 2 mmol bzw. bis 75 % der HFmax.

Aerob/anaerober Mischbereich
Training GA2 und Kraftausdauertraining
Dieser Bereich wird als Übergangsbereich zwischen aerobem und anaerobem Stoffwechsel bezeichnet. Dem Blutkreislauf steht hierbei noch ausreichend Sauerstoff zur Verfügung. Der aerobe/anaerobe Mischbereich befindet sich innerhalb der Belastungszone von Laktat 2 bis 4 mmol.

Untere anaerobe Schwelle
Training EB im Entwicklungsbereich
Die anaerobe Schwelle wird der Bereich zwischen 3,0 bis 4,0 mmol Laktat genannt, der sich bei 85–89 % der HFmax befindet. Bei dieser Belastung wird der Marathon-Wettkampf gelaufen. Dem Blutkreislauf wird im unteren aeroben Schwellenbereich gerade noch ausreichend Sauerstoff zur Verfügung gestellt, um Glukose verbrennen zu können. Dies ist der Grenzbereich, um nicht übersäuert zu werden. Es gibt die untere (3 mmol) und die obere (unterhalb 4 mmol) anaerobe Schwelle.

Obere anaerobe Schwelle
Training IAS in dem individuellen anaeroben Schwellenbereich
Dem Laktatwert 4,0 mmol wird der Pulswert 90 % HFmax zugeordnet und als individuelle anaerobe Schwelle bezeichnet. In diesem Bereich wird die maximale Ausdauerleistung mit dem Schwellentraining trainiert. Dabei wird auch die maximale Sauerstoffaufnahmemenge VO_2max verbessert. Durch das IAS-Training verlangsamt sich die Laktatentwicklung. Im IAS Bereich wird überwiegend der 10-km-Wettkampf gelaufen.

Ein gezieltes Training im Schwellenbereich bewirkt eine

- Erhöhung der am aeroben Energiestoffwechsel beteiligten Enzyme
- Zunahme und Vergrößerung der Mitochondrien
- Verbesserung des kapillaren Stoffaufnahmesystems der Muskelzellen
- Vergrößerung der Glucosespeicher
- effizientere Herz-Kreislauftätigkeit

Anaerober Bereich
Training SB kurzzeitige Spitzenbelastung
Der anaerobe Bereich beginnt über Laktat 4,0 mmol, bei ca. 91 % der maximalen Pulsfrequenz. Dem Blutkreislauf steht hierbei zu wenig Sauerstoff zur Verfügung, um der Muskulatur die abgegebene Energie vollständig wieder zuführen zu können. Bei der anaeroben Belastung wird der Muskulatur Glukose ohne Sauerstoffverbrennung zur Verfügung gestellt. Dabei entsteht exponentiell zunehmend Laktat, das aufgrund mangelnden Sauerstoffs nicht mehr abgebaut werden kann.

Die Muskulatur beginnt zu übersäuern, bis nach einer bestimmten Zeit eine Bewegungs- oder Muskulaturhemmung eintritt. In diesem Bereich bestreiten fortgeschrittene Läufer den 10-km-Wettkampf in der Endphase.

Der 12-Minuten-Cooper-Test
Der amerikanische Astronauten-Arzt Kenneth Cooper hat zur Fitnessbestimmung einen Lauftest entwickelt, bei dem über 12 Minuten so schnell wie möglich gelaufen und die dabei zurück gelegte Strecke bestimmt wird.

Als Faustformel gilt: Wer in 12 Minuten 3000 Meter zurücklegen kann, dessen Kondition wird als sehr gut bewertet. Zur genauen Bestimmung der zurückgelegten Distanz sollte der Cooper-Test auf der 400 Meter Bahn durchgeführt werden. Die Leistungsbewertung variiert nach dem Alter und dem Geschlecht.

Wer eine Stunde ununterbrochen joggen kann oder über eine entsprechende Grundausdauer und Sportlichkeit verfügt, sollte den Cooper-Leistungstest mit befriedigend bestehen:

Männer: 12 Minuten Dauerlauf/erreichte Distanz

Kondition	bis 30 Jahre	31–40 Jahre	41–50 Jahre	über 50 Jahre
sehr gut	2800 m (4:17/km)	2650 m (4:32/km)	2500 m (4:48/km)	2400 m (5:00/km)
gut	2400 m (5:00/km)	2250 m (5:20/km)	2100 m (5:43/km)	2000 m (6:00/km)
befriedigend	2000 m (6:00/km)	1850 m (6:29/km)	1650 m (7:16/km)	1600 m (7:30/km)

Frauen: 12 Minuten Dauerlauf/erreichte Distanz:

Kondition	bis 30 Jahre	31–40 Jahre	41–50 Jahre	über 50 Jahre
sehr gut	2600 m (4:37/km)	2500 m (4:48/km)	2300 m (5:13/km)	2150 m (5:35/km)
gut	2150 m (5:35/km)	2000 m (6:00/km)	1850 m (6:29/km)	1650 m (7:16/km)
befriedigend	1850 m (6:29/km)	1650 m (7:16/km)	1500 m (8:00/km)	1350 m (8:53/km)

Ausdauertraining

Im Marathon-Ausdauertraining werden viele langsame, lange Läufe absolviert. Erst nach 30 Minuten Dauerlauf erreicht der Körper den Gleichgewichtszustand zwischen Sauerstoffverbrennung und Sauerstoffaufnahme, was die Grundlage für das Ausdauertraining ist.

Der eigentliche Trainingsbeginn mit aktivem Stoffwechsel erfolgt daher erst nach 30 Minuten Dauerlauf. Läufe, die nur 30 Minuten dauern, bewirken keinen Trainingseffekt. Wer nach 30 Minuten erschöpft ist und deshalb das Laufen abbricht, der läuft zu schnell und muss sein Tempo so weit reduzieren, dass er eine Stunde Dauerlauf bewältigen kann.

Sauerstoffaufnahmefähigkeit VO_2max

Die maximale Sauerstoffmenge, die ein Athlet beim Einatmen auf einmal aufnehmen und im Blut zur Verarbeitung binden kann, wird als VO_2max bezeichnet. Die Sauerstoffaufnahmefähigkeit VO_2max ist ganz entscheidend für die Ausdauerleistung eines Läufers und äquivalent zur Wettkampfzeit. Mit dem VO_2max-Wert eines Läufers kann dessen Laufzeit vorhergesagt werden und umgekehrt. Mehr Sauerstoff im Blut bedeutet mehr Energieaufbereitung und somit mehr Kraft-Ausdauer sowie niedrigere Laktatwerte. Eine größere Sauerstoffaufnahme bewirkt eine niedrigere Pulsfrequenz.

Ausdauerleistung heißt VO_2max-Verbesserung

Die Messgröße der maximalen Sauerstoffaufnahme VO_2max beträgt ml/kg/min. (Milliliter Sauerstoffaufnahme, pro kg Körpergewicht, innerhalb einer Minute).

Die genaue VO_2max-Messung erfolgt bei einer Leistungsanalyse. Unter zunehmender Belastung wird die Sauerstoffaufnahme über eine Gesichtsmaske gemessen und protokolliert. Spitzensportler erreichen einen VO_2max-Wert von ca. 75–90, gut trainierte Athleten 50–70, untrainierte 30–40. Daher kann auch jeder gesunde Mensch einen Marathon um 4 Stunden laufen. Die Werte für Frauen liegen um etwa 10 % niedriger. Daher auch der Leistungsunterschied um ca. 20 Minuten beim Marathon zwischen Mann und Frau.

Die Sauerstoffaufnahmefähigkeit nimmt mit zunehmendem Alter ab. Ausgehend von 30 Jahren verringert sich das VO_2max pro Jahr um ca. 1 %, und ab einem Alter von 50 Jahren um ca. 0,5 %. Dies ist auch ein Grund für die Leistungsreduzierung bei zunehmendem Alter (sh. Tabelle unten).

Durch die Erhöhung der maximalen Sauerstoffaufnahme VO_2max kann eine wesentliche Leistungsverbesserung erreicht werden. Der VO_2max-Wert beeinflusst die anaerobe Schwelle. Eine Zunahme des VO_2max um nur ein Prozent ergibt eine Verbesserung von ca. 15 bis 25 Sekunden bei der 10-km-Wettkampfzeit.

Rauchen beeinflusst den VO_2max-Wert negativ durch Verstopfung der Lungenbläschen, die somit den Sauerstoff nicht mehr zu 100 % aufnehmen können. Eine maximale Sauerstoffaufnahme führt zu einer maximalen Ausdauerleistung.

Das Inhalieren von Asthmaspray führt zu einer Weitung der Bronchien, woraus eine höhere Sauerstoffaufnahme resultiert. Dieses Hilfsmittel ist jedoch verboten und fällt ohne eine medizinische Indikation unter Doping.

Die Sauerstoffaufnahmefähigkeit VO_2max wird erhöht durch den Ausbau der Trainings-Kilometer pro Woche im GA2-Bereich, durch Schwellentraining und anaerobes Intervall-Training (z. B. das 1-2-3-2-1-km-Fahrtspiel, 10 x 400m- und 1000-m-Läufe, 12 km im Marathon-Renntempo). Bei 400-m-Intervallläufen tritt, verglichen zum Dauerlauf im GA1-Bereich, eine vierfach höhere Verbesserung des VO_2max Werts ein.

Die Atemtechnik beeinflusst die Sauerstoffaufnahmemenge erheblich. Die meisten Läufer atmen nicht 100 % sondern nur zu ca. 70 bis 80 % des Lungenvolumens ein und aus. Es muss daher die Atemtechnik bewusst trainiert werden, so dass beim Einatmen die Lungen zu 100 % gefüllt werden. Daraus resultiert durch Absenkung des Laktatpegels eine Leistungssteigerung. Die Leistungsfähigkeit im Langstreckenlauf wird zu über 50 % von der Sauerstoffaufnahmefähigkeit bestimmt.

Atemtechnik-Übung

Atmen Sie im Bewegungsablauf, auch unter hoher Belastung, vollständig ein und aus.

Theoretische Bestimmung des VO_2max-Werts

Der amerikanische Wissenschaftler Dr. David Costill entwickelte eine Formel, mit der ein persönlicher VO2max-Wert theoretisch bestimmt werden kann. Die Berechnung leitet den VO_2max-Wert von der aktuellen 10-km-Bestzeit ab.

Der optimale Trainingsbereich zur Steigerung des VO_2max-Werts liegt bei dem Belastungspegel von 70 % des VO_2max-Werts oder bei 85 % HFmax.

1. Die 10-km-Bestzeit in Minuten multiplizieren mit 1,54
2. ziehen Sie von 120,8 das erhaltenen Ergebnis ab = VO_2max in ml/kg/min.

Beispiel:
10-km-Bestzeit 36:00 Minuten
36 x 1,54 = 55,44
120,8 – 55,44 = 65,36 ml/kg/min = VO_2max

Berechnung der idealen Trainingsbelastung zur Verbesserung von VO_2max

1. VO_2max Wert multiplizieren mit 0,7
2. Addieren Sie zum Ergebnis + 5,42
3. Dividieren Sie die Zahl 329 durch das vorherige Ergebnis aus (2)
4. Dividieren Sie das Ergebnis aus (3) durch 1,609 = Lauftempo in min/km

VO_2max und die mögliche Marathon-Laufleistung

Marathonzeit in h	5:00	4:30	4:00	3:45	3:30	3:15	3:00	2:45	2:30
VO_2max in ml/kg/min	22	31	42	47	52	56	62	65	70

Höhentraining beeinflusst das VO_2max

Beispiel:
$65{,}36 = VO_2max$
$65{,}36 \times 0{,}7 = 45{,}75$
$45{,}75 + 5{,}24 = 50{,}99$
$329 : 50{,}99 = 6{,}45$
$6{,}45 : 1{,}609 = 4{,}01$ min/km

Bei diesem Beispiel entsprechen 70 % der maximalen Sauerstoffaufnahmefähigkeit einem Lauftempo von 4:00 min/km. Ein Lauf von 1,5 h bei dieser Geschwindigkeit wäre die ideale Trainingsbelastung zur Steigerung der maximalen Sauerstoffaufnahmefähigkeit.

Höhentraining

Da der Sauerstoffgehalt in Höhenlagen z. B. über 2000 Meter erheblich absinkt, passt sich der Körper an die Sauerstoffverknappung an, indem er mehr rote Blutkörperchen bildet. Die roten Blutkörperchen sind für den Sauerstofftransport im Blut verantwortlich. Je mehr man davon hat, desto besser ist die aerobe Ausdauerfähigkeit.

Hochleistungsausdauersportler verlegen oft ihr Trainingskamp oder sogar den Wohnsitz in Höhenlagen oberhalb 2000 Meter, um diesen legalen Vorteil des Höhentrainings zu Nutzen (Kenia, Davos).

Einige Ausdauersportler schlafen unter Sauerstoffzelten, die mit niedrigem Sauerstoffgehalt versorgt werden, um so den Effekt des Höhentrainings zu erhalten.

Laktat, der Überlastungsschutz

Beim Abbau von Glukose zu ATP ohne Sauerstoff (anaerobe alaktazide Energiegewinnung) entsteht Laktat, das Salz der Milchsäure. Je intensiver eine lang andauernde Muskelarbeit ist, desto mehr wird Energie ohne Sauerstoff verarbeitet und umso mehr Laktat entsteht. Die Laktatanhäufung schützt das Herz-Kreislauf-System vor Überlastung. Die Messung der Laktatwerte erfolgt über Blutabnahme während oder kurz nach der spezifischen Belastung. Das Laktat kann während der Belastung geringfügig abgebaut werden, in Abhängigkeit vom Trainingszustand. Trainierte

Sauerstoff …

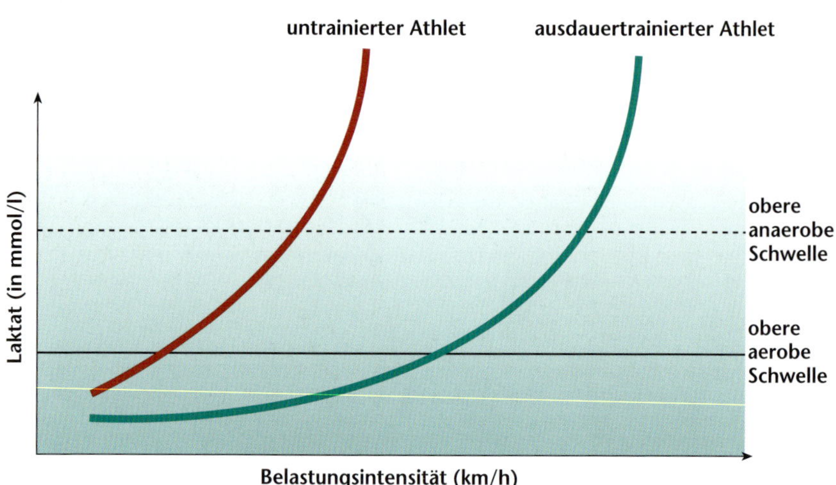

können pro Minute 0,5 mmol/l und untrainierte 0,3 mmol/l abbauen.

Die Anteile an Molekülen pro Liter Blut in mmol/l (Millimol pro Liter) ergeben den Laktatwert. Je höher der Laktatwert, desto unökonomischer ist der Stoffwechsel. Der Laktatwert im Büroalltag beträgt ca. 0,1 mmol/l. Der Laktatwert 4,0 mmol/l ist die Orientierung zur zur persönlichen, anaeroben Schwelle und für die Marke von 88-90 % der max. Herzfrequenz. Er ist ein Durchschnittswert der vom Trainingszustand abhängig ist. Bei Ausdaueruntrainierten liegt der Wert meist über 4, bei gut Ausdauertrainierten deutlich unter 4. Je schneller und länger ein Läufer im anaeroben Bereich läuft, desto mehr Laktat entsteht.

Durch den fehlenden Sauerstoff bei der anaeroben Energieverbrennung kann die Glukose nicht vollständig abgebaut werden. Die Glukosereste werden zu Laktat abgebaut. Dieses häuft sich an und wirkt leistungshemmend. Es kommt dadurch zu einer Muskelübersäuerung, die bis zur Muskellähmung führen kann. Tritt dieser Zustand während eines Marathonwettkampfs ein, dann kann der übersäuerte Zustand nur durch eine Ruhe- oder Gehpause abgebaut werden. Danach kann dann im aeroben Bereich wieder weitergelaufen werden.

Die Laktatentwicklung kann durch Training beeinflusst werden: z. B. durch Schwellentraining, Erhöhung der Laufkilometer im intensiven Grundlagentraining GA2 oder Intervall-Läufe in max. Tempo.

Der Übergang vom aeroben (sauerstoffbestimmten) zum anaeroben Stoffwechsel wird als aerob-anaerobe Schwelle (kurz: »anaerobe Schwelle«) bezeichnet. Ein besonders positiver Trainingseffekt kann erreicht werden, wenn die maximale Trainingsbelastung so gewählt wird, dass sich die Laktatkonzentration leicht unterhalb des Schwellenwerts befindet. Die anaerobe Schwelle wird erst bei einer relativ hohen Belastung erreicht. Die Kenntnis über die eigenen Laktatwerte ist daher für ein erfolgreiches Ausdauertraining entscheidend. Die Laktatwerte sind die genauesten Bezugsgrößen zur Bestimmung der individuellen Belastungsgrenzen für das Ausdauertraining, zu denen dann die absoluten persönlichen Pulswerte zugeordnet werden können.

Die Laktatentwicklung steigt bei zunehmender Belastung exponentiell an – zunächst langsam, dann schneller. Bei intensiver Belastung gibt die Laktatentwicklung Aufschluss über die Ausdauer-Leistungsfähigkeit eines Athleten. Je später die Laktatkurve exponentiell ansteigt, desto besser ist der Ausdauer-Trainingszustand des Athleten.

Die maximale Belastung beim Ausdauerläufer liegt bei Laktat 4 mmol, der anaeroben Schwelle. Der Puls steigt bei zunehmender Belastung zunächst linear bis zur anaeroben Schwelle-, danach exponentiell an.

Ein Sprinter z. B. im 800-m-Lauf kann im anaeroben Bereich bis zu Laktat 25 mmol erreichen. Das Ergebnis der Laktatbelastung kann z. B. beim Zieleinlauf festgestellt werden, bei dem die 800-m-Läufer noch minutenlang außer Atem und unan-

Nach 800 Meter im Ziel mit Laktat 25

sprechbar sind. Ein Marathon-Weltbestzeitläufer wie Paul Tergat kann schon 10 Sekunden nach dem Zieleinlauf ein Fernsehinterview geben.

Laktat und Sauerstoffaufnahme VO_2max

Ein Marathonläufer benötigt eine kontinuierliche, lang anhaltende Energieversorgung, um seine Ausdauerleistung halten zu können. Für den Verbrennungsprozess ist eine ausreichende Sauerstoffzufuhr notwendig. Die maximale Sauerstoffaufnahmemenge VO_2max beeinflusst den Wirkungsgrad des Energieverbrennungsprozess und damit auch die Laktatentwicklung.

Die Laktatentwicklung hält den Langstreckenläufer in seinen Leistungsgrenzen. Wer schneller oder länger läuft, als es seinem Trainingszustand entspricht, bewirkt einen frühen Anstieg des Laktatspiegels auf über 4 mmol Laktatwert. Die Muskulatur wird dann mangels Sauerstoff übersäuert, der Laktatspiegel steigt weiter exponentiell an, so dass kurze Zeit später ein Leistungseinbruch erfolgt. Die Verbesserung der Sauerstoffaufnahmefähigkeit VO_2max wirkt der Laktatentwicklung durch eine bessere Verbrennungsleistung und höhere Energiebereitstellung entgegen.

Laktatmessung

Das Laktat wird während oder kurz nach einer definierten Belastung durch Abnahme von Blut z. B. am Ohrläppchen oder am Finger gemessen. Beim Stufentest beginnt die Laktatmessung bei einer langsamen Belastung, die dann stufenweise erhöht wird und bei der Erschöpfung endet. Innerhalb einer bestimmten Zeitperiode (z. B. fünf Minuten) wird die Belastung (Laufband für Läufer) um eine Stufe höher gestellt (z. B. 1,5 km/h), während der Belastung wird jeweils das Laktat gemessen. Ziel der Laktatmessung ist es, den Belastungspunkt der anaeroben Schwelle zu definieren, bei Laktat 4,0 mmol.

Für den Laktat-Test sollte der Athlet ausgeruht und seine Glykogenspeicher gefüllt sein.

Steady State

Die Belastungsstufe, bei der die aerobe Energiegewinnung und der Energieverbrauch im Gleichgewicht sind, wird Steady State genannt. Es erfolgt dabei keine Laktatanhäufung.

Nach 42 km im Ziel mit Laktat 4

Laktatschwelle 4,0/anaerobe Schwelle
Den Muskeln steht bei dieser speziellen Belastung gerade noch ausreichend Sauerstoff zur Verfügung, so dass kein Laktat angehäuft, sondern gerade noch vollständig abgebaut wird. Das Lauftempo unterhalb der Schwelle wird als aerob, das darüber als anaerob bezeichnet. Die anaerobe Schwelle ist definiert bei dem Laktatwert 4,0 mmol.

Conconi-Test:
Die anaerobe Schwelle kann ohne Blutabnahme mit dem Conconi-Test festgestellt werden, allerdings relativ ungenau. Bei ansteigender Belastung steigt der Pulsschlag linear an, bis zur Erreichung der anaeroben Schwelle. Danach steigt der Puls langsamer an.

Mit der Pulsmessung kann bei einer stufenweise ansteigenden Belastung, z. B. um fünf Sekunden/Runde schneller beim 400-m-Lauf, die Pulsanstiegsveränderung gefunden und diesem dann Laktat 4 mmol bzw. 90 % der maximalen Pulsfrequenz zugeordnet werden.

Laktat und Pulswert-Zuordnung

Laktat in mmol/l	Stoffwechsel	Intensität in % zur HFmax	Training
1,0–2,0	aerob	60–70	RECOM, GA 1 Grundlagenausdauer
2,5–3,5	aerob/anaerob Mischbereich	75–85	GA 2 & GA1 Kraftausdauer
3,0	aerobe Schwellengrenze	80	GA 2
3,5–4,0	aerob/anaerob Mischbereich	85–89	EB, WSA
4,0	anaerobe Schwellengrenze	90	SB, Spitzenbelastung Schwellentraining
4,5	anaerob	über 90	nein

Leistungsdiagnostik

Mit der Leistungsdiagnostik kann für Läufer auf dem Laufband (nicht auf dem Ergometer) bei einer kontinuierlich ansteigenden Belastung, die Entwicklung von Puls-, Laktat und Sauerstoffaufnahme gemessen und daraus die richtige Trainingsintensität zugeordnet werden.

Ziel der Leistungsdiagnose ist es das Laktat stufenweise bis mindestens zum Schwellenwert bei Laktat 4,0 mmol zu messen und dabei jeweils den Pulswert zuzuordnen. Aus der Entwicklung der Laktatkurve und der Zuordnung der Laktatwerte mit den jeweiligen Pulswerten ergibt sich dann die individuelle Belastungsanalyse, aus der die Trainingsschwerpunkte abgeleitet werden können.

Der dafür geeignete Laufband-Stufentest beginnt bei einer niedrigen Belastung, oft bei 7 km/h, mit einer Belastungszeit von fünf Minuten. Danach wird in einer kurzen Unterbrechung das Blut meist vom Ohrläppchen entnommen und daraus das Laktat gemessen. Anschließend wird die Belastung um 1,5 km/h gesteigert und die Testdurchführung so lange erweitert, bis die maximale Belastung erreicht worden ist.

Besonders zu Beginn einer Trainingsperiode ist die Leistungsdiagnostik sehr zu empfehlen. Leistungssportler analysieren ihre Leistungsfähigkeit und Entwicklung oft zweimal jährlich.

Anmerkung:
Die gemessenen Werte in der Leistungsdiagnostik stimmen vielfach nicht überein mit der allgemeinen Pulswertzuordnung. Es handelt sich um die individuellen Leistungswerte die sich je nach Trainingszustand verschieben. Die Verschiebung zu analysieren ist Sinn und Zweck der Leistungsdiagnostik und daraus Trainingsschwerpunkte zu bestimmen.

Meine Ergebnisse aus der Leistungsdiagnostik
(sh. folgende Tabelle)

Pulsfrequenz/min	105–120	133–148	150–159	161–163	167
in % von 185 HFmax	57–65	72–80	81–86	87–88	90
Laktat in mmol/l	0,5	0,8–1,3	1,4–2,6	2,7–3,2	4,0
Lauf in km/h	10,1–12,4	13,9– 5,7	15,8–17,0	17,1–17,4	18,0
Zeit/km in min	5:55–4:50	4:20–3:50	3:49–3:34	3:30–3:27	3:20
VO2 in ml/kg/min	35,6–43,3	47,4–53,4	53,4–57,5	57,6–58,5	60,1
in %	57–65	72–80	81–86	87–88	90

Meine Laktat-, Puls- und VO_2-Wert Entwicklung bei einem Leistungsdiagnostik-Laufband-Stufentest

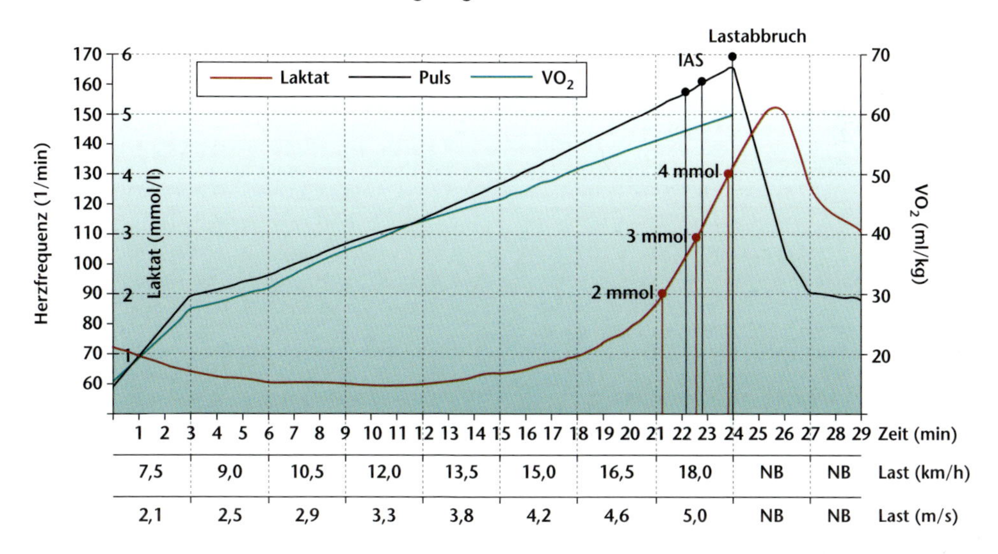

Folgende Institutionen bieten eine Leistungsdiagnose an:

Deutschland:

Ort	Name	Tel.Nr.	Internet
Bayreuth	Sportmedizinisches Institut Dr. Wittke	0921-515471	www.sportmedizin wittke.de
Bad Wildungen	Sportmedizinisches Zentrum	05621-7030	www.parkhoehe.de
Berlin	Sports personal training J. Schunke-Galley	030-4328695	www.sportspersonal training.de
Bietigheim	Praxis für Sportmedizin Dr. Engels	07142-21727	www.dr-tanja-engels.de
Chemnitz	Triagnostik Chemnitz Grit Fischer	0173-9935602	www.triagnostik chemnitz.de
Edelsfeld	Sportmedizinische Praxis Dr. Schlosser	09665-525	
Frankfurt	SMI Sportmedizinisches. Institut Dr. Eifler	069-67800932	www.smi-frankfurt.de
Freiburg	Uni-Klinik	0761-2707473	www-uni-freiburg.de
Friesenheim	Med-Tronik GmbH, Dr. Rasche	07821-633330	www.lactware.de
Hamburg	Institut für Sportmedizin Prof. Dr. Braumann	040-471930-0	www.sportmedizin hamburg.com

Ort	Name	Tel.Nr.	Internet
Hamburg	Fit im Puls GmbH, Dr. Steinmeier	040-35711164	www.fit-im-puls.de
Hannover	MSG-Medizin Sport Ges. Dr. Maassen	0511-8420415	www.msg-hannover.de
Jena	Sport- und Rehazentrum Dr. Schuh	0361-6464016	www.laufladen.de
Köln	Zentrum für Leistungsdiagnostik	0221-4982518	www.zeld.de
Köln	Sportdiagnostik cms	0221-9345656	www.cms-coaching.de
Konstanz	Laufberatung Bodensee Volker Börsig	0172-6983553	
München	Sportmedizin, Dr. Halle	089-28924445	www.sport.med.tum.de
Offenbach	Institut für Sportdiagnostik Dr. Föhrenbach	069-8383691	www.sportdiagnostik.de
Paderborn	Sportmedizinisches Institut Prof. Dr. Liesen	05251-603180	www.sportmedizin.unipaderborn.de
Rastede	Praxis für Sportmedizin Dr. Ammen	04402-1014	
Regensburg	Institut für Diagnostik IPD Dr. Möckel	0941-464180	www.ipd-regensburg.de
Rüdesheim	Praxis für Präventivmedizin Dr. Scholl	06722-406700	www.praxis-dr-scholl.de
Scheidegg	Diagnosezentrum Prof. Dr. Jung	08381-942850	www.diagnostikzentrumscheidegg.de
Stuttgart	Sportmed. Unters.zentr. Dr. Horstmann	0711-54998130	www.medizin.unituebingen.de
Tegernsee	Mobile Leistungsdiagnostik	08022-271649	www.mld4you.de
Tübingen	Medizinische Klinik, Prof. Dr. Nieß	07071-2986493	www.medizin.unituebingen.de
Wedel	Praxis für Orthopädie Annette Braune	04103-904390	
Würzburg	Predia mbH	0931-804960	www.predia.com
Würzburg	Check & run Laufdiagnostik Dr. Gebel	09366-9801343	
Österreich:			
Graz	Institut f. Sportmedizin Prof. Dr. Schippinger	031659-62144	www.schippinger.at
Innsbruck	Training & Beratung Dr. Hofmann	0512-262627	www.andreahofmann.at
Telfs	Sportmedizin, Dr. Scheiring	05262-66710	www.sportmed-telfs.at
Wien	Institut für Sportmedizin	0142-77728701	www.sportmedizin.or.at
Schweiz:			
Bad Ragaz	SOMC, Dr. Villinger	081-3033838	www.resortragaz.ch
Chur	Dr. Zinsli	08125-26622	
Lützelflüh	Sportmedizin Dr. Mosimann	034461-0561	
St. Moritz	Klinik Gut, Dr. Ackermann	081-8363434	www.klinik-gut.ch
Winterthur	Check-up AG	05224-505558	www.check-up.ch
Zürich	Schulthess Klinik, Dr. Warnke	01385-7562	www.schulthess-clinic.ch

Die richtige Vorbereitung zur Leistungsdiagnose
Vor dem Test sollte man sich telefonisch erkundigen welche Tests bei der Leistungsdiagnose durchgeführt werden. Ob ein Laufband vorhanden ist, ein VO_2max-Test durchgeführt werden kann, ob der Feldstufentest bis zur maximalen Erschöpfung durchgeführt und nicht vorher aus Zeit- oder Gerätemangel abgebrochen wird, ob ein Gespräch zur Auswertung des Tests erfolgt, ob ein Trainingsplan in Bezug auf das Messergebnis erstellt wird, wie hoch die Kosten für den Diagnostiktest sind und welche Zeit dafür beansprucht wird.

Zum Test sollte man ausgeruht erscheinen, max. 3 Stunden vorher die letzte Mahlzeit zu sich genommen haben, Laufanfänger sollten vorher einen medizinischen Basistest gemacht haben.

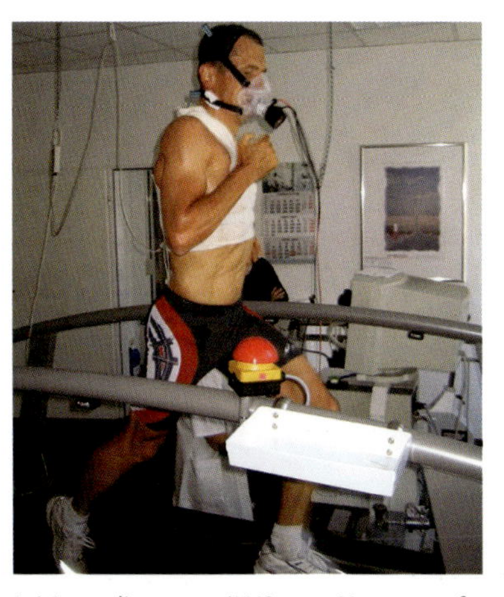

Leistungsdiagnose mit VO_2max-Messung auf dem Laufband

Pulstrainingsbereiche

Puls Belastungsbereiche		
kurzer Wettkampf über 90% HFmax	SB	anaerober Trainingsbereich 20-45% des Trainingsumfangs, je nach Leistungsklasse
Schwellenbereich 90% HFmax	IAS Puls: 167	
schneller Dauerlauf Marathon-Wettkampf 85-89% HFmax	EB Puls: 157 - 165	
ruhiger bis lockerer Dauerlauf 75-80% HFmax	GA2 Puls: 140-148	Grundlagenbereich sind 50-80% des Trainingsumfangs, je nach Leistungsklasse
langsamer Dauerlauf 70-75% HFmax	GA1 Puls: 130-139	
sehr langsamer Dauerlauf 60-70% HFmax	RECOM Puls: 111-129	

absolute Pulswerte = Beispiel bezogen auf HFmax 185

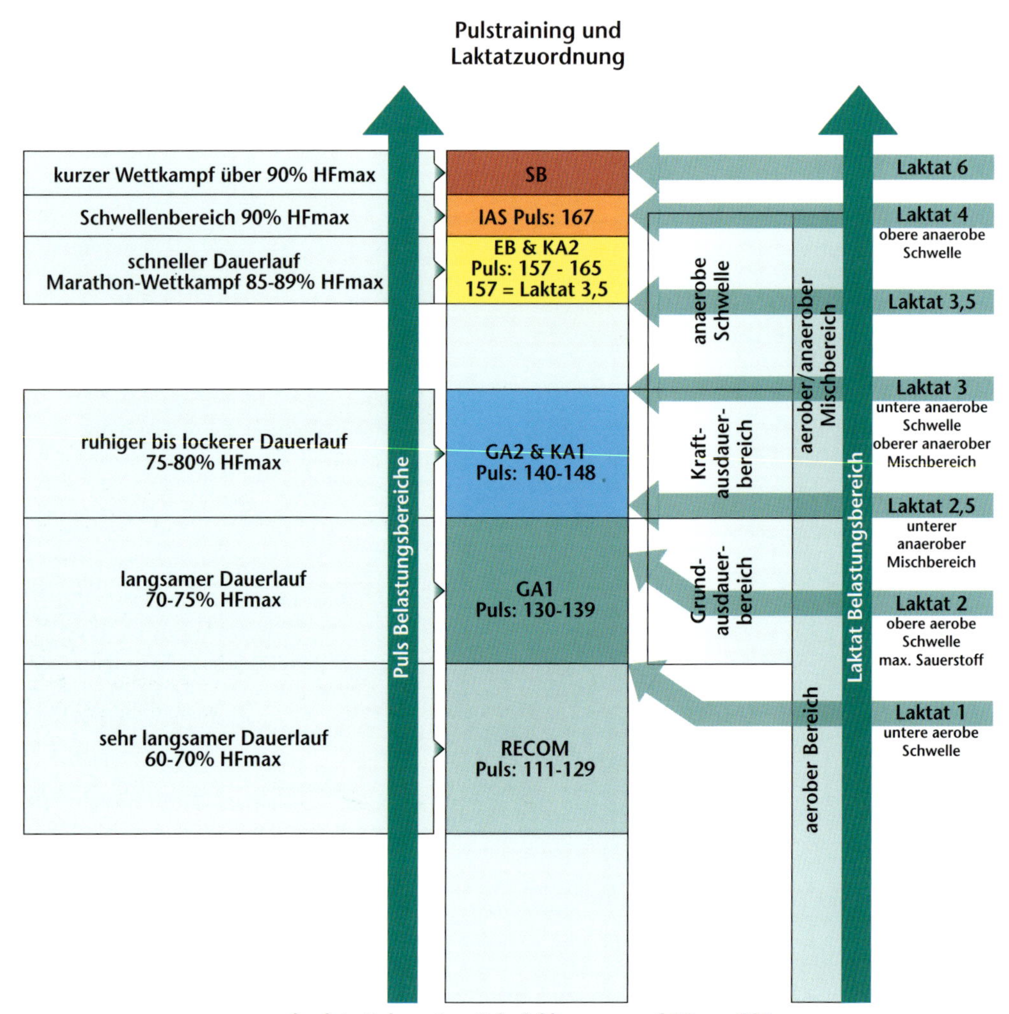

RECOM	=	Regeneration, sehr langsamer Dauerlauf, im aeroben Bereich unter Laktat 1
GA1	=	Grundlagen-Ausdauertraining, niedrige Intensität, im aeroben Bereich ab Laktat 1
GA2	=	Grundlagen-Ausdauertraining, mittlere Intensität, im aeroben Mischbereich ab Laktat 2,5 – 3,0
KA1	=	Kraftausdauer mit mittlerer Intensität
EB	=	Entwicklungsbereich bei Laktat 3,5 für schnelle Dauerläufe (Marathon Wettkampftempo)
KA2	=	Kraftausdauer mit hoher Intensität
IAS	=	Individuelle anaerobe Schwelle bei Laktat 4,0 für kurze Intervallläufe (Halbmarathon-Wettkampf)
SB	=	Spitzenbereich bei Laktat 6,0 für maximale, kurzzeitige Belastung (10km-Wettkampftempo)

15. Marathon-Training

Ein Laufanfänger sollte sich vor Trainingsbeginn von einem Arzt untersuchen lassen.

Die Untersuchungskriterien für eine Marathon-Trainings-Eignung sind:

- die Wirbelsäule
- die Lunge
- der Herz-Kreislauf
- die Gelenke
- der Blutdruck
- ein Belastungs-EKG

Die Hauptbelastung beim Marathontraining erfolgt auf die Achillessehne, das Sprunggelenk und die Knie.

Fortgeschrittene Läufer sollten jährlich zu Beginn des Trainings eine Leistungsdiagnose durchführen. So kann die persönliche Leistungsentwicklung erkannt und die Belastungsschwellenwerte können neu definiert werden.

Das Marathontraining gliedert sich im Trainingsumfang und der Laufintensität in folgende Schwerpunkte (sh. Kasten rechts):

Je fortgeschrittener der Marathonläufer, desto mehr erhöht sich der Trainingsumfang in der mittleren Laufintensität. Bis zu 70% des Gesamtumfangs trainieren 3:00-h-Läufer im GA_2- und Schwellenbereich.

10–15 % des Trainingsumfangs
erfolgt bei 90 % der max. Herzfrequenz
wettkampfspezifisches, sehr schnelles Lauftraining

10–30 % des Trainingsumfangs
erfolgt bei 85–89 % der max. Herzfrequenz
mittlere Laufintensität zum Ausbau der Grundschnelligkeit und anaeroben Lauffähigkeit, Schwellentraining.

55–80 % des Trainingsumfangs
erfolgt bei 60–80 % der max. Herzfrequenz
langsame, lange Läufe für das Stoffwechseltraining und Grund-Ausdauertraining im RECOM-, GA1-, und GA2 Bereich

Der Anfang

Es sollten von Anfang an sehr gute, gedämpfte Laufschuhe und spezielle Läufersocken verwendet werden. Laufanfänger sollten am Anfang eines Lauftrainings noch nicht auf geteerten Straßen laufen, um eine Knochenhautentzündung zu vermeiden. Besonders geeignet sind Waldböden oder

Der Anteil der Trainingseinheiten in % zum Gesamt-Marathontraining

Training	Laufanfänger	Fortgeschrittene	Leistungssportler
WSA	10 %	13 %	15 %
Schwellentraining	10 %	20 %	30 %
GA 2	20 %	30 %	40 %
GA 1/ /RECOM	60 %	37 %	15 %

ungeteerte, nicht abschüssige Straßen. Die Trainingskilometer sollten dann ab der zweiten Hälfte der Trainingsvorbereitung zu 30 % auf Straßen erfolgen, um sich an die Bedingungen des Marathon-Wettkampfes zu gewöhnen, der ja auf geteerten Straßen stattfindet.

Laufanfänger, die nicht ununterbrochen 1 Stunde joggen können

Der Körper muss sich zunächst etappenweise an lange Läufe gewöhnen. Zu Beginn des Gewöhnungsprogramms erfolgen deshalb sehr kurze Laufzeiten z. B. über 20 Minuten Dauerlauf, die sicher absolviert werden können. Danach wird die Distanz täglich um fünf Minuten verlängert. Es sollten dabei zwei bis drei Ruhetage pro Woche eingehalten werden. Am Anfang ist es sehr wichtig, langsam zu laufen, so dass man sich noch in ganzen Sätzen unterhalten kann, d. h. max. 70 % der max. Pulsfrequenz-Belastung. Die Sehnen, Bänder und die Muskulatur dürfen nicht überlastet werden und benötigen Zeit, um sich der Belastung anzupassen. So kann das Niveau für einen 60-Minuten-Dauerlauf in wenigen Tagen/Wochen erreicht werden.

Dauerlaufheranführung für Laufanfänger

Je nach Ausdauerfähigkeit wird zunächst zwischen sehr langsamem Joggen (2 km/h) und zwei Minuten Gehen abgewechselt. So entsteht eine kurzzeitige Belastung mit Erholung. Danach wird das kontinuierliche Joggen in Intervall-Dauer mit dazwischen liegender Gehpause so ausgedehnt, bis 12 km am Stück gelaufen werden können.

Phase 1: über 60 Minuten je 1 Minute joggen und 2 Minuten gehen

Phase 2: über 4 km je 6 x 800 m joggen, dazwischen 2 Minuten gehen

Phase 3 :über 5 km je 3 x 1,7 km joggen, dazwischen 2 Minuten gehen

Phase 4: über 7 km je 4 x 1,7 km joggen, dazwischen 2 Minuten gehen

Phase 5: über 12 km langsamer Dauerlauf

Die Belastungsgrenze sollte höchstens bei 80 % des maximalen Pulses (HFmax) liegen. Diese Übung sollte drei bis vier Mal pro Woche wiederholt werden, so lange, bis 12 km ohne Unterbrechung gelaufen werden können. Danach wird die Laufgeschwindigkeit erhöht und die Entfernung auf 7 km reduziert. Anschließend wird die Entfernung um je einen km erhöht, so lange, bis 12 km erreicht werden. Nun sollte der Cooper-Test mit »befriedigend« bestanden werden. Für die Marathon-Zielzeit 4:00 h ist es in diesem Stadium Voraussetzung, dass 10 km in 60 Minuten Dauerlauf bewältigt werden können.

Der Trainingsplan

Ein dreimonatiger Trainingsplan in der Wettkampfperiode richtet sich in der Intensität und dem Umfang auf die Erreichung einer bestimmten Zielzeit aus. Der persönliche Leistungsstand zu Beginn des Trainings sollte etwa äquivalent zur angestrebten Zielzeit sein.

Der Trainingsplan ermöglicht, die körperliche Leistungsfähigkeit durch aufeinander abgestimmte Muskelreize, innerhalb bestimmter Grenzen, zu steigern. Der Trainingsplan sollte möglichst differenziert auf unterschiedliche Zielzeiten eingehen.

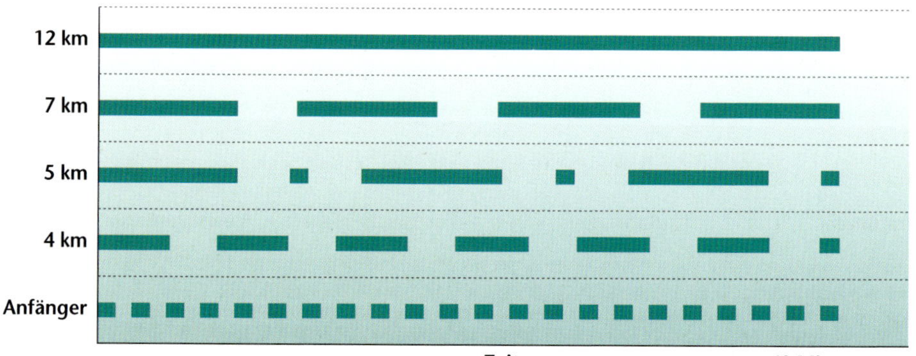

Die Auswahl des Marathontrainingsplans richtet sich meist nach der aktuellen 10-km-Wettkampfzeit. Laufanfänger sollten mindestens 60 Minuten im Dauerlauf bewältigen können.

Marathon-Erfahrene wählen einen Plan, der 15 Minuten schneller ist als ihre letzte Marathon-Bestzeit. Oder es wird die 10-km- oder Halbmarathon-Bestzeit auf die Marathonzeit hochgerechnet und davon ausgehend ein 15 Minuten schnellerer Plan ausgewählt.

Ein Marathontrainingsplan bezieht sich auf ein mindestens drei Monate langes, ununterbrochenes Training. Der Trainingsplan ist eine sehr wichtige Motivationshilfe, um das Marathon-Training kontinuierlich und genau einzuhalten. Den inneren Schweinehund bei Wind und Wetter zu überwinden, oder bei Nacht und Kälte zu laufen, fordert den Athleten nicht nur physisch, sondern auch im starken Maße psychisch. Wer den Trainingsplan einhält, schafft auch den Marathon.

Im Marathon sind deutliche Leistungssteigerungen in Abständen von ca. drei Monaten zu erzielen, z. B. vom Frühjahrsmarathon zum Herbstmarathon. In Abhängigkeit von Leistungsvermögen, Alter, Gesundheit, Training und Talent des Athleten kann eine Marathon-Zeitverbesserung von 15 Minuten erreicht werden, bis die persönliche relative Leistungsgrenze oder die Schallmauerzeit von 3:00 h bei Männern und 3:20 h bei Frauen erreicht worden ist (Ausnahmen bestätigen die Regel). Jenseits der persönlichen relativen Leistungsgrenze verlangsamt sich die Leistungsverbesserung exponentiell.

Die Marathon-Trainingsqualität

Das Marathon-Training ist in unterschiedliche Belastungsbereiche eingeteilt. Das RECOM zur Regenerierung, das GA1 für die Grundlagenausdauer, das GA2 für die Kraftausdauer, der EB für den Entwicklungsbereich, das IAS für die anaerobe Schwellenverbesserung, das IAS (individuelle, anaerobe Spitze) für die Spitzenbelastung.

Diese Belastungsbereiche sollten sich nach dem Prinzip des Muskelreizes im Training permanent abwechseln, d.h. auf eine schnelle Laufeinheit folgt am nächsten Tag eine langsame Laufeinheit. So wird ein abwechselnder Reiz auf die Muskulatur und das Herz-Kreislaufsystem ausgeübt, wodurch ein Trainingseffekt entsteht. Die Marathon-Trainingsqualität wird durch ein »Yin und Yang« der Belastungsgegensätze bewirkt bzw. erhöht.

Das Marathon-Lauftraining besteht im Wesentlichen aus langen, langsamen Läufen für die Grundlagen-Ausdauer (langfasrige Muskulatur) im GA1-Bereich und schnellere, lockere Läufe für die Kraft-Ausdauer im GA2-Bereich. Nur zu 25 % besteht das Marathontraining aus Intervall-Läufen (kurzfasrige Muskulatur) und im Entwicklungsbereich EB zur Verbesserung der anaeroben Leistungsfähigkeit. Nur zu 5 % des Trainingsanteils

Marathon im Regen ...

Wöchentlicher Trainingsreiz

1. Ein langer, langsamer Lauf von 3 h oder 35 km zur Förderung der Grundlagenausdauer und des Fettstoffwechsels
2. Ein schneller Intervall-Lauf (400 m oder 1000 m) zur Förderung der Grundschnelligkeit
3. Ein schneller 12-km-Lauf im Marathon-Renntempo (Schwellentraining)oder langer Intervall-Lauf (1/2/3/2/1) zur Förderung der anaeroben Leistungsfähigkeit
4. Alle weiteren Läufe sind zur Grundlagenausdauer GA1 und GA2 bestimmt

erfolgen harte, schnelle Läufe, in einer hohen, wettkampfspezifischen Belastung.

Ein Läufer sollte ein Trainingstagebuch führen, in dem er die Übung, das Ergebnis, die Distanz und die persönliche Empfindung von jedem Trainingstag erfasst. Dies dient einer späteren Trainings- und Leistungsanalyse und ist außerdem eine beeindruckende Lektüre mit vielen Erinnerungen, auf die man einmal stolz sein wird.

Der Trainingsumfang

Die Erhöhung des Trainingsumfangs bewirkt eine Verbesserung der Leistungsfähigkeit bis zu einer bestimmten erträglichen Grenze, die bei Freizeit-Marathonis bei ca. 150 km/Woche liegt und bei Leistungssportlern bis zu 320 km/Woche erreichen kann. Eine Verbesserung der Zielzeit erfolgt nicht linear, sondern exponentiell absteigend. Eine Zeit-Verbesserung um 5 Minuten ist bei einer 4-Stunden-Zielzeit ca. 10 Mal leichter zu erreichen, als dieselbe Verbesserungszeit bei einer 3-Stunden-Zielzeit. Die Laufanfänger erreichen deshalb sehr große Erfolgserlebnisse, da sie schon nach einigen Wochen Training bei Einhaltung des Trainingsplanes kontinuierlich und deutlich schneller werden.

Eine Marathonzeit von 4 Stunden kann z. B. auf 3:45 h nur durch Erhöhung des Trainingsumfangs um ca. 10 km pro Woche innerhalb von 3 Monaten Training verbessert werden. Die gleiche Wochen-Trainings-Kilometersteigerung würde bei einem 3:00-h-Läufer max. eine Verbesserung von ca. 4-5 Minuten auf 2:55 h bewirken.

Bei 3:00-h-Läufern mit dem Ziel 2:45 h sind die Trainingpläne sehr stark auf die Verbesserung der Grundschnelligkeit, der anaeroben Leistungsfähigkeit und der VO_2max. ausgerichtet. Dies erfolgt durch Erweiterung von Intervalltraining, Bergläufen, intensiven GA2 Läufen sowie einem Ausbau der Laufkilometer auf mindestens 110 bis 120 km pro Woche. Bei einem 2:45-h-Läufer mit dem Ziel 2:30 h sind mindestens drei Tage pro Woche mit zwei Trainingseinheiten am Tag einzulegen (z. B. vormittags Ausdauerlauf und abends Intervall-Lauf). Der Trainingsumfang beträgt dazu mindestens 140 bis 150 km pro Woche.

Die Gestaltung von Trainingsreizen »Yin und Yang«

Pro Trainingswoche sollten in der Marathonvorbereitung folgende unterschiedliche Reize mit ausreichender Regenerationszeit auf die Muskulatur wirken (sh. Tabelle oben):

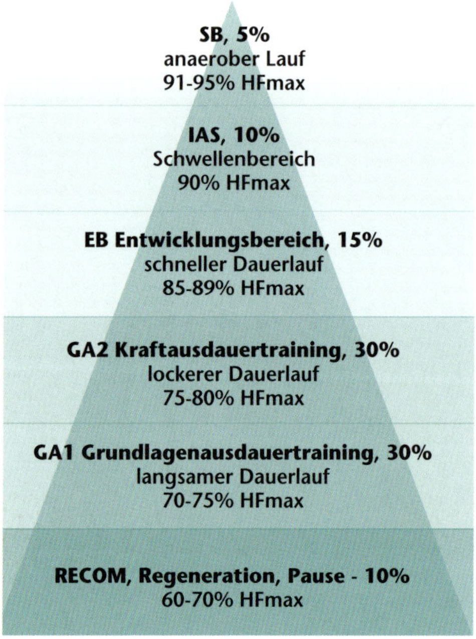

SB, 5%
anaerober Lauf
91-95% HFmax

IAS, 10%
Schwellenbereich
90% HFmax

EB Entwicklungsbereich, 15%
schneller Dauerlauf
85-89% HFmax

GA2 Kraftausdauertraining, 30%
lockerer Dauerlauf
75-80% HFmax

GA1 Grundlagenausdauertraining, 30%
langsamer Dauerlauf
70-75% HFmax

RECOM, Regeneration, Pause - 10%
60-70% HFmax

Training von zwei Beinmuskulaturgruppen

- Die **langfasrige Muskulatur** für die Ausdauer über langsame, lange Läufe.
- Die **kurzfasrige Muskulatur** für die Schnelligkeit über Intervallläufe.

Zwei schnelle Trainingseinheiten in Folge
Die Muskulatur kann sich von zwei aufeinander folgenden, harten Belastungen nicht ausreichend erholen. Deshalb tritt dann eine negative Superkompensation ein, d.h. ein Leistungseinbruch und Müdigkeit. Ausnahme ist der fortgeschrittene Leistungssportler, der gelegentlich ganz gezielt einen neuen Muskelreiz (Schock) setzen will. Die Erholungsphase von einer intensiven Belastung beträgt ca. zwei bis drei Tage. Zwei schnelle Trainingseinheiten in Folge sind daher zu vermeiden.

Ruhetage
Die Regeneration ist so wichtig wie die Belastung selbst. Ruhetage sind zur Regeneration und für das Muskelwachstum sehr wichtig. Pro Woche empfehle ich mindestens einen Ruhetag, bei 4-h-Läufern zwei Tage, sowie vor Wettkämpfen ein bis zwei Tage.

Eine Regenerationswoche
In der Mitte des Marathontrainings sollte eine Regenerationswoche eingelegt werden, mit 20-30 % weniger Laufumfang/Woche. Dies führt zu einer zusätzlichen Leistungssteigerung über eine erweiterte, intensive Superkompensation.

Neue Leistungsreize
Das Marathon-Training sollte für Körper und Geist mit viel Abwechslung gestaltet werden. Dies erfolgt über die Variantenvielfalt in der jeweiligen Trainingseinheit wie Intensität, Laufdauer und der Streckenauswahl.

Schnelle Laufeinheiten
Durch die genaueren Zeitmessungsmöglichkeiten werden die 400-m-, 700-m-, 1000-m-, 2000-m-Intervallläufe und das 12-km-Marathontempo idealer Weise im Stadion durchgeführt. Wem die Laufbahn im Stadion zu öde ist oder kein Stadion nutzen kann, der misst sich einfach eine Strecke auf einem ebenen Weg genau aus (Tachometer vom Auto, Fahrrad oder Vermessungsrad vom Verein) und markiert die Entfernungen für die Zwischenzeitmessung.

Ein Trainingsprotokoll
Um den eigenen Leistungsstand und dessen Entwicklung kontrollieren zu können, sollten die jeweiligen Trainingseinheiten differenziert in einer Ergebnisliste erfasst werden. Auch lange Läufe sollten in Entfernung, Strecke und Laufzeit erfasst und verglichen werden. Grafiken über die Rundenzeit-Entwicklung motivieren zusätzlich über die wahrgenommenen Erfolge.

Ein- und Auslaufen
Vor und nach einer Laufeinheit (außer beim langsamen Dauerlauf) erfolgt das Ein- und Auslaufen.

Laufbahn für das Intervall-Training

Das Einlaufen aktiviert die Muskulatur und den Kreislauf. Neben den Koordinationsübungen schließen fünf Steigerungsläufe das Warmlaufen ab.

Das Auslaufen erfolgt zum Abschluss des Lauftrainings über zehn Minuten im langsamen Dauerlauf, um den Herz-Kreislauf und die Muskulatur zu entlasten.

Ein leichtes Stretching

Nach dem Warmlaufen wird die Muskulatur über fünf Minuten leicht gedehnt. Für das Stretching sollte die Muskulatur warm sein. Ein ausgiebiges Stretching ca. eine Stunde nach dem Lauf fördert den Erfolg des Trainings, lockert die Muskulatur auf und verhindert Zerrungen und Muskelkrämpfe.

Die Muskulatur verkürzt sich durch die Muskelbelastung und wird durch ein definiertes, nicht zu stark belastendes Dehnen wieder verlängert. Eine gedehnte Muskulatur ist nicht bereit, Höchstleistung zu geben, daher erfolgt vor dem Lauf nur ein leichtes Dehnen. Eine verletzte Muskelgruppe darf nicht gedehnt werden.

Der lange, langsame Lauf

Das Kernstück des Marathontrainings ist der langsame, lange Lauf. Er wird aerob mit 70-75 % der max. Herzfrequenz gelaufen. Für das Marathontraining ist der lange Lauf neben den Intervall- und Schwellenläufen die wichtigste Grundlage. Die Belastungszeit beim langen Lauf ist wichtiger als die Belastungs-Distanz. Für die Vorbereitung des Marathons werden mindestens sieben lange Läufe um 30-35 km Länge oder 3:00 h Dauer benötigt. Langsamere Läufer orientieren sich mehr an der Belastungszeit von max. drei Stunden, schnellere Läufer orientieren sich an der Belastungsentfernung von maximal 35 km.

Beim langsamen Lauf (Long Jog) wird über das Herz-Kreislaufsystem und den Stoffwechselprozess der Fettverbrennung die Muskelausdauer trainiert. Zusätzlich werden die Bänder, Sehnen und Knochen, aber auch die Psyche an die lange Ausdauerleistung gewöhnt.

Ein Tempo-Dauerlauf knapp unterhalb der anaeroben Schwelle könnte maximal über 90–100 Minuten erfolgen, dann wären die Kohlenhydratspeicher (ohne Fettverbrennungsanteil) verbraucht und die Energie am Ende. Daher ist es für den Marathonlauf erfolgsentscheidend, eine möglichst effiziente Energiegewinnung aus dem Fettstoffwechsel zu trainieren.

Das Fettstoffwechseltraining führt zu einer Erhöhung des aeroben Leistungspotenzials und einer Erhöhung der zur Verfügung stehenden freien Fettsäuren. Somit wird das Laktat erst bei höheren Geschwindigkeiten gebildet, wodurch mehr freie Fettsäuren verstoffwechselt werden können. Dazu müssen sich aber erst die Mitochondrien der Muskelzellen vergrößern, die sich nach mehrmonatigem Ausdauertraining durch lange Läufe jenseits von 100 Minuten anpassen.

Sicher stellt sich der eine oder andere die Frage: warum gerade sieben Läufe und über 35 km? Geht das nicht auch mit weniger Zeit und einer kürzeren Distanz?

Die Distanz von 35 km

- zur Belastungsgewöhnung sollte über ca. 80 % der Wettkampf-Distanz regelmäßig gelaufen

Der lange Lauf. Mindestens 7 mal vor dem Marathon-Wettkampf

werden. Das Gehirn wird zur Resistenz gegen mentale Ermüdung trainiert.
- um den Fettverbrennungsprozess ausreichend zu trainieren, der vorwiegend nach 100 Minuten Belastung trainiert werden muss, damit die Fettsäuren und Kohlenhydrate mehr und schneller als Energie aufbereitet werden können.

Die Anzahl von sieben Läufen
- resultiert aus dem Drei-Monate-Marathon-Trainingsplan abzüglich drei Wochen Tapering, während dem kein langer Lauf stattfindet; sowie aus dem im Trainingsprogramm integrierten Halbmarathon-Wettkampf; so bleiben maximal 7 Wochen, in denen der lange Lauf trainiert werden kann.
- die Anzahl von sieben langen Trainingseinheiten ist notwendig, um den Fettverbrennungsprozess und die mentale Ausdauerstärke sicher zu trainieren.

Beim langen Lauf kann durch den Flüssigkeitsverlust ein Leistungsrückgang eintreten. Deshalb sollte während des langen Laufs alle 15 Minuten Wasser getrunken werden. Das Wasser kann mit einem Getränkeflaschen-Gürtel oder über eine vorbereitete Getränkestation bereitgestellt werden. Ich empfehle, dazu reines Leitungswasser zu verwenden, da Mixgetränke aus Fruchtsaft/Wasser zur Trinklust anregen. Pro Liter Flüssigkeitsverlust schlägt das Herz um ca. acht Schläge schneller, was dazu führt, dass die Laktatentwicklung erhöht wird und man dadurch frühzeitig in den anaeroben Bereich gelangt. Beim Marathon-Wettkampf werden ca. zwei bis drei Liter Flüssigkeit verloren, die dem Körper während des Laufs wieder zugeführt werden müssen. Deshalb sollte beim langen Lauf auch die Flüssigkeitszufuhr trainiert werden. Der lange Lauf wird in der zweiten Hälfte etwas schneller gelaufen, um sich an die 51/49-Regel für den Marathonwettkampf zu gewöhnen.

Am Ende eines jeden langsamen Laufes
Zur Förderung der kurzfasrigen Muskulatur und Laufdynamik empfehle ich, am Ende eines langen Laufes fünf Steigerungsläufe über je 100 Meter zu absolvieren.

Intervalltraining
Intervallläufe bestehen aus einem kurzen, sehr schnellen Lauf mit einer Belastung bis zu 90 % der HFmax und einem darauf folgenden kurzen, sehr langsamen Lauf bis zu einer Pulserholung von 70–75 HFmax. Diese Belastungsfolge wird als Intervall bezeichnet, welche mehrfach wiederholt wird. Bei Intervall-Läufen wird der Puls sehr stark belastet und entlastet (Achterbahn fahren) und der Körper an die schnelle Wettkampfgeschwindigkeit in kleinen Einheiten gewöhnt.

Das Intervalltraining bewirkt eine schnelle Pulsabklingzeit und eine gute Pulsstabilität sowie eine Verbesserung der maximalen Sauerstoffaufnahmefähigkeit VO_2max. und belastet die kurzfasrige FT Schnellkraft-Muskulatur. Daraus resultiert eine Verbesserung der anaeroben Ausdauer und der Kraft-Ausdauer. Der Laktat-Pegelanstieg wird dadurch verzögert, so dass eine höhere Grundschnelligkeit gelaufen werden kann, ohne die Muskeln zu übersäuern.

Die Intensität des Intervalltrainings soll so sein, dass beim letzten Intervall so schnell gelaufen werden kann wie beim ersten. Die Belastung soll dabei so hoch wie möglich sein. Durch Erhöhung der Laufintensität mit Verlängerung der Erholungszeit oder durch Verkürzung der Intervallanzahl bei gleichzeitiger Erhöhung der Intensität lässt sich die Wirkung des Intervalltrainings im fortgeschrittenen Stadium noch verstärken.

- Intervallläufe bringen einen größeren Trainingserfolg als reine Dauerläufe
- Vor dem Intervalltraining erfolgt 10 Minuten Warmlaufen mit fünf Sprints.
- Nach dem Warmlaufen muss man leicht schwitzen.
- Folgende Intervallübungen sind zu empfehlen:
  1. 15 x 200 Meter im 5-km-Wettkampftempo (200 m Trabpause)
  2. 10 x 400 Meter ca. 3 Sek. langsamer (200 m Trabpause)
  3. 10 x 700 Meter in der Minutenzeit von der Marathonzeit (3:30h = 3:30 Min)
  4. 10 x 1000 Meter im 10-km-Wettkampftempo (400 m Trabpause)
  5. 1/2/3/2/1 km-Lauf im 10-km-Wettkampftempo mit jeweils drei Minuten, Trabpause zwischen den Intervallen
  6. 10 x 1 km leichter Berglauf, im schnellen Dauerlauf
  7. Waldläufe mit langen Sprints bei den Steigungen.

Schwellentraining
Schwellentraining sind schnelle, intensive Dauerläufe, die in dem Belastungsbereich der anaeroben Schwelle IAS, d.h. bei 4,0 mmol/l (90 % der HFmax), gelaufen werden. Schwellentraining ist

Intervalltraining ist anstrengend ...

die hohe Kunst des fortgeschrittenen Marathontrainings.

Dazu eignet sich z. B. ein Tempo über 12 km, das konstant gehalten werden kann und etwa 10 Sek./km langsamer ist, als das 10-km-Renntempo. Die persönliche Schwelle kann nach einiger Übung gefühlt werden. Sie liegt da, wo man gerade noch genug Sauerstoff erhält und die Atmung noch gleichmäßig gehalten werden kann. Je nach Fitnesslevel variiert das Schwellentempo.

Beim Schwellentraining werden die maximale Ausdauerleistung und die Sauerstoffaufnahme VO_2max. trainiert mit dem Ziel, die anaerobe Leistungsfähigkeit zu verbessern und die Laktatentwicklung zu reduzieren.

Die Leistungsfähigkeit nimmt somit zu, bei derselben Pulsbelastung wird eine höhere Geschwindigkeit erzielt. So kann eine höhere Belastung/Geschwindigkeit gelaufen werden, ohne dabei in den anaeroben Bereich zu gelangen. Beim Schwellentraining erfolgt die maximale Stoffwechselbelastung.

Pyramidentraining

Mehr dazu unter dem Kapitel Krafttraining.

Das 12-km-Marathon-Renntempo

Um sich an das Marathon-Renntempo physisch und psychisch zu gewöhnen, muss die konstante Einhaltung der Wettkampfgeschwindigkeit über mindestens 25 % der Wettkampfstreckenlänge regelmäßig trainiert werden. Wer das Marathon-Renntempo zu Beginn des Trainings noch nicht über 12 km halten kann, beginnt zunächst über 7 km das Tempo zu halten. Nach jedem Trainingserfolg wird dann die Distanz um einen km verlängert, bis 12 km erreicht werden.

Bergläufe

Bergläufe sind gelenkschonende, anaerobe Trainingsläufe, die durch ihre hohe Belastung die Kraftausdauer verbessern. Sie werden über eine Distanz von einem Kilometer in mittlerer bis hoher Geschwindigkeit mehrfach wiederholt. Sie fördern Abdruck, Armbewegung, Laufstil, Gelenke, Grundschnelligkeit sowie die anaerobe Leistungsfähigkeit.

Fahrtspiel

Bei einem Fahrtspiel erfolgen beim Dauerlauf mehrfache Belastungen über schnelle Antritte, deren Intensität die Schwellengrenze erreichen kann. Die Belastungen werden dabei für einige Minuten gehalten, danach erfolgt ein leichter Trab. Typisch ist z. B. ein Geländelauf, bei dem ein Hügelanstieg sehr schnell und der Abstieg langsam gelaufen wird. Auch Pyramidenintervalle deren Belastungszeiten zu- und wieder abnehmen, eignen sich gut. Wichtig ist, Dynamik und Abwechslung in die Belastung einzubringen.

Crescendo-Lauf

Das Crescendo Lauftraining stammt von dem Deutschen Dr. Ernst van Aaken. Es gibt zwei Arten des Crescendo Laufs:

1. Kontinuierliche Steigerung der Laufgeschwindigkeit beim 10-km-Lauf bis zu 95 % HFmax, was am Ende des Laufes erreicht wird.

Das theoretische Schwellentempo nach Fitnesslevel

Fitness Level	Schwellentempo in Minuten			
10 km	800 m	1000 m	1500 m	12 km in min/km
56:03	4:40	5:50	8:44	6:05
52:12	4:21	5:27	8:10	5:42
50:03	4:11	5:15	7:52	5:30
48:01	4:01	5:02	7:33	5:17
46:09	3:51	4:50	7:15	5:05
44:25	3:43	4:40	7:00	4:55
42:50	3:35	4:30	6:45	4:45
41:21	3:28	4:21	6:31	4:36
39:59	3:22	4:14	6:21	4:29
38:42	3:16	4:06	6:09	4:21
37:31	3:10	3:58	5:58	4:13
36:24	3:06	3:52	5:48	4:07
35:22	3:00	3:45	5:38	4:00
34:23	2:55	3:40	5:30	3:55
33:28	2:51	3:34	5:21	3:49
32:35	2:47	3:29	5:14	3:44
31:46	2:43	3:24	5:06	3:39
31:00	2:39	3:20	5:00	3:35
30:16	2:36	3:15	4:52	3:30
29:34	2:32	3:11	4:46	3:26
28:55	2:29	3:07	4:40	3:22

2. Laufgeschwindigkeitserhöhung nach der zweiten Hälfte eines langen Laufes bis zur Wettkampfgeschwindigkeit.

Für fortgeschrittene Marathonis, die bereits über eine sehr gute Grundlagenausdauer verfügen, bietet der Crescendo-Lauf eine Leistungsverstärkung für lange Läufe. Dabei wird z. B. die zweite Hälfte des langen Laufes stufenweise schneller – bis zur Schwellenbelastung – oder in der Marathon Wettkampfgeschwindigkeit gelaufen. Die bereits ermüdete Muskulatur wird sehr stark belastet. Dieses Training ist extrem anstrengend, aber sehr wirksam.

Wettkämpfe

Während des Marathon-Trainings sollten regelmäßig Wettkämpfe über 10 km gelaufen werden, in der Mitte des Trainings auch ein Halbmarathon-Wettkampf. Die dabei erhaltene Wettkampferfahrung ist wichtig, um die Krafteinteilung sowie die Zwischenzeitkontrolle zu üben und den Kampfgeist zu fördern. Wettkämpfe erhöhen die Grundschnelligkeit mit einem Turboeffekt. Durch die Wettkampfstimmung kann die Laufgeschwindigkeit bis zu 10 % schneller sein als im Training. Während des Marathontrainings sollte innerhalb von vier Wochen mindestens ein Wettkampf gelaufen werden. Die Regenerationszeit nach einem Wettkampf ist, in Tagen gemessen, die Summe der anaerob gelaufenen Kilometer des Wettkampfes z. B. 10-km-Wettkampf = sieben Tage, Marathon = 20 Tage. Die Volkslauftermine deutschlandweit sind z. B. unter www.leichtathletik.de zu erfahren.

Das Wettkampf-Renntempo

Das Wettkampf-Renntempo variiert je nach Fitnesslevel und Wettkampfdistanz. Der Marathon wird im oberen aeroben Grenzbereich mit ca. 85 % der maximalen Herzfrequenz gelaufen. Dieses Tempo ist etwa 30 Sekunden pro km langsamer als das 10-km-Renntempo. Der Halbmarathon wird im Schwellentempo anaerob/aerob mit ca. 88 % der HFmax gelaufen. Der 10-km-Lauf wird im Spitzenbereich bei ca. 90 % der HFmax gelaufen.

Wer zu schnell losläuft, verliert Kraft und Zeit in der zweiten Hälfte der Strecke. Er bezahlt dann

Volksläufe machen Spaß, auch im Winter

dafür in der zweiten Hälfte mit ca. der doppelten Zeit-Differenz, die er in der ersten Hälfte zu schnell war. Beispiel: drei Minuten zu schnell bis zum Halbmarathon verlangsamt den Läufer um ca. sechs Minuten im zweiten Halbmarathon. Die Endzeit wird damit um drei Minuten langsamer als bei einem gleichmäßigen Lauftempo.

Der Leistungseinbruch erfolgt durch eine Muskelübersäuerung, bedingt durch die anhaltende Überschreitung der anaeroben Grenze. Der mangelnde Sauerstoffgehalt bewirkt eine Reduzierung der Energieverbrennung und eine Anhäufung von Laktat, so dass der Läufer langsamer wird.

Die 51/49 Regel

Die erste Streckenhälfte wird in 51 % der Gesamtzeit (also langsamer) und die zweite Streckenhälfte in 49 % der Zeit (also schneller) zurückgelegt. So entgeht man der »Laktatfalle«. Zusätzlich wirkt es extrem motivierend, wenn in der zweiten Hälfte Läufer überholt werden können und die Zuschauer dies begeistert applaudieren.

Die meisten Läufer begehen den Marathonfehler Nummer 1. Sie laufen in der ersten Hälfte bis zu 10 Minuten schneller als in der zweiten Hälfte. Untersuchungen ergaben: die Schere der beiden Wettkampf-Halbzeiten nimmt zu, je länger die Wettkampfdauer ist.

Mehrere Ursachen führen zu einem Einbruch in der zweiten Marathon-Hälfte. Klassisch ist eine zu geringer Energie- und Flüssigkeitsaufnahme oder aber ein zu hohes Tempo beim Marathonstart. Aber auch die Ermüdung der Haltemuskulatur aufgrund von ungenügendem Fitnesstraining sowie die Verkürzung der Lauf-Muskulatur wegen zu wenig Dehnungsübungen oder ein zu geringer Trainingsumfang, zu wenig lange 30 km oder 3-h-Läufe, können zu einem Leistungsabfall in der zweiten Hälfte führen.

Laufzeittabellen

Marathonwettkampf-Zeitkompass nach der 49/51 Regel

1.Laufstreckenhälfte 2 Minuten langsamer, 2. Laufstreckenhälfte 2 Minuten schneller als Durchschnittszeit

Zielzeit 2:30 h
Puls
max. ____ **min.:** ____
1. H. 3:36/km,
2. H. 3:31/km

km	Ziel 2:30 h
1	3:36
5	17:59
10	35:54
15	53:56
20	1:11:49
21,1	1:15:45
25	1:29:29
30	1:47:49
35	2:04:41
40	2:22:17
42,2	2:30:00

Zielzeit 2:45 h
Puls
max. ____ **min.:** ____
1. H. 3:57/km,
2. H. 3:52/km

km	Ziel 2:45 h
1	3:57
5	19:44
10	39:27
15	59:10
20	1:18:54
21,1	1:23:14
25	1:38:20
30	1:57:41
35	2:17:03
40	2:36:24
42,2	2:45:00

Zielzeit 3:00 h
Puls
max. ____ **min.:** ____
1. H. 4:18/km,
2. H. 4:13/km

km	Ziel 3:00 h
1	4:18
5	21:33
10	43:05
15	1:04:38
20	1:26:10
21,1	1:30:54
25	1:47:23
30	2:08:30
35	2:29:37
40	2:50:44
42,2	3:00:00

Zielzeit 3:15 h
Puls
max. ____ **min.:** ____
1. H. 4:40/km,
2. H. 4:35/km

km	Ziel 3:15 h
1	4:40
5	23:20
10	46:51
15	1:10:08
20	1:33:21
21,1	1:38:28
25	1:56:20
30	2:19:12
35	2:42:05
40	3:04:58
42,2	3:15:00

Zielzeit 3:30 h
Puls
max. ____ **min.:** ____
1. H. 5:01/km,
2. H. 4:55/km

km	Ziel 3:30 h
1	5:01
5	25:08
10	50:16
15	1:15:24
20	1:40:32
21,1	1:46:03
25	2:05:17
30	2:29:55
35	2:54:33
40	3:19:11
42,2	3:30:00

Zielzeit 3:45 h
Puls
max. ____ **min.:** ____
1. H. 5:23/km,
2. H. 5:17/km

km	Ziel 3:45 h
1	5:23
5	26:56
10	53:52
15	1:20:47
20	1:47:43
21,1	1:53:38
25	2:14:14
30	2:40:37
35	3:07:11
40	3:33:25
42,2	3:45:00

Zielzeit 4:00 h
Puls
max. ____ **min.:** ____
1. H. 5:45/km,
2. H. 5:38/km

km	Ziel 4:00 h
1	5:45
5	28:43
10	57:27
15	1:26:10
20	1:54:54
21,1	2:01:12
25	2:23:11
30	2:51:20
35	3:19:29
40	3:47:39
42,2	4:00:00

Zielzeit 4:30 h
Puls
max. ____ **min.:** ____
1. H. 6:28/km,
2. H. 6:20/km

km	Ziel 4:30 h
1	6:28
5	32:19
10	1:04:38
15	1:30:57
20	2:09:16
21,1	2:16:21
25	2:41:04
30	3:12:45
35	3:44:25
40	4:16:58
42,2	4:30:00

Zielzeit 5:00 h
Puls
max. ____ **min.:** ____
1. H. 7:11/km,
2. H. 7:02/km

km	Ziel 5:00 h
1	7:11
5	35:54
10	1:11:49
15	1:47:43
20	2:23:37
21,1	2:31:30
25	2:58:58
30	3:24:10
35	4:09:21
40	4:44:33
42,2	5:00:00

Tempo-Tabelle für den Marathon

1 km	5 km	10 km	15 km	20 km	HM	25 km	30 km	35 km	40 km	Marathon	km/h
3:00	15:00	30:00	45:00	1:00:00	1:03:18	1:15:00	1:30:00	1:45:00	2:00:00	2:06:35	20,00
3:05	15:25	30:50	46:15	1:01:40	1:05:03	1:17:05	1:32:30	1:47:55	2:03:20	2:10:06	19,46
3:10	15:50	31:40	47:30	1:03:20	1:06:49	1:19:10	1:35:00	1:50:50	2:06:40	2:13:37	18,95
3:15	16:15	32:30	48:45	1:05:00	1:08:34	1:21:15	1:37:30	1:53:45	2:10:00	2:17:08	18,46
3:20	16:40	33:20	50:00	1:06:40	1:10:20	1:23:20	1:40:00	1:56:40	2:13:20	2:20:39	18,00
3:25	17:05	34:10	51:15	1:08:20	1:12:05	1:25:25	1:42:30	1:59:35	2:16:40	2:24:10	17,56
3:30	17:30	35:00	52:30	1:10:00	1:13:50	1:27:30	1:45:00	2:02:30	2:20:00	2:27:41	17,14
3:35	17:55	35:50	53:45	1:11:40	1:15:36	1:29:35	1:47:30	2:05:25	2:23:20	2:31:12	16,74
3:40	18:20	36:40	55:00	1:13:20	1:17:21	1:31:40	1:50:00	2:08:20	2:26:40	2:34:43	16,36
3:45	18:45	37:30	56:15	1:15:00	1:19:07	1:33:45	1:52:30	2:11:15	2:30:00	2:38:14	16,00
3:50	19:10	38:20	57:30	1:16:40	1:20:52	1:35:50	1:55:00	2:14:10	2:33:20	2:41:45	15,65
3:55	19:35	39:10	58:45	1:18:20	1:22:38	1:37:55	1:57:30	2:17:05	2:36:40	2:45:16	15,32
4:00	20:00	40:00	1:00:00	1:20:00	1:24:23	1:40:00	2:00:00	2:20:00	2:40:00	2:48:47	15,00
4:05	20:25	40:50	1:01:15	1:21:40	1:26:09	1:42:05	2:02:30	2:22:55	2:43:20	2:52:18	14,69
4:10	20:50	41:40	1:02:30	1:23:20	1:27:54	1:44:10	2:05:00	2:25:50	2:46:40	2:55:49	14,40
4:15	21:15	42:30	1:03:45	1:25:00	1:29:40	1:46:15	2:07:30	2:28:45	2:50:00	2:59:20	14,12
4:20	21:40	43:20	1:05:00	1:26:40	1:31:25	1:48:20	2:10:00	2:31:40	2:53:20	3:02:51	13,85
4:25	22:05	44:10	1:06:15	1:28:20	1:33:11	1:50:25	2:12:30	2:34:35	2:56:40	3:06:22	13,58
4:30	22:30	45:00	1:07:30	1:30:00	1:34:56	1:52:30	2:15:00	2:37:30	3:00:00	3:09:53	13,32
4:35	22:55	45:50	1:08:45	1:31:40	1:36:42	1:54:35	2:17:30	2:40:25	3:03:20	3:13:24	13,00
4:40	23:20	46:40	1:10:00	1:33:20	1:38:27	1:56:40	2:20:00	2:43:20	3:06:40	3:16:55	12,85
4:45	23:45	47:30	1:11:15	1:35:00	1:40:13	1:58:45	2:22:30	2:46:15	3:10:00	3:20:26	12,63
4:50	24:10	48:20	1:12:30	1:36:40	1:41:58	2:00:50	2:25:00	2:49:10	3:13:20	3:23:57	12,41
4:55	24:35	49:10	1:13:45	1:38:20	1:43:44	2:02:55	2:27:30	2:52:05	3:16:40	3:27:28	12,20
5:00	25:00	50:00	1:15:00	1:40:00	1:45:29	2:05:00	2:30:00	2:55:00	3:20:00	3:30:58	12,00
5:05	25:25	50:50	1:16:15	1:41:40	1:47:15	2:07:05	2:32:30	2:57:55	3:23:20	3:34:29	11,80
5:10	25:50	51:40	1:17:30	1:43:20	1:49:00	2:09:10	2:35:00	3:00:50	3:26:40	3:38:00	11,61
5:15	26:15	52:30	1:18:45	1:45:00	1:50:46	2:11:15	2:37:30	3:03:45	3:30:00	3:41:31	11,43
5:20	26:40	53:20	1:20:00	1:46:40	1:52:31	2:13:20	2:40:00	3:06:40	3:33:20	3:45:02	11,25
5:25	27:05	54:10	1:21:15	1:48:20	1:54:17	2:15:25	2:42:30	3:09:35	3:36:40	3:48:33	11,08
5:30	27:30	55:00	1:22:30	1:50:00	1:56:02	2:17:30	2:45:00	3:12:30	3:40:00	3:52:04	10,91
5:35	27:55	55:50	1:23:45	1:51:40	1:57:48	2:19:35	2:47:30	3:15:25	3:43:20	3:55:35	10,75
5:40	28:20	56:40	1:25:00	1:53:20	1:59:33	2:21:40	2:50:00	3:18:20	3:46:40	3:59:06	10,59
5:45	28:45	57:30	1:26:15	1:55:00	2:01:19	2:23:45	2:52:30	3:21:15	3:50:00	4:02:37	10,44
5:50	29:10	58:20	1:27:30	1:56:40	2:03:04	2:25:50	2:55:00	3:24:10	3:53:20	4:06:08	10,29
5:55	29:35	59:10	1:28:45	1:58:20	2:04:50	2:27:55	2:57:30	3:27:05	3:56:40	4:09:39	10,14
6:00	30:00	1:00:00	1:30:00	2:00:00	2:06:35	2:30:00	3:00:00	3:30:00	4:00:00	4:13:10	10,00
6:05	30:25	1:00:50	1:31:15	2:01:40	2:08:21	2:32:05	3:02:30	3:32:55	4:03:20	4:16:41	9,86
6:10	30:50	1:01:40	1:32:30	2:03:20	2:10:06	2:34:10	3:05:00	3:35:50	4:06:40	4:20:12	9,73
6:15	31:15	1:02:30	1:33:45	2:05:00	2:11:52	2:36:15	3:07:30	3:38:45	4:10:00	4:23:43	9,60
6:20	31:40	1:03:20	1:35:00	2:06:40	2:13:37	2:38:20	3:10:00	3:41:40	4:13:20	4:27:14	9,47
6:25	32:05	1:04:10	1:36:15	2:08:20	2:15:23	2:40:25	3:12:30	3:44:35	4:16:40	4:30:45	9,35
6:30	32:30	1:05:00	1:37:30	2:10:00	2:17:08	2:42:30	3:15:00	3:47:30	4:20:00	4:34:16	9,23
6:35	32:55	1:05:50	1:38:45	2:11:40	2:18:54	2:44:35	3:17:30	3:50:25	4:23:20	4:37:47	9,11
6:40	33:20	1:06:40	1:40:00	2:13:20	2:20:39	2:46:40	3:20:00	3:53:20	4:26:40	4:41:18	9,00
6:45	33:45	1:07:30	1:41:15	2:15:00	2:22:24	2:48:45	3:22:30	3:56:15	4:30:00	4:44:49	8,89
6:50	34:10	1:08:20	1:42:30	2:16:40	2:24:10	2:50:50	3:25:00	3:59:10	4:33:20	4:48:20	8,78
7:05	35:25	1:10:50	1:46:15	2:21:40	2:29:26	2:57:05	3:32:30	4:07:55	4:43:20	4:58:53	8,47

Tapering

Um am Tag des Marathonwettkampfs über die maximale Fitness zu verfügen, wird das Marathontraining drei Wochen vor dem Marathonwettkampf gezielt im Umfang reduziert. Der Zeitraum, in der sich ein Athlet von der Trainingsbelastung erholt, um am Tag X über die maximale Kraft zu verfügen, wird Tapering genannt. Bei zu viel Erholung reduziert sich die Leistungsfähigkeit. Bei zu wenig Erholung liegt nicht die maximale Leistungsfähigkeit vor, weil der Körper noch geschwächt ist. Für kurze Wettkampfdistanzen genügen drei Tage Tapering, beim Marathon-Wettkampf dauert das Tapering drei Wochen.

Beispiel: Tapering für den Marathon-Wettkampf
Drei Wochen vor Tag X
Der letzte 10-km- oder Halbmarathon-Wettkampf wird absolviert.

Der letzte lange Lauf erfolgt eine Woche vor dem Tapering.

Der Kilometertrainingsumfang wird auf 75–85 % reduziert.

Zwei Wochen vor Tag X
Der Kilometertrainingsumfang wird auf 50–75 % reduziert.

Eine Woche vor Tag X
Der Kilometertrainingsumfang wird auf ca. 25 km reduziert.

3 Tage vor Tag X
eine kurze Einheit im Wettkampftempo.

2 Tage vor Tag X
Ruhetag

1 Tag vor X
Ruhetag, am Abend vor dem Tag X ein drei bis fünf Kilometer langsamer Dauerlauf mit 5 Steigerungsläufen.

Vor dem Marathon-Wettkampf, Carbo-Loading
In den letzten zwei Wochen vor dem Wettkampf werden die Trainingskilometer halbiert. Die Schnelligkeitsläufe sind beizubehalten und deren Intensität ist leicht zu erhöhen. Dies sorgt für eine gute Regeneration und eine weitere Superkompensation für die Grundschnelligkeit.

Eine Woche vor dem Wettkampf sollte die Ernährung ausschließlich auf Eiweiß und drei Tage vor dem Wettkampf ausschließlich auf Kohlenhydrate umgestellt werden. Dies ermöglicht eine maximale Füllung der Glykogenspeicher mit einem Superkompensationseffekt und damit einer höheren Energiereserve. Diese Maßnahme wird auch Carbo-Loading genannt.

Besonderheit Hitzetraining
Die Außentemperatur beeinträchtigt die Ausdauerleistung und das Herz-Kreislaufsystem erheblich. Die maximale Sauerstoffaufnahme wird durch Hitze erheblich reduziert.

Es besteht die Gefahr, im Wettkampf mit hohen Temperaturen konfrontiert zu werden. Um dies zu vermeiden, finden die meisten Marathons im Frühjahr und im Herbst statt. Ein Ironman-Triathlet hat z. B. oft bei 30 °C den Marathon zu laufen, auf Hawaii sogar bei 40 °C. Wer das Laufen bei Hitze nicht trainiert hat, wird von der Hitze in einem Wettkampf erschlagen.

Die Pulsfrequenz steigt oberhalb 18 °C exponentiell mit der Temperatur an. Dadurch wird bei konstantem Renntempo der anaerobe Verbrennungsprozess früher ausgelöst. Der Puls darf bei einem Hitzelauf die Intensität von 70 % der HFmax nicht überschreiten. Bei Hitzeläufen liegt der Puls bis zu 15 Schläge über dem Normalniveau. Hitzeläufe müssen bei Bedarf behutsam trainiert werden mit langen Läufen bei mindestens 30 °C, über mindestens eine Woche Trainingszeit.

Anaerobes Training über 18 °C bewirkt eine deutliche Leistungsverringerung. Im Sommer sollten Intervallläufe deshalb vor 9 Uhr morgens trainiert werden.

Bei einer Temperatur über 18 °C verlangsamt sich die Marathonzeit um ca. zwei Minuten pro Grad.

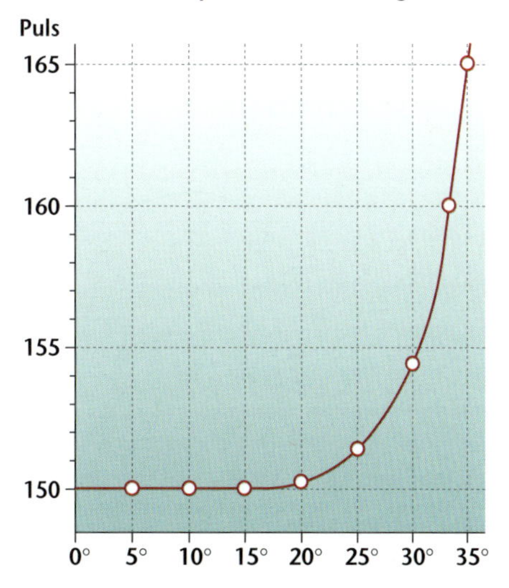

Bei 28 °C wird das Ziel um ca. 20 Minuten langsamer erreicht werden als bei 18 °C, wenn zuvor kein spezielles Hitzetraining absolviert worden ist. Hitzeschutz bieten eine weiße Funktions-Bekleidung, eine weiße Kopfbedeckung, Kühlung des Kopfs mit Wasser und viel Trinken. Bei Wettkämpfen werden mindestens alle 5 km Wasserstände aufgebaut, um sich ausreichend mit Flüssigkeit versorgen zu können. Für den langen Lauf im Training eignen sich Hüftgürtel mit mindestens sechs Wasserfläschchen, oder ein Rundkurs, der mit einer Getränkestation vorbereitet wurde.

Zielzeitbestimmung der Wettkampfzeiten

Die wahrscheinliche adäquate Marathon-Zielzeit lässt sich hochrechnen mit Bezug auf eine aktuelle Laufzeit von einer anderen Laufstrecke. Voraussetzung dafür ist, dass der Marathon-Trainingsplan eingehalten wird, so dass eine ausreichende Grundausdauer und anaerobe Leistungsfähigkeit trainiert wurden (sh. Tabelle unten).

Beispiel:

1. Die 10-km-Bestzeit beträgt 39:30 Minuten.
   Welche Marathonzeit kann erreicht werden?
   39,5 x 4,667 = 184,35 Minuten = 3:04 h
2. Die Marathonzielzeit ist 2:59:00 h
   Welche 10-km-Zeit kann erreicht werden?
   179 x 0,214 = 38,31 Minuten = 38:18 Min.

Die Laufzeithochrechnung hat Herbert Steffny in den 70er Jahren bekannt gemacht, der von den Weltrekordzeiten der 10-km-, Halb-, und Marathonzeiten die Zeitunterschiede als Laufzeit-Hochrechnungsfaktoren abgeleitet hat. Sein Bruder Manfred hat daraufhin die mathematische Bestimmung über eine Logarithmusfunktion definiert.

Der Amerikaner Pete Riegel hat die mathematische Formel erweitert und die Äquivalenz der Laufzielzeit-Hochrechnung in USA und von dort bei uns bekannt gemacht. Pete Riegel fand 1977 heraus, dass der Logarithmus der Weltrekordzeiten, bezogen auf den Logarithmus der jeweiligen Laufdistanzen eine gerade Linie ergab. Damit konnte er aufgrund der Weltrekordzeiten auf einer Distanz die Weltrekorde auf anderen Distanzen gut vorhersagen. Riegel fand auch heraus, dass Laufleistungen auf Strecken von 1500 Meter bis Marathon in einem konstanten, prozentualen Verhältnis zu den Weltrekordleistungen stehen.

Beispiel: Läuft ein Läufer die 10 Kilometer in einem Tempo, das 75 Prozent des Weltrekordtempos entspricht, dann ist er dazu auch theoretisch über 1500 m wie auch über die Marathondistanz in der Lage. Dies bedeutet: Bestzeiten auf einer Distanz machen Bestzeiten auf anderen Distanzen vorhersagbar. Voraussetzung dazu ist, dass ein spezielles Training für die relevante Wettkampfdisziplin erfolgt. Läufer über 40 Jahre neigen zum Beispiel dazu, mit einem zunehmend höheren Prozentsatz im Verhältnis zum Weltrekord zu laufen, je länger die Wettkampfdistanz wird.

Die allgemeine Laufzeit-Berechnungsformel lautet: $\mathbf{T2 = T1 \times (D2/D1)^k}$

T1 = die gegebene Zeit
D1 = die gegebene Distanz
D2 = die Distanz, für die eine Zeit errechnet werden soll
T2 = die zu kalkulierende Zeit für D2
k = 1,07 Der Ermüdungs-Exponent 1,07 ist ein statistischer Mittelwert, der aus Weltbestzeiten abgeleitet worden ist.

Mit dieser Formel lässt sich jede beliebige Laufzeit zwischen 10 km, Halbmarathon- und Marathonlauf im Verhältnis zu einer aktuellen, persönlichen Referenzzeit theoretisch hochrechnen. Je weiter die Referenzdistanzen zwischen 10 km und Marathon auseinander liegen, desto ungenauer wird der Ermüdungsexponent 1,07.

Die persönliche Laufzielzeit berechnet sich mit der Bestimmung des persönlichen Ermüdungs-Exponenten anhand zweier persönlichen Referenzzeiten:

K = (LN T2/T1) : (LN D2/D1)

Die Formel für die Lauf-Zielzeitberechnung ist eine Theorie. Die Praxis wird von vielen Faktoren beeinflusst. Aber zu einer guten Praxis gehört auch eine gute Theorie.

Referenz-Zeit in Minuten	Multiplikator	Marathon-Zeit	Multiplikator	Ziel-Zeit in Minuten
5 km	9,798	x	0,102	5 km
10 km	4,667	x	0,214	10 km
Halbmarathon	2,099	x	0,476	Halbmarathon

Äquivalenz der Wettkampfzeiten

Ausgehend von der stärksten Einzelleistung kann bestimmt werden, zu welchen Wettkampfzeiten ein Athlet auf anderen Distanzen äquivalent fähig ist. Wenn sich die Wettkampfergebnisse in den drei Disziplinen 10 km, Halbmarathon und Marathon nicht äquivalent verteilen, dann sollte sich das Training auf die schwächste Einzelleistung konzentrieren, bis die Leistungen in allen drei Laufdisziplinen zueinander äquivalent sind.

Fortgeschrittene Läufer werden schneller, wenn sie sich im Training auf die schwächste Disziplin konzentrieren, da sich die Leistungen im 10-km-, Halbmarathon- und Marathonlauf gegenseitig beeinflussen. Es wird eine hohe Grundschnelligkeit und eine hohe Kraftausdauer benötigt, um das Maximale im Marathon zu erreichen. Bei diesem Beispiel wäre ein schnellster Erfolg möglich durch eine Trainingskonzentration auf die Halbmarathon-Zeitverbesserung (HM).

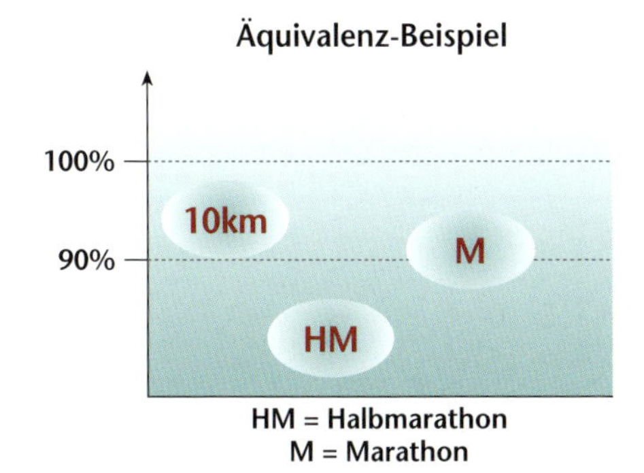

Beispiel einer Äquivalenz-Schwäche:
Äquivalenz besteht, wenn z. B. im 10-km-Lauf 38:47 min, im Halbmarathon 1:26 h und im Marathon 3:01 h erreicht werden. Falls eine dieser äquivalenten Zeiten unter der tatsächlichen Zeit liegen sollte, empfiehlt es sich, den Schwachpunkt durch ein Intensivtraining zu beheben.

Die Lauf-Muskulatur besteht aus der kurzfasrigen und der langfasrigen Muskelgruppe. Die kurzfasrige Muskulatur, auch FT (Fast Twitch Muskeln) und weiße Muskulatur genannt, ist verantwortlich für die Schnelligkeit. Die langfasrige Muskulatur auch ST (Slow Twitch Muskeln) und rote Muskulatur genannt, ist für die Ausdauer verantwortlich.

Diese beiden Muskelgruppen müssen separat trainiert werden. Eine Dysbalance bei einer Muskelgruppe bewirkt z. B. eine Äquivalenz-Schwäche ebenso ein einseitiges Training. Dies kann durch eine entsprechende Trainingskonzentration ausgeglichen werden.

Beinmuskulatur mit der FT- und ST-Muskelstruktur

Äquivalenz der Wettkampfzeiten bei unterschiedlichen Strecken

10 km	Halbmarathon	Marathon
27:00	1:00:00	2:06:00
28:04	1.02:23	2:11:00
29:09	1:04:46	2:16:00
30:13	1:07:09	2:21:00
31:17	1:09:31	2:26:00
32:21	1:11:54	2:31:00
33:26	1:14:17	2:36:00
34:30	1:16:40	2:41:00
35:34	1:19:03	2:46:00
36:39	1:21:26	2:51:00
37:43	1:23:49	2:56:00
38:47	1:26:11	3:01:00
39:51	1:28:34	3:06:00
40:56	1:30:57	3:11:00
42:00	1:33:20	3:16:00
43:04	1:35:43	3:21:00
44:09	1:38:06	3:26:00
45:13	1:40:29	3:31:00

10 km	Halbmarathon	Marathon
46:17	1:42:51	3:36:00
47:21	1:45:14	3:41:00
48:26	1:47:37	3:46:00
49:30	1:50:00	3:51:00
50:34	1:52:23	3:56:00
51:39	1:54:46	4:01:00
52:43	1:57:09	4:06:00
53:47	1:59:31	4:11:00
54:51	2:01:54	4:16:00
55:56	2:04:17	4:21:00
57:00	2:06:40	4:26:00
58:04	2:09:23	4:31:00
59:09	2:11:26	4:36:00
1:00:13	2:13:49	4:41:00
1:01:17	2:16:11	4:46:00
1:02:21	2:18:34	4:51:00
1:03:26	2:20:57	4:56:00
1:04:30	2:23:20	5:01:00

Trainingskonzentration zur Verbesserung von Äquivalenz-Schwächen

Bei einer überproportionalen Schwäche in einer Laufdisziplin sollte für 6 bis 8 Wochen eine spezielle Trainingskonzentration auf die schwache Laufdisziplin erfolgen.

Beim Einstieg in einen schnelleren Trainingsplan werden bestimmte 10-km-Laufzeiten, als Voraussetzungen gefordert. Wenn die Basis-Zeiten noch nicht erreicht werden, dann können sie über eine Trainingskonzentration verbessert werden.

Beispiel für einen Marathon-Leistungssportler

10-km-Konzentration

Wochentrainingsumfang sechs Einheiten, ein Ruhetag. Trainingsumfang 10 bis 15 km/Einheit.

- 2 Tage Intervall-Wiederholungseinheiten im Schwellentempo
  Kurze Intervalle wie 15–30 x 400 m, 7–12 x 700 m
  lange Intervalle wie 10–15 x 1000 m
- 1 Tag Berglauf, langer Anstieg
- 1 Tag lockerer Lauf, 15 km in 80 % HFmax im hügeligen Cross Gelände
- 1 Tag 15 km Schwellenlauf, in 90 % HFmax
- 1 Tag langsamer Dauerlauf, 15 km in 70 % HFmax
- alle 14 Tage ein 10-km-Wettkampf

Halbmarathon-Konzentration

Wochentrainingsumfang sechs Einheiten, ein Ruhetag. Trainingsumfang 15 bis 25 km/Einheit.

- 2 Tage Intervall-Läufe
  kurze Intervalle wie 10-15 x 800 m,
  lange Intervalle wie 10 x 1000–2000 m, 5 x 3000–5000 m
- 1 Tag Halbmarathonrenntempo über 6 km, anschließend 10 km langsamer DL
- 1 Tag lockerer Dauerlauf 1,5 h, in 80 % HFmax im hügeligen Cross-Gelände
- 1 Tag langsamer Dauerlauf 2 h, in 75 % HFmax
- 1 Tag Fahrtspiel
- alle 14 Tage ein 10-km-Wettkampf

Marathon-Konzentration

Wochentrainingsumfang sechs Einheiten, ein Ruhetag. Trainingsumfang 15 bis 35 km/Einheit.

- 1 Tag Intervall-Läufe, 7 x 2000 m
- 1 Tag Marathonrenntempo 12–20 km, Schwellentraining
- 2 Tage lockerer Dauerlauf GA2 über 1,5–2 h in 80 % HFmax
- 1 Tag Dauerlauf über 35 km, 1. Hälfte GA1, 2. Hälfte Marathon-Renntempo
- 1 Tag Fahrtspiel 15 km in 70–90 % HFmax, im hügeligen Gelände
- alle 2 Wochen ein Halbmarathon-Wettkampf.

Bei einem ausgewogenen Verhältnis der Äquivalenz-Zeiten wird eine Verbesserung der Marathonleistung am schnellsten über eine Verbesserung der 10-km-Zeit erreicht.

Leistungs-Check

Die persönliche Leistung, der Trainingszustand und der Fortschritt des Trainings sollten monatlich überprüft und protokolliert werden. Abweichungen im Negativen sind zu analysieren, zu diskutieren und entsprechende Maßnahmen zu ergreifen. Folgende Fitnesskriterien geben Aufschluss über den Leistungszustand eines Marathonis (sh. Tabelle unten).

Sonstiges zum Marathontraining

Krafttraining
Für lange, schnelle Läufe wird ein ganzheitlich trainierter, belastbarer Körper benötigt.

Die meisten Marathonläufer werden in der zweiten Hälfte langsamer, auch weil ihre Körperhaltekraft nicht mehr ausreichend ist und sie dadurch im wahrsten Sinne des Wortes in die Knie gehen. Nachfolgende Muskelpartien sind dazu systematisch mit Hanteltraining zwei bis drei Mal pro Woche zu trainieren, am besten im Fitnessstudio unter Anleitung eines Trainers.

- Die Bauchmuskulatur, sie hält und führt den ganzen Oberkörper
- Die Rückenmuskulatur, sie stützt den Oberkörper
- Die Brustmuskulatur, sie führt die Körperhaltung
- Die Oberarme, sie führen eine rhythmische Lauf- und Schwungbewegung aus
- Die Schultern, sie werden durch die Armbewegungen belastet

Die Bauchmuskulatur ist neben der Beinmuskulatur die am meisten belastete Muskulatur beim Joggen. Folgende Übungen eignen sich hervorragend zum ganzkörperlichen Muskelaufbau und erzeugen dabei eine athletische Figur:
- Bizeps: Langhantel-Curls und Hammer-Curls
- Trizeps: Kickbacks, Dips, Pushdowns
- Schulter: Rudern im Stehen, Seitheben vorgebeugt, Seitheben im Stehen, Schulterheben
- Brust: Schrägbankdrücken, Bankdrücken, Butterflys, Überzüge, Liegestützen

Kriterium	Ergebnis	Abweichung zum Vormonat	Abweichung zum Best-Ergebnis
Ruhepuls			
Zeit/Schnitt 10 x 400 m			
Zeit/Schnitt 10 x 1000 m			
10 km Wettkampfzeit			
1 Stunden Lauf			
Cooper-Test, 12 Minuten-Lauf-Entfernung			
Zeit für 25 km (flach) mit Puls 75 % HFmax			
Puls-Abklingzeit von 90 % HFmax auf 110 (im Stehen)			
Max. Laufgeschwindigkeit bei Laktat 4,0			
VO_2max bei Laktat 4,0			

- Rücken: Klimmzüge, Rücken heben, Rudern im Sitzen, Latziehen zum Nacken
- Bauch: Crunches, Beinheben
- Beine: Kniebeugen, Beinpresse, Beincurls im Liegen, Beincurls im Sitzen, Wadenheben

Ein gutes Fitnessstudio eignet sich hervorragend für Krafttraining. Neben den freien Hanteln für Fortgeschrittene bieten sie auch Kraftmaschinen an bei denen der Bewegungsablauf durch eine mechanische Führung vorgegeben ist.

Fitnessstudios verfügen oft über sehr gute Laufbänder, die gerade bei schlechtem oder kaltem Wetter eine ideale Alternative zum Straßenlauf sind. Zusätzlich bietet ein gutes Fitnessstudio Saunen und Solarien an, die zur Regeneration beitragen.

Übertraining

Der Körper ist fortlaufend auf Übermüdung zu prüfen, besonders nach intensiven Belastungen. Anzeichen für Übertraining/Überlastung sind starke Gliederschmerzen, erhöhter Ruhepuls, Muskelkater, Leistungseinbruch, starke Müdigkeit oder das Gefühl, völlig ausgepumpt zu sein.

Es ist jedoch normal, zu Beginn eines neuen Trainingsplans eine Müdigkeit zu fühlen, die aber nach einigen Tagen Training nachlässt.

Wenn das starke Gefühl eintritt, überlastet zu sein, oder wenn starke Schmerzen auftreten, dann sollten eine ruhige Trainingseinheit oder der Ruhetag vorgezogen werden oder sogar ein bis zwei Tage pausiert werden, um sich zu regenerieren. Die Pausierung oder die Fortsetzung langsamer Laufeinheiten ist so lange fortzusetzen, bis sich wieder ein gutes Körpergefühl einstellt oder vorangegangene Schmerzen verschwunden sind.

Vor allem bei Schmerzen ist Vorsicht geboten. Es ist besser, gleich zum Orthopäden zu gehen, wenn die Verletzung noch nicht stark ausgeprägt ist, als umgekehrt.

Beim Marathon-Training muss man ständig auf seinen Körper hören und dafür ein Einfühlungsvermögen entwickeln. Ein stures Durchhalten des Trainings bei großer Schwäche oder starken Schmerzen bewirkt das Gegenteil des gewünschten Trainingseffekts. Es kann dann zu einem Totaleinbruch kommen, dessen Regeneration doppelt so lange dauert, wie eine kurze Trainings-Unterbrechung es erfordert hätte.

Körpergewicht

Das Körpergewicht wirkt sich auf die Laufzeit- und auf das Laufgefühl aus. Große Bedeutung gewinnt das Körpergewicht, wenn eine neue Bestzeit erreicht werden soll.

Jedes kg Übergewicht (Fett) ist eine unnütze träge Masse, die zusätzlich getragen werden muss. Als Faustformel gilt: 1 kg Gewichtsreduzierung führt zu 1 % Zeitverbesserung und zu einem um ca. 10 % besseren Laufgefühl.

Stadtmarathon mit Kontrasten

Beispiel:
Zwei kg Gewichtsreduzierung =
ca. zwei Minuten schneller beim Marathon
eine Minute beim Halbmarathon und
30 Sekunden beim 10-km-Lauf.

Wer z. B. in der sechsten Woche des Marathontrainings feststellt, dass sein Körpergewicht noch einige Kilo zu viel Fett hat, der kann unter Beibehaltung des Trainingsplans z. B. eine Woche Heilfasten einlegen (bei abnehmendem Mond). So können in einer Woche ca. drei bis vier Kg abgenommen und der Körper zusätzlich an die Energiegewinnung durch Fettverbrennung gewöhnt werden. Das sportliche Idealgewicht liegt bei einem BMI-Wert von 20.

Alternativtraining/Ausgleichssport
Alternativtraining ergänzt ein Lauf- und Krafttraining und trägt zum Ausbau der Leistungsfähigkeit bei. Zusätzliches Alternativtraining in niedriger Intensität bietet Abwechslung, neue Muskelreize und Entspannung. Es fördert die Regeneration.

- **Radfahren**

Sportliches Radfahren im GA2 Bereich bewirkt eine Verbesserung der 10-km-Zeit, eine Erhöhung des VO_2max und es trainiert die Oberschenkel und das Herz/Kreislauf-System. Außerdem ist Radfahren gelenkschonend. Die Trittfrequenz für regeneratives Radfahren beträgt 90–110 U/min (Pedalumdrehungen je Minute).

Eine sehr gute Kraftausdauerübung ist das Koppeltraining, bei dem im GA2-Bereich unmittelbar nach dem Rad fahren noch eine Stunde gelaufen wird.

- **Schwimmen**

Besonders für den Oberkörper und die Beine ist Schwimmen ein guter Ausgleich zur Regeneration. Sportliches Schwimmen fördert auch die Ausdauerfähigkeit.

- **Krafttraining**

Ein spezielles Krafttraining kann eine erhebliche Verbesserung der Kraft-Ausdauer beim Laufen bewirken. Laufspezifische Übungen sind Kniebeugen mit Langhantel, Banksteigen, Krafttraining für Bauch, Oberkörper, Brust und Arme.

- **Fußball**

Das Fußballspielen ist ein sehr gutes Intervalltraining. Es besteht jedoch eine erhöhte Verletzungsgefahr.

- **Inlineskating**

Ein sehr gutes Ausgleichstraining für die Beinmuskulatur und Ausdauer bietet das Inlineskating.

- **Skilanglauf**

Ein sehr gutes Ausgleichstraining für die ganze Körpermuskulatur wie Arme, Beine, Rücken und Po bietet Skilanglauf.

Seitenstechen
Beim Seitenstechen handelt es sich um einen schmerzhaften Krampf (Zusammenziehen) des Zwerchfells. Oft bewirkt ein voller Magen oder eine zu gering trainierte Bauchmuskulatur das Seitenstechen. Seitenstechen kann auch verursacht werden durch eine Sauerstoffunterversorgung des Zwerchfells oder über das im Laufschritt-Rhythmus bewirkte Reißen der am Zwerchfell aufgehängten Organe. Dieser stechende Schmerz ist meist auf der rechten Seite spürbar. Ursache dafür ist die Leber, welche als schwerstes Organ mit dem Zwerchfell verbunden ist.

Abhilfe gegen Seitenstechen
- Schrittwechsel, langsamer laufen für mindestens 30 Sekunden.
- Beim Auftreten mit dem der stechenden Seite gegenüberliegenden Bein ausatmen. (Stechen in der rechten Seite, ausatmen, wenn man aufs linke Bein tritt).
- Tief aus dem Bauch ausatmen, dabei Hände über den Kopf, Oberkörper zurückbeugen.
- Mit der Faust kräftig gegen die schmerzende Stelle pressen, den Oberkörper um 90° abknicken und dabei über mindestens 30 Sekunden gehen.

Krankheit
Ein Training bei Krankheit ist gesundheitsschädlich, da das Immunsystem geschwächt ist aufgrund der Abwehrkonzentration auf die Krankheit. Das Training ist bei Krankheit strikt zu unterlassen und sollte über den doppelten Zeitraum der Krankheit nicht erfolgen. Nach der Krankheit ist die sportliche Leistungsfähigkeit für ca. die doppelten Zeit geschwächt, wie die Krankheit andauerte.

Rauchen:
Rauchen beeinflusst die Laufleistung negativ. Das inhalierte Kohlenmonoxid bindet sich etwa 300 mal besser an den Blutfarbstoff der roten Blutkörperchen als Sauerstoff. Dadurch wird ein Teil des Blutes für den Sauerstofftransport blockiert.

Der Sauerstoff wird über die Lunge bzw. die Lungenbläschen aufgenommen, in das Blut transferiert und vom Herz über die Venen in die Muskeln transportiert. Das Nikotin verstopft einen Teil der Lungenbläschen, wodurch die Sauerstoffaufnahmefähigkeit entsprechend reduziert wird. Im Leistungssport wird durch das Defizit an sauerstoffreichem Blut der anaerobe Zustand früher erreicht, d.h. die maximale Leistung des Körpers wird entsprechend reduziert. Nikotin verschlechtert die Lungenfunktion durch die negative Einwirkung auf die Gefäßregulation.

London Wheels

Verhalten bei Hunden

Frei laufende Hunde bzw. deren fahrlässige Hundehalter können für Läufer manchmal eine Bedrohung und Belästigung sein. In den letzten Jahren ist es mit der Disziplin der Hundehalter deutlich besser geworden. Viele Hunde werden nun an der Leine geführt oder zu sich gerufen, wenn sich ein Jogger nähert. Ein Jogger kann durch seine »Fluchthaltung« bei einem Hund einen »Beutereiz« oder Neugier auslösen, so dass ein frei laufender Hund in letzter Konsequenz unberechenbar ist. Grundsätzlich gilt es, eine positive Einstellung und Haltung gegenüber Hunden zu haben. Schließlich teilen wir uns als Jogger mit dem Hund das Lauf-Revier.

Zur Abwehr von bissigen Hunden sollte ein Jogger ein Hundeabwehrspray bei sich führen. Es ist besser, wenn das Spray das Abwehrstoff als Strahl und nicht als Nebel versprüht, da letzterer vor allem bei Wind wenig Wirkung erzielt und der Hund zu nahe herankommt. Das Abwehr-Spray wirkt, wenn das Pfeffer-Ölgemisch dem angreifenden Hund in die Augen gesprüht wird. Als Strahl erfolgt die Wirkung auf ca. drei Meter- und als Nebel nur auf ca. 1,5 m Entfernung, daher vorher für Abstand sorgen. Der Abwehrspray sollte ausschließlich im Verteidigungsfall, also wenn der Hund angreift, angewendet werden.

Bei einem frei laufenden Hund müssen das Verhalten und die Körpersprache des Hundes richtig eingeschätzt werden. Die meisten Hunde, die von einem Jogger Notiz nehmen, wollen nur spielen. Sie laufen dabei auf- und abspringend, wedelnd oder bellend dem Jogger hinterher oder springen an ihm hoch, ohne dass die geringste Gefahr besteht. Ein frei laufender Hund muss genau beobachtet werden, ohne ihm in die Augen zu sehen. Man sollte gegenüber jedem Hund Respekt zeigen, aber keine Anzeichen von Angst. Dem Hundeführer sollte man Zeit lassen, seinen Hund zu sich zu rufen. Wenn der Läufer unverhofft auftritt, ist es meist so, dass der Hund den Läufer zuerst sieht.

Verhalten bei einem freilaufenden Hund:

- Dem Hund nicht in die Augen sehen, da jegliche Kontaktaufnahme über den Blick erfolgt.
- Die Laufbewegung und der Atemrhythmus sollten möglichst nicht geändert werden.
- Kommt der Hund an die Beine, stoppt man kurz ab und sagt laut »nein« oder »aus«, danach einfach weiterlaufen. Der Hund wird verdutzt stehen bleiben.
- Ignorieren Sie die verantwortungslosen Hundehalter, es nützt leider nichts, mit ihnen zu diskutieren.

Die Angriffshaltung eines Hundes erkennt man z. B. an seinen gefletschten Zähnen, Knurren, giftigem Bellen oder direktem, schnellen Zuspringen auf den Läufer.

Wenn der Hund in Angriffshaltung herankommt, dann den Sprühstoff und den Fußtritt vorbereiten, so wie beim Fußballspiel, wenn der Ball auf einen zugerollt kommt. Die Hunde beißen meist in die unteren Beinpartien. In allen von mir erlebten Fällen ist der Hund von der Gegenattacke so erschrocken gewesen, dass er sich laut heulend davonmachte, auch große Hunde. Das ist nichts Ungewöhnliches, da ein Hund in seinem Instinkt »alphaorientiert« ist, d.h. er unterwirft sich sofort dem Stärkeren.

Der Tritt auf den angreifenden Hund muss wohl überlegt sein. Ohne Zeugen, die den Hundeangriff gesehen haben, kann der Jogger auch wegen Tierquälerei vom Hundehalter angezeigt werden. Daher ist dem Hundeabwehrspray die Priorität zu geben.

Im Bürgerlichen Gesetzbuch wurde im Tierhaltergefährdungsgesetz die Haftungsfrage geregelt:

- Der Hundehalter, der seinen Hund frei laufen lässt, ist im Schadensfalle Verursacher aufgrund der Vernachlässigung seiner Sorgfaltspflicht. Für eine Anzeige muss der Name des Hundehalters, die Beschreibung des Hundes (Rasse, Größe, Farbe), sowie der Ort und Datum/Uhrzeit des Geschehens angegeben werden.
- Bei einer Verurteilung muss der Hundehalter für Schadenersatz und Schmerzensgeld aufkommen, außer er ist mittellos.
- Für einen Hundebiss mit Krankenhauseinlieferung und psychischer Folgewirkung kann ein Schmerzensgeld von über 2550 Euro verlangt werden (LG Zwickau Az.: 6S49/01). Die Höhe des Betrages richtet sich nach der Schwere der Verletzung.
- Alle Kosten und Schäden, die im Zusammenhang mit der eigenen Rettung vor einem Hundeangriff entstehen (auch über Schäden an Dritten), können im Ursachenzusammenhang an den Hundebesitzer geltend gemacht werden (AG Frankfurt Az.: 32 C).

Hund und Jogger teilen sich das Laufrevier

16. Marathon-Trainingspläne

Der Marathon-Trainingsplan ist eine auf drei Monate begrenzte, systematisch aufgebaute und aufeinander abgestimmte Reizeinwirkung auf die Muskulatur und das Herz-Kreislauf-System. Ziel ist es, am Ende des Trainingsplans, am »Tag X« des Marathonwettkampfs, die auf den Trainingsplan bezogene Zielzeit zu erreichen oder zu unterschreiten.

Ein Marathon-Trainingsplan differenziert sich in seiner Intensität und Quantität, auf die Schwerpunkte, die zu dem definierten Leistungsziel führen. Voraussetzung für die erfolgreiche Umsetzung des Trainingsplan-Zeitzieles ist die Definition des persönlichen aktuellen Leistungsstands. Davon ausgehend, erfolgt die realistische Zielsetzung, welche in einem dreimonatigen Training erreicht werden kann. Für eine längerfristig geplante Leistungssteigerung gilt das Prinzip der Zwischenziele.

Besser ist es, für den dreimonatigen Trainingsplan eine Zeit von vier Monaten zu planen, um Trainingsausfälle durch Krankheit oder berufliche Verhinderung ausgleichen zu können. Auch kann man sich dadurch am Ende des Trainings auf lange Schwellenläufe und Intervalltraining konzentrieren und damit die Grundschnelligkeit zusätzlich erhöhen.

Ein Trainingsplan ist keine feste Orientierung und keine Garantie zur Erreichung eines sportlichen Ziels. Jeder Athlet ist mit seinem komplexen Körpersystem ein Individuum. Es ist daher bei der Durchführung des Trainingsplans sehr wichtig, auf den eigenen Körper zu hören und bei Schmerzen oder starker Ermüdung zu pausieren, oder Alternativtraining wie z. B. Rad fahren zu betreiben. Ein richtig gewählter Trainingsplan darf den Athleten weder psychisch noch physisch überfordern.

Voraussetzung für einen Marathon-Trainingsbeginn ist, dass mindestens 60 Minuten Dauerlauf bewältigt werden können. Wer das nicht schafft, muss sich die Voraussetzungen dafür erarbeiten, was jedoch in wenigen Wochen möglich ist (siehe Kapitel Marathon-Training).

Marathonzielzeiten für Laufanfänger
Der Cooper-Test sollte mindestens befriedigend bestanden und eine Stunde Dauerlauf bewältigt werden können. Das Alter und das Geschlecht spielt dabei keine bedeutende Rolle:

Körperbau	Marathon-Trainingsplan
schlank	3:45–4:00 h
kräftig	4:00–4:15 h
leicht übergewichtig	4:30–5:00 h

Auswahl des Marathon-Trainingsplans für sportliche Läufer, aber Marathon-Einsteiger:
Die Teilnahme an einem 10-km-Wettkampf erfolgte, es liegt kein Ausdauertraining vor:

10-km-Zeit	Marathon-Trainingsplan
0:36 h	2:45 h
0:40 h	3:00 h
0:44 h	3:15 h
0:49 h	3:30 h
0:52 h	3:45 h
0:55 h	4:00 h
1:00 h	4:15 h
1:05 h	4:30 h
1:15 h	5:00 h

Erläuterungen zum Trainingsplan:
Vor und nach dem Laufen soll die Muskulatur durch Stretching gedehnt werden.

Vor dem Lauf leichtes Dehnen über zwei Minuten. Eine Stunde nach dem Lauf über 5 bis 10 Minuten Stretching.

Ein- und Auslaufen vor und nach jedem Lauf über je 10 Minuten

Koordinationsübungen aus dem Lauf-ABC sollten das Ein- und Auslaufen abschließen

Am Ende eines langen Laufs sollten fünf Steigerungsläufe erfolgen mit schnellen, langen Schritten.

An den Ruhetagen ist ein leichter Ausgleichssport zu empfehlen wie Rad fahren oder Schwimmen.

Die Kilometerangaben der Trainingspläne schließen das Ein- und Auslaufen mit ein.

la. DL: langsamer Dauerlauf, GA1, Laufgeschwindigkeit mit 70 % des Maximalpulses, bzw. so, dass man während des Laufs noch gut sprechen kann.

lo. DL: lockerer Dauerlauf, GA2, Laufgeschwindigkeit mit 75–80 % des Maximalpulses oder so, dass man beim Laufen gerade noch sprechen kann.

schn. DL: schneller Dauerlauf, Laufgeschwindigkeit in einer Belastung von 85–89 % des Maximalpulses an der anaeroben Schwelle, so dass die Strecke mit konstanter Geschwindigkeit zurückgelegt werden kann

Wettkampfgeschwindigkeit: mit 90–95 % des Maximalpulses beim 10-km-Wettkampf, 85–90 % beim Halbmarathon, 80–85 % beim Marathon = Marathonrenntempo (MRT).

Maximalpuls: höchster Pulswert, der sich bei max. Anstrengung einstellt. Faustformel: 220 – Lebensalter = maximaler Pulswert =100 %

1-2-3-2-1 km Fahrtspiel: jeweils 1 km, dann 2 km, dann 3 km im schnellen DL, dazwischen je 3 Minuten langsamer DL.

10 x 1000 m: schnelle Intervalle im Stadion. Dazwischen drei Minuten langsamer DL.

15 x 700 m: 700 m Intervall-Lauf. Die Marathon Wettkampfzeit dabei als Minutenrichtzeit für die Strecke wählen: z. B. bei Marathonzeit 3:30 h die 700 m in 3:30 min, dazwischen 400 m langsamer DL

10 x 400 m: schneller Intervall-Lauf im Stadion, dazwischen eine Runde langsamer DL.

Berglauf: im lockeren Dauerlauf einen leichten Berg hoch laufen, über 1 km Länge, 10 x wiederholen.

Steigerungslauf: 100 Meter langsam beginnend, immer schneller werdend. Bei 80 Meter soll die maximale Geschwindigkeit erreicht sein und für 10 Sekunden gehalten werden. Lange, kraftvolle Schritte, Knie dabei hochziehen.

10 km Min.	Zielzeit Marathon h	Dauerlauf min/km				Intervall-Lauf min/Intervall	
		langsamer	lockerer	schneller	MRT	1000 m	400 m
64	05:00	08:10	07:40	06:25	07:05	05:47	02:06
58	04:30	07:30	07:05	05:47	06:25	05:30	02:00
51	04:00	06:35	06:15	05:05	05:40	04:54	01:44
48	03:45	06:10	05:50	04:50	05:20	04:26	01:38
45	03:30	05:50	05:30	04:30	04:58	04:04	01:30
42	03:15	05:25	05:00	04:10	04:36	03:47	01:24
38	03:00	05:00	04:40	03:50	04:15	03:30	01:18
36	02:45	04:35	04:15	03:33	03:54	03:13	01:12
33	02:30	04:15	03:55	03:11	03:33	02:55	01:06

Wichtig: Marathonis über 40 Jahren sollten die im Trainingsplan angegebenen Umfänge für das Intervalltraining um 20 % reduzieren, um das Verletzungsrisiko zu verringern.

Marathon Trainingsplan
Zielzeit 5:00 Stunden

Woche	Tag	Training
1. Woche:	Mo	6 km langsamer DL
	Di	Ruhetag
	Mi	6 km langsamer DL
	Do	Ruhetag
	Fr	6 km lockerer DL
	Sa	Ruhetag
Summe: 26 km	So	8 km langsamer DL
2. Woche:	Mo	Ruhetag
	Di	8 km langsamer DL
	Mi	Ruhetag
	Do	8 km lockerer DL
	Fr	Ruhetag
	Sa	Ruhetag
Summe: 28 km	So	12 km langsamer DL
3. Woche:	Mo	Ruhetag
	Di	9 km langsamer DL
	Mi	Ruhetag
	Do	10 x 400 m
	Fr	Ruhetag
	Sa	Ruhetag
Summe: 31 km	So	15 km langsamer DL
4. Woche:	Mo	Ruhetag
	Di	10 km langsamer DL
	Mi	Ruhetag
	Do	10 x 1000 m schneller DL
	Fr	Ruhetag
	Sa	Ruhetag
Summe: 34 km	So	10 km Wettkampf
5. Woche:	Mo	6 km langsamer DL
	Di	Ruhetag
	Mi	Ruhetag
	Do	8 km langsamer DL
	Fr	Ruhetag
	Sa	Ruhetag
Summe: 34 km	So	20 km langsamer DL
6. Woche:	Mo	Ruhetag
	Di	Ruhetag
	Mi	10 x 700 m in 4:29 Min.
	Do	Ruhetag
	Fr	8 km lockerer DL
	Sa	Ruhetag
Summe: 26 km	So	25 km langsamer DL
7. Woche:	Mo	Ruhetag
	Di	1-2-3-2-1-Fahrtspiel
	Mi	Ruhetag
	Do	6 km langsamer DL
	Fr	Ruhetag
	Sa	Ruhetag
Summe: 40 km	So	Halbmarath. Wettk. in 2:22
8. Woche:	Mo	6 km langsamer DL
	Di	Ruhetag
	Mi	Ruhetag
	Do	10 x 1000 m
	Fr	Ruhetag
	Sa	Ruhetag
Summe: 50 km	So	30 km langsamer DL
9. Woche:	Mo	Ruhetag
	Di	8 km lockerer DL
	Mi	Ruhetag
	Do	12 km Marathon Renntempo
	Fr	Ruhetag
	Sa	Ruhetag
Summe: 52 km	So	32 km langsamer DL
10. Woche:	Mo	Ruhetag
	Di	1-2-3-2-1-Fahrtspiel
	Mi	Ruhetag
	Do	8 km lockerer DL
	Fr	Ruhetag
	Sa	10 km Wettkampf in 1:04 h
Summe: 38 km	So	8 km langsamer DL
11. Woche:	Mo	Ruhetag
	Di	Ruhetag
	Mi	12 km Marathon Renntempo
	Do	Ruhetag
	Fr	8 km langsamer DL
	Sa	Ruhetag
Summe: 26 km	So	6 km langsamer DL
12. Woche:	Mo	Ruhetag
	Di	6 km Marathon Renntempo
	Mi	Ruhetag
	Do	6 km langsamer DL
	Fr	Ruhetag
	Sa	4 km langsamer DL
Summe: 48 km	So	Marathon Wettk. in 4:59 h

Trainingsziele: 10 km: 1:04 h, **Halbmarathon:**2:22 h, **Marathonrenntempo:** 7:05 min/km
Trainingsvoraussetzung: 1:00 Stunde Dauerlauf ohne Unterbrechung
la. DL in 8:10 min/km, **lo. DL** in 7:40 min/km, **Intervalle:** 1000 m in 5:47 min, 400 m in 2:06 min

Marathon Trainingsplan
Zielzeit 4:30 Stunden

Woche	Tag	Training
1. Woche:	Mo	8 km langsamer DL
	Di	Ruhetag
	Mi	10 km langsamer DL
	Do	Ruhetag
	Fr	7 km lockerer DL
	Sa	Ruhetag
Summe: 35 km	So	10 km langsamer DL
2. Woche:	Mo	Ruhetag
	Di	12 km langsamer DL
	Mi	Ruhetag
	Do	10 x 400 m schneller DL
	Fr	Ruhetag
	Sa	Ruhetag
Summe: 35 km	So	15 km langsamer DL
3. Woche:	Mo	Ruhetag
	Di	10 km langsamer DL
	Mi	Ruhetag
	Do	1-2-3-2-1-km Fahrtspiel
	Fr	Ruhetag
	Sa	Ruhetag
Summe: 40 km	So	18 km langsamer DL
4. Woche:	Mo	Ruhetag
	Di	10 km langsamer DL
	Mi	8 km lockerer DL
	Do	Ruhetag
	Fr	10 x 1000 m schneller DL
	Sa	Ruhetag
Summe: 42 km	So	10 km Wettkampf
5. Woche:	Mo	8 km langsamer DL
	Di	Ruhetag
	Mi	Ruhetag
	Do	10 x 400 m schneller DL
	Fr	8 km langsamer DL
	Sa	Ruhetag
Summe: 49 km	So	25 km langsamer DL
6. Woche:	Mo	Ruhetag
	Di	8 km lockerer DL
	Mi	10 x 700 m in 4:29 Min.
	Do	Ruhetag
	Fr	8 km lockerer DL
	Sa	Ruhetag
Summe: 56 km	So	30 km langsamer DL
7. Woche:	Mo	Ruhetag
	Di	10 km langsamer DL
	Mi	1-2-3-2-1-km Fahrtspiel
	Do	Ruhetag
	Fr	6 km langsamer DL
	Sa	Ruhetag
Summe: 50 km	So	Halbmarath. Wettk. in 2:08
8. Woche:	Mo	8 km langsamer DL
	Di	Ruhetag
	Mi	Ruhetag
	Do	10 x 1000 m
	Fr	Ruhetag
	Sa	Ruhetag
Summe: 54 km	So	32 km langsamer DL
9. Woche:	Mo	Ruhetag
	Di	8 km lockerer DL
	Mi	Ruhetag
	Do	12 km Marathon Renntempo
	Fr	Ruhetag
	Sa	Ruhetag
Summe: 52 km	So	32 km langsamer DL
10. Woche:	Mo	Ruhetag
	Di	1-2-3-2-1-Fahrtspiel
	Mi	Ruhetag
	Do	10 km lockerer DL
	Fr	Ruhetag
	Sa	10 km Wettk. in 57:47 Min.
Summe: 40 km	So	8 km langsamer DL
11. Woche:	Mo	Ruhetag
	Di	Ruhetag
	Mi	12 km Marathon Renntempo
	Do	Ruhetag
	Fr	8 km langsamer DL
	Sa	Ruhetag
Summe: 26 km	So	6 km langsamer DL
12. Woche:	Mo	Ruhetag
	Di	6 km Marathon Renntempo
	Mi	Ruhetag
	Do	6 km langsamer DL
	Fr	Ruhetag
	Sa	4 km langsamer DL
Summe: 48 km	So	Marathon Wettk. in 4:29 h

Trainingsziele: 10 km: 57:45 min, **Halbmarathon:** 2:08 h, **Marathonrenntempo:** 6:20 min/km
Trainingsvoraussetzung: 1:00 Stunde Dauerlauf ohne Unterbrechung
la. DL in 7:30 min/km, **lo. DL** in 7:05 min/km, **Intervalle:** 1000 m in 5:30 min, 400 m in 2:00 min

Marathon Trainingsplan
Zielzeit 4:00 Stunden

Woche	Tag	Training
1. Woche:	Mo	8 km langsamer DL
	Di	Ruhetag
	Mi	10 km lockerer DL
	Do	Ruhetag
	Fr	10 x 400 m schneller DL
	Sa	8 km lockerer DL
Summe: 44 km	So	10 km langsamer DL
2. Woche:	Mo	Ruhetag
	Di	10 km langsamer DL
	Mi	10 x 1000 m
	Do	8 km lockerer DL
	Fr	Ruhetag
	Sa	12 km langsamer DL
Summe: 51 km	So	10 km lockerer DL
3. Woche:	Mo	Ruhetag
	Di	10 km langsamer DL
	Mi	Ruhetag
	Do	1-2-3-2-1-km Fahrtspiel
	Fr	10 km langsamer DL
	Sa	Ruhetag
Summe: 50 km	So	10 km Wettkampf
4. Woche:	Mo	8 km langsamer DL
	Di	Ruhetag
	Mi	8 km langsamer DL
	Do	Ruhetag
	Fr	10 x 1000 m schneller DL
	Sa	Ruhetag
Summe: 48 km	So	18 km langsamer DL
5. Woche:	Mo	Ruhetag
	Di	12 km lockerer DL
	Mi	Ruhetag
	Do	10 x 400 m schneller DL
	Fr	10 km lockerer DL
	Sa	Ruhetag
Summe: 57 km	So	25 km langsamer DL
6. Woche:	Mo	Ruhetag
	Di	8 km lockerer DL
	Mi	10 x 700 m in 4:00 Min.
	Do	Ruhetag
	Fr	10 km lockerer DL
	Sa	Ruhetag
Summe: 63 km	So	30 km langsamer DL

Woche	Tag	Training
7. Woche:	Mo	Ruhetag
	Di	9 km langsamer DL
	Mi	1-2-3-2-1-km Fahrtspiel
	Do	Ruhetag
	Fr	6 km langsamer DL
	Sa	Ruhetag
Summe: 61 km	So	Halbmarath. Wettk. in 1:54 h
8. Woche:	Mo	8 km langsamer DL
	Di	Ruhetag
	Mi	Ruhetag
	Do	10 km langsamer DL
	Fr	Ruhetag
	Sa	Ruhetag
Summe: 53 km	So	35 km langsamer DL
9. Woche:	Mo	Ruhetag
	Di	12 km lockerer DL
	Mi	Ruhetag
	Do	12 km Marathon Renntempo
	Fr	10 km langsamer DL
	Sa	Ruhetag
Summe: 75 km	So	35 km langsamer DL
10. Woche:	Mo	Ruhetag
	Di	1-2-3-2-1-Fahrtspiel
	Mi	10 km langsamer DL
	Do	10 km lockerer DL
	Fr	Ruhetag
	Sa	10 km Wettk. in 51:20 Min.
Summe: 62 km	So	8 km langsamer DL
11. Woche:	Mo	Ruhetag
	Di	8 km langsamer DL
	Mi	12 km Marathon Renntempo
	Do	Ruhetag
	Fr	10 km langsamer DL
	Sa	Ruhetag
Summe: 38 km	So	6 km langsamer DL
12. Woche:	Mo	Ruhetag
	Di	6 km Marathon Renntempo
	Mi	Ruhetag
	Do	6 km langsamer DL
	Fr	Ruhetag
	Sa	4 km langsamer DL
Summe: 48 km	So	Marathon Wettk. in 3:57 h

Trainingsziele: 10 km: 51:20 min, **Halbmarathon:** 1:54:20 h, **Marathonrenntempo:** 5:40 min/km
Trainingsvoraussetzung: 1:00 Stunde Dauerlauf ohne Unterbrechung & 10 km in 55 Min.
la. DL in 6:35 min/km, **lo. DL** in 6:15 min/km, **Intervalle:** 1000 m in 4:54 min, 400 m in 1:44 min

Marathon Trainingsplan
Zielzeit 3:45 Stunden

1. Woche:	Mo	9 km langsamer DL
	Di	8 km lockerer DL
	Mi	Ruhetag
	Do	10 x 1000 m schneller DL
	Fr	10 km langsamer DL
	Sa	Ruhetag
Summe: 55 km	So	15 km langsamer DL

2. Woche:	Mo	Ruhetag
	Di	8 km lockerer DL
	Mi	10 x 400 m schneller DL
	Do	10 km langsamer DL
	Fr	Ruhetag
	Sa	10 km Wettkampf
Summe: 46 km	So	10 km langsamer DL

3. Woche:	Mo	Ruhetag
	Di	10 km langsamer DL
	Mi	10 km lockerer DL
	Do	Ruhetag
	Fr	1-2-3-2-1-Fahrtspiel
	Sa	Ruhetag
Summe: 55 km	So	20 km langsamer DL

4. Woche:	Mo	Ruhetag
	Di	10 km lockerer DL
	Mi	10 x 400 m schneller DL
	Do	10 km langsamer DL
	Fr	Ruhetag
	Sa	10 km Wettkampf
Summe: 48 km	So	10 km langsamer DL

5. Woche:	Mo	Ruhetag
	Di	10 km langsamer DL
	Mi	10 km Fahrtspiel DL
	Do	10 km lockerer DL
	Fr	10 x 400 m
	Sa	Ruhetag
Summe: 68 km	So	30 km langsamer DL

6. Woche:	Mo	Ruhetag
	Di	10 km langsamer DL
	Mi	12 km Marathon Renntempo
	Do	10 km langsamer DL
	Fr	10 x 1000 m schneller DL
	Sa	Ruhetag
Summe: 76 km	So	32 km lockerer DL

7. Woche:	Mo	Ruhetag
	Di	12 km langsamer DL
	Mi	10 x 1000 m schneller DL
	Do	Ruhetag
	Fr	12 km langsamer DL
	Sa	Ruhetag
Summe: 60 km	So	Halbmarath. Wettk. in 1:47 h

8. Woche:	Mo	10 km langsamer DL
	Di	Ruhetag
	Mi	Ruhetag
	Do	10 km lockerer DL
	Fr	Ruhetag
	Sa	Ruhetag
Summe: 55 km	So	35 km langsamer DL

9. Woche:	Mo	Ruhetag
	Di	10 km lockerer DL
	Mi	12 km Marathon Renntempo
	Do	10 km langsamer DL
	Fr	Ruhetag
	Sa	10 km lockerer DL
Summe: 77 km	So	35 km langsamer DL

10. Woche:	Mo	Ruhetag
	Di	1-2-3-2-1-Fahrtspiel
	Mi	12 km lockerer DL
	Do	10 km langsamer DL
	Fr	Ruhetag
	Sa	10 km Wettk. in 48:13 Min.
Summe: 58 km	So	10 km langsamer DL

11. Woche:	Mo	Ruhetag
	Di	10 km langsamer DL
	Mi	10 x 1000 m schneller DL
	Do	Ruhetag
	Fr	10 km langsamer DL
	Sa	Ruhetag
Summe: 44 km	So	10 km lockerer DL

12. Woche:	Mo	Ruhetag
	Di	6 km Marathon Renntempo
	Mi	Ruhetag
	Do	6 km lockerer DL
	Fr	Ruhetag
	Sa	6 km langsamer DL
Summe: 60 km	So	Marathon Wettk. in 3:44 h

Trainingsziele: 10 km: 48:13 min, **Halbmarathon:** 1:47 h, **Marathonrenntempo:** 5:19 min/km
Trainingsvoraussetzung: 10 km: 52:00 Min. oder **Marathon:** 4:00 h
la. DL in 6:10 min/km, **lo. DL** in 5:50 min/km, **Intervalle:** 1000 m in 4:26 min, 400 m in 1:38 min

Marathon Trainingsplan
Zielzeit 3:30 Stunden

Woche	Tag	Training
1. Woche:	Mo	10 km lockerer DL
	Di	10 x 400 m schneller DL
	Mi	Ruhetag
	Do	12 km lockerer DL
	Fr	Ruhetag
	Sa	10 km schneller DL
Summe: 55 km	So	15 km langsamer DL
2. Woche:	Mo	Ruhetag
	Di	8 km lockerer DL
	Mi	10 x 1000 m schneller DL
	Do	10 km langsamer DL
	Fr	Ruhetag
	Sa	10 km Wettkampf
Summe: 56 km	So	10 km langsamer DL
3. Woche:	Mo	Ruhetag
	Di	12 km langsamer DL
	Mi	12 km lockerer DL
	Do	Ruhetag
	Fr	1-2-3-2-1-Fahrtspiel
	Sa	10 km langsamer DL
Summe: 57 km	So	25 km langsamer DL
4. Woche:	Mo	Ruhetag
	Di	10 km lockerer DL
	Mi	10 x 400 m schneller DL
	Do	Ruhetag
	Fr	Ruhetag
	Sa	10 km Wettkampf
Summe: 47 km	So	10 km langsamer DL
5. Woche:	Mo	Ruhetag
	Di	10 x 700 m in 3:30
	Mi	10 km langsamer DL
	Do	10 km lockerer DL
	Fr	15 x 700 m in 3:30
	Sa	Ruhetag
Summe: 72 km	So	30 km langsamer DL
6. Woche:	Mo	Ruhetag
	Di	8 km lockerer DL
	Mi	12 km Marathon Renntempo
	Do	10 km langsamer DL
	Fr	10 x 1000 m schneller DL
	Sa	Ruhetag
Summe: 82 km	So	32 km lockerer DL
7. Woche:	Mo	Ruhetag
	Di	15 km langsamer DL
	Mi	10 x 1000 m schneller DL
	Do	Ruhetag
	Fr	10 km langsamer DL
	Sa	Ruhetag
Summe: 61 km	So	Halbmarath. Wettk. in 1:40
8. Woche:	Mo	10 km langsamer DL
	Di	Ruhetag
	Mi	Ruhetag
	Do	10 km lockerer DL
	Fr	Ruhetag
	Sa	Ruhetag
Summe: 55 km	So	35 km langsamer DL
9. Woche:	Mo	Ruhetag
	Di	10 km lockerer DL
	Mi	12 km Marathon Renntempo
	Do	10 km langsamer DL
	Fr	Ruhetag
	Sa	12 km lockerer DL
Summe: 74 km	So	35 km langsamer DL
10. Woche:	Mo	Ruhetag
	Di	1-2-3-2-1-Fahrtspiel
	Mi	10 km lockerer DL
	Do	12 km langsamer DL
	Fr	Ruhetag
	Sa	10 km Wettk. in 45:00 Min.
Summe: 63 km	So	10 km langsamer DL
11. Woche:	Mo	Ruhetag
	Di	10 km langsamer DL
	Mi	10 x 1000 m schneller DL
	Do	Ruhetag
	Fr	12 km langsamer DL
	Sa	Ruhetag
Summe: 46 km	So	8 km lockerer DL
12. Woche:	Mo	Ruhetag
	Di	6 km Marathon Renntempo
	Mi	Ruhetag
	Do	6 km lockerer DL
	Fr	Ruhetag
	Sa	6 km langsamer DL
Summe: 60 km	So	Marathon Wettk. in 3:29 h

Trainingsziele: 10 km: 45:00 min, **Halbmarathon:** 1:40 h, **Marathonrenntempo:** 4:55 min/km
Trainingsvoraussetzung: 10 km: 49:00 Min. oder **Marathon:** 3:45 h
la. DL in 5:50 min/km, **lo. DL** in 5:30 min/km, **Intervalle:** 1000 m in 4:04 min, 400 m in 1:30 min

Marathon Trainingsplan
Zielzeit 3:15 Stunden

Woche	Tag	Training
1. Woche:	Mo	10 km langsamer DL
	Di	10 km lockerer DL
	Mi	Ruhetag
	Do	10 x 1000 m schneller DL
	Fr	10 km langsamer DL
	Sa	Ruhetag
Summe: 69 km	So	25 km langsamer DL
2. Woche:	Mo	Ruhetag
	Di	12 km lockerer DL
	Mi	10 x 400 m schneller DL
	Do	15 km langsamer DL
	Fr	Ruhetag
	Sa	10 km Wettkampf
Summe: 65 km	So	10 km langsamer DL
3. Woche:	Mo	Ruhetag
	Di	10 x 700 m in 3:15 Min
	Mi	12 km langsamer DL
	Do	Ruhetag
	Fr	1-2-3-2-1-Fahrtspiel
	Sa	10 km lockerer DL
Summe: 81 km	So	35 km langsamer DL
4. Woche:	Mo	Ruhetag
	Di	12 km lockerer DL
	Mi	10 x 1000 m schneller DL
	Do	Ruhetag
	Fr	Ruhetag
	Sa	10 km Wettkampf
Summe: 50 km	So	10 km langsamer DL
5. Woche:	Mo	Ruhetag
	Di	10 km lockerer DL
	Mi	12 km langsamer DL
	Do	10 km lockerer DL
	Fr	15 x 700 m in 3:15 Min
	Sa	Ruhetag
Summe: 78 km	So	35 km langsamer DL
6. Woche:	Mo	Ruhetag
	Di	12 km lockerer DL
	Mi	12 km Marathon Renntempo
	Do	12 km langsamer DL
	Fr	10 x 1000 m schneller DL
	Sa	Ruhetag
Summe: 89 km	So	35 km lockerer DL

Woche	Tag	Training
7. Woche:	Mo	Ruhetag
	Di	15 km langsamer DL
	Mi	10 x 1000 m schneller DL
	Do	Ruhetag
	Fr	12 km langsamer DL
	Sa	Ruhetag
Summe: 66 km	So	Halbmarath. Wettk. in 1:32 h
8. Woche:	Mo	10 km langsamer DL
	Di	Ruhetag
	Mi	Ruhetag
	Do	12 km lockerer DL
	Fr	Ruhetag
	Sa	Ruhetag
Summe: 61 km	So	35 km langsamer DL
9. Woche:	Mo	Ruhetag
	Di	15 km lockerer DL
	Mi	12 km Marathon Renntempo
	Do	15 km langsamer DL
	Fr	Ruhetag
	Sa	12 km lockerer DL
Summe: 82 km	So	35 km langsamer DL
10. Woche:	Mo	Ruhetag
	Di	1-2-3-2-1-Fahrtspiel
	Mi	15 km lockerer DL
	Do	12 km langsamer DL
	Fr	Ruhetag
	Sa	10 km Wettk. in 41:44 Min.
Summe: 68 km	So	10 km langsamer DL
11. Woche:	Mo	Ruhetag
	Di	12 km langsamer DL
	Mi	10 x 1000 m schneller DL
	Do	Ruhetag
	Fr	12 km langsamer DL
	Sa	Ruhetag
Summe: 51 km	So	10 km lockerer DL
12. Woche:	Mo	Ruhetag
	Di	6 km Marathon Renntempo
	Mi	Ruhetag
	Do	6 km lockerer DL
	Fr	Ruhetag
	Sa	6 km langsamer DL
Summe: 60 km	So	Marathon Wettk. in 3:13 h

Trainingsziele: 10 km: 41:44 min, **Halbmarathon:** 1:32:50 h, **Marathonrenntempo:** 4:35 min/km
Trainingsvoraussetzung: 10 km: 44:00 Min. oder **Marathon:** 3:30 h
la. DL in 5:25 min/km, **lo. DL** in 5:00 min/km, **Intervalle:** 1000 m in 3:47 min, 400 m in 1:24 min

Marathon Trainingsplan
Zielzeit 3:00 Stunden

Woche	Tag	Training
1. Woche:	Mo	15 km ruhiger DL
	Di	12 km lockerer DL
	Mi	10 km ruhiger DL
	Do	10 x 1000 m schneller DL
	Fr	10 km ruhiger DL
	Sa	Ruhetag
Summe: 90 km	So	35 km langsamer DL
2. Woche:	Mo	12 km ruhiger DL
	Di	15 km lockerer DL
	Mi	1-2-3-2-1-Fahrtspiel
	Do	12 km ruhiger DL
	Fr	Ruhetag
	Sa	10 km Wettkampf
Summe: 80 km	So	10 km langsamer DL
3. Woche:	Mo	Ruhetag
	Di	20 km ruhiger DL
	Mi	15 km lockerer DL
	Do	Ruhetag
	Fr	10 x 400 m schneller DL
	Sa	12 km ruhiger DL
Summe: 90 km	So	35 km la. DL, 2. H. schneller
4. Woche:	Mo	Ruhetag
	Di	15 km lockerer DL
	Mi	10 x 700 m in 3:00 Min
	Do	20 km ruhiger DL
	Fr	Ruhetag
	Sa	10 km Wettkampf
Summe: 80 km	So	15 km langsamer DL
5. Woche:	Mo	Ruhetag
	Di	10 x 400 m schneller DL
	Mi	12 km ruhiger DL
	Do	Ruhetag
	Fr	10 km Marathon Renntempo
	Sa	15 km ruhiger DL
Summe: 93 km	So	35 km la. DL, 2. H. schneller
6. Woche:	Mo	Ruhetag
	Di	15 km lockerer DL
	Mi	10 x 1000 m schneller DL
	Do	12 km ruhiger DL
	Fr	15 km lockerer DL
	Sa	Ruhetag
Summe: 83 km	So	Halbmarathon Wettkampf
7. Woche:	Mo	12 km langsamer DL
	Di	Ruhetag
	Mi	10 x 400 m schneller DL
	Do	Ruhetag
	Fr	Ruhetag
	Sa	Ruhetag
Summe: 58 km	So	35 km DL, 2. H. im MRT
8. Woche:	Mo	10 km lockerer DL
	Di	10 x 1000 m Berglf., schn. DL
	Mi	12 km lockerer DL
	Do	12 km Marathon Renntempo
	Fr	12 km ruhiger DL
	Sa	Ruhetag
Summe: 85 km	So	Halbmarath. Wettk. in 1:25 h
9. Woche:	Mo	15 km langsamer DL
	Di	Ruhetag
	Mi	5 x 2000 m schneller DL
	Do	10 km lockerer DL
	Fr	12 km lockerer DL
	Sa	Ruhetag
Summe: 94 km	So	35 km DL, 2. H. im MRT
10. Woche:	Mo	10 km ruhiger DL
	Di	12 x 400 m schneller DL
	Mi	12 km lockerer DL
	Do	1-2-3-2-1-Fahrtspiel
	Fr	Ruhetag
	Sa	10 km Wettk. in 38:30 Min.
Summe: 72 km	So	10 km langsamer DL
11. Woche:	Mo	Ruhetag
	Di	10 km lockerer DL
	Mi	1-2-3-2-1-Fahrtspiel
	Do	Ruhetag
	Fr	12 km ruhiger DL
	Sa	Ruhetag
Summe: 45 km	So	9 km lockerer DL
12. Woche:	Mo	Ruhetag
	Di	6 km lockerer DL, 5 x 100 m
	Mi	6 km Marathon Renntempo
	Do	Ruhetag
	Fr	Ruhetag
	Sa	4 km lockerer DL, 5 x 100 m
Summe: 55 km	So	Marathon Wettk. in 2:59 h

Langer Lauf 35 km: die erste Hälfte im la. DL, die zweite Hälfte schneller (80% HFmax), ab 7. Woche im MRT
Trainingsziele: 10 km: 38:30 min, **Halbmarathon:** 1:25 h, **Marathonrenntempo:** 4:13 min/km
Trainingsvoraussetzung: 10 km: 41:30 Min. oder **Marathon:** 3:15 h
la. DL in 5:00 min/km, **lo. DL** in 4:40 min/km, **Intervalle:** 1000 m in 3:30 min, 400 m in 1:18 min

Trainingsplan für einen Ultra-Marathon 100 km

Zielzeithochrechung: Marathonzeit x 3,0 minus die Minuten unter der 3-h-Zeit

Marathon-Niveau 4:00 h, 100-km-Zielzeit 12:00h

1. Woche:			2. Woche:		
	Mo	10 km ruhiger DL		Mo	Ruhetag
	Di	12 km Marathon Renntempo		Di	30 km langsamer DL
	Mi	Ruhetag		Mi	1-2-3-2-1-Fahrtspiel
	Do	12 km ruhiger DL		Do	12 km ruhiger DL
	Fr	10 km lockerer DL, 10 x 100		Fr	Ruhetag
	Sa	Ruhetag		Sa	12 km lockerer DL
Summe: 90 km	So	35 km langsamer DL	Summe: 115 km	So	50 km langsamer DL

Übungen über mindestens 8 Wochen wiederholen

Marathon-Niveau 3:30 h, 100-km-Zielzeit 10:30 h

1. Woche:			2. Woche:		
	Mo	15 km ruhiger DL		Mo	Ruhetag
	Di	12 km Marathon Renntempo		Di	35 km langsamer DL
	Mi	Ruhetag		Mi	1-2-3-2-1-Fahrtspiel
	Do	18 km ruhiger DL		Do	20 km ruhiger DL
	Fr	15 km lockerer DL, 10 x 100		Fr	Ruhetag
	Sa	Ruhetag		Sa	15 km lockerer DL
Summe: 110 km	So	40 km langsamer DL	Summe: 130 km	So	50 km langsamer DL

Übungen über mindestens 8 Wochen wiederholen

Marathon-Niveau 3:00 h, 100-km-Zielzeit 9:00 h

1. Woche:			2. Woche:		
	Mo	15 km ruhiger DL		Mo	15 km ruhiger DL
	Di	Ruhetag		Di	1-2-3-2-1-Fahrtspiel
	Mi	12 km Marathon Renntempo		Mi	45 km langsamer DL
	Do	15 km lockerer DL		Do	20 km lockerer DL
	Fr	25 km ruhiger DL		Fr	5 x 400 m, 15 km lockerer DL
	Sa	10 x 1000 m schneller DL		Sa	Ruhetag
Summe: 130 km	So	50 km langsamer DL	Summe: 155 km	So	50 km langsamer DL

Übungen über mindestens 8 Wochen wiederholen

Marathon-Niveau 2:45 h, 100-km-Zielzeit 8 h

1. Woche:			2. Woche:		
	Mo	15 km ruhiger DL		Mo	25 km ruhiger DL
	Di	Ruhetag		Di	1-2-3-2-1-Fahrtspiel
	Mi	12 km Marathon Renntempo		Mi	50 km langsamer DL
	Do	30 km lockerer DL		Do	25 km lockerer DL
	Fr	25 km ruhiger DL		Fr	5 x 400 m, 25 km lockerer DL
	Sa	10 x 2000 m schneller DL		Sa	Ruhetag
Summe: 160 km	So	50 km langsamer DL	Summe: 195 km	So	50 km langsamer DL

Übungen über mindestens 8 Wochen wiederholen

Tapering: 3 Wochen vor dem Start = Plan 1. Woche. 2 Wochen vor dem Start = Plan 1. Woche mit 50 %, kein langer Lauf, 1 Woche vor dem Start = 3 Ruhetage, kein langer Lauf, am Abend vor dem Start 5 km la. DL, 5 Steigerungen

Trainingsvoraussetzung: Marathon-Erfahrung

17. Marathon-Wettkampf

Vor dem Start

- Der Schlaf zwei Tage vor dem Marathonwettkampf ist der wichtigste.
- Für den Marathon-Wettkampf ist die zu erwartende Zielzeit, mit Bezug auf die zuletzt gelaufene Zeit im 10 km- oder Halbmarathon-Wettkampf, zu berechnen.
- Bestimmung der Wettkampf-Pulsfrequenz und der Kilometerzwischenzeiten für das Marathon-Renntempo.
- Zur Kontrolle während des Laufes eine Zwischenzielzeiten-Tabelle nach der 51/49-Regel vorbereiten und diese in einer kleinen Folie mit Sicherheitsnadel z. B. am Nummernschild befestigen.
  Die maximale und minimale Pulsfrequenz ebenfalls für das Renntempo auf die Zeittabelle schreiben.
- Am Vorabend sowie drei Tage zuvor ausschließlich Kohlenhydrate essen.
- Unterschiedliche Laufbekleidung für eine mögliche Witterungsänderung mitnehmen.
- Für die Startaufstellung eine Warmhaltefolie, Müllsack oder ein altes Hemd mitnehmen.
- Am Vortag die Startunterlagen abholen, den Start- und Zielplatz erkunden.
- Spezialgetränke, z. B. Eiweiß/Kohlenhydratgemisch, abgeben und kennzeichnen.
- Den Streckenverlauf studieren und sich ein Orientierungsgefühl verschaffen.
- Zufahrt mit öffentlichen Verkehrsmitteln vom Hotel zum Start und zurück klären.
- Laufkleidung abends zurechtlegen, die Startnummer anheften, den Champion Chip an die Schuhe binden, vier Energie-Gels an das Nummernband befestigen. Den Laufbeutel mit Duschzeug, Duschschuhe, Umziehkleidung und Handtuch vorbereiten.
- Abends nicht zu viel essen, nur eine normale Portion, viel Wasser trinken.
- Vier Stunden vor dem Lauf aufstehen.
- Empfindliche Stellen gegen Reibung schützen: Brustwarzen mit Pflaster abkleben, Achseln und Oberseite der Innenschenkel mit Vaseline einreiben.
- Drei Sunden vor dem Start ein leichtes Frühstück (Kohlenhydrate) einnehmen (keinesfalls Müsli), z. B. Weißbrot mit Honig, Wasser (wenig Kaffee).
- Der Magen/Darm-Trakt muss vor dem Start vollständig entleert sein.
- Die Laufschuhe mit doppelten Knoten schnüren.
- Keine neuen Laufschuhe oder neue Socken verwenden.
- Mindestens eine Stunde vor der Startzeit vor Ort sein.
- Einen guten Startplatz suchen, wo sich Läufer mit der eigenen Zielzeit befinden.
- Bei der Startaufstellung ein Kohlenhydrat-Gel zu sich nehmen.

Während des Marathon-Wettkampfs

- Nicht zu schnell loslaufen, nach einem Kilometer die Laufzeit prüfen und gegebenenfalls die Geschwindigkeit anpassen.
- Von Beginn an regelmäßig trinken. Im Laufen alle fünf km mindestens einen Becher Wasser zu sich nehmen. Trinktechnik: Kopf nach hinten, Becher kippen wie beim Gurgeln, das Wasser in einem Schluck trinken, so dass keine Luft geschluckt wird.
- Alle 30 Minuten ein Kohlenhydrat-Energie-Gel oder Bananen zu sich nehmen.
- Die 51/49-Regel beachten und den ersten Halbmarathon ca. zwei Minuten langsamer laufen als die zweite Hälfte.

- Die Schwierigkeit des Marathons beginnt erst ab Kilometer 32!!!!
- Die Motivationsstrategie in Etappen:

Bis km 32 jede Zwischenzeit pro km messen und die Planzeit konstant einhalten, durchbeißen.

Nach km 32 einen starken Vordermann aussuchen und an dem bis km 39 dran bleiben. Ab km 38 ist alles nur noch Kopf-Sache: d. h. beißen, beißen, beißen.

Bei km 39 wird der Vordermann überholt und ein neuer Läufer in 300 Meter Abstand zum neuen Überholziel gewählt. Dieser wird dann noch vor km 41 überholt. Danach Endspurt bis ins Ziel und mit einem strahlenden Lächeln durchs Ziel laufen.

- Nach dem Zieleinlauf unbedingt zehn Minuten sehr langsam auslaufen, auch wenn's weh tut. Das Auslaufen baut das Laktat ab und vermindert die Wadenschmerzen erheblich.

Marathon-Pasta-Party

BEST BUY
ACADEMY
ACADEMY

ACADEMY

Warten auf den Marathon-Start

Marathon-Start

Nach dem Marathon-Start, I believe I can fly ...

Leichter Anstieg

Jetzt kommen wir

OLYMPUS
UTE
OLYMPUS
F646
7221

Verpflegungsstation

Et läääuft, et läääuft

Aufgelockert

Trotz km 38 den Spaß nicht vergessen ...

Spaß für die Zuschauer

Wir schaffen das …

Gemeinsamkeiten

Durchhalten …

Das Spitzenfeld ...

Die schnellste Frau wird »gezogen« ...

Gleichschritt

Isostar

Marathon-Woman

Der Weg ist das Ziel

Zwei Kilometer vor seinem Marathon-Sieg, Julio Rey in Hamburg 2005

Zwei Meilen vor ihrem Marathon-Sieg, Paula Radcliffe in New York 2004

Jeder Marathon-Finisher ist ein Sieger

Zieleinlauf ...

Christians erstes Marathon-Finish …

Zieleinlauf-Freude ...

Abkühlung

Sieger, Berlin-Marathon 2004: Felix Limo, Kenia, 2:06:44 h

Siegerin, Berlin-Marathon 2004: Yoko Shibui, Japan, 2:19:41 h

Alles gegeben …

Geschafft, über die Ziellinie …

Nach dem Marathon

- Am Tag nach dem Marathon sollte ein langsamer Lauf über mindestens 45 Minuten Dauer absolviert werden, damit sich das Laktat in der Muskulatur abbauen kann.
- Ausgiebiges Stretching, morgens und abends über mindestens je 15 Minuten Dauer.
- Eine ausgewogene Ernährung ist nun besonders wichtig, um die beim Marathonlauf verlorenen Mineralien und Spurenelemente zurückzuführen. Vitamin E, Kalzium und Magnesium sowie Jodsalz und Eiweiß verkürzen die Regenerationszeit.
- Es besteht nun für mehrere Tage aufgrund der entleerten Energiespeicher ein Heißhungergefühl. Übermäßiges Essen führt jedoch dazu, dass sich die Fettzellen mit einem Superkompensationseffekt sofort wieder füllen. Daher ist nach dem Marathonlauf eine besondere Disziplin beim Essen notwendig, um einen »Schwamm-Effekt« zu vermeiden.
- Sauna oder ein Thermalbad wirken nun besonders entspannend für die Muskulatur.
- Regeneration in der ersten Woche mit vier Ruhetagen, ansonsten eine Stunde langsamer DL. In der zweiten Woche drei Ruhetage, sonst langsamer DL eine Stunde mit Fahrtspiel.
- Die persönliche 10-km-Bestzeit kann genau zwei Wochen nach dem Marathon erreicht werden. Zu diesem Zeitpunkt hat sich normalerweise die Muskulatur durch Superkompensation zur Höchstleistung regeneriert.
- Ein zweiter Marathon kann normalerweise nach vier Wochen Regenerationszeit gelaufen werden. Durch Superkompensation und Erfahrungsgewinn kann dabei oftmals eine geringe Zeitverbesserung erreicht werden.

Trainingsprogramm nach dem Marathon:
Es besteht die Möglichkeit, zwei Wochen nach dem Marathon einen 10-km-Wettkampf und vier Wochen später einen zweiten Marathon zu laufen, aufgrund des Superkompensationseffektes mit jeweiliger neuer Bestzeit. So ist es möglich, im Frühjahr und im Herbst jeweils zwei Marathons erfolgreich zu realisieren, also vier Marathons pro Jahr. Die eingebrachte Zeit für den Trainingsaufwand kann so mit mehreren Wettkampferlebnissen belohnt werden.

12. Woche:	So	1. Marathon-Wettkampf

13. Woche:	Mo	8 km langsamer DL
	Di	Ruhetag
	Mi	Ruhetag
	Do	10 km langsamer DL
	Fr	Ruhetag
	Sa	10 km lockerer DL
Summe: 28 km	So	Ruhetag

14. Woche:	Mo	12 km langsamer DL
	Di	Ruhetag
	Mi	1-2-3-2-1-Fahrtspiel
	Do	Ruhetag
	Fr	12 km lockerer DL
	Sa	Ruhetag
Summe: 46 km	So	10 km Wettkampf

15. Woche:	Mo	8 km langsamer DL
	Di	Ruhetag
	Mi	10 km langsamer DL
	Do	1-2-3-2-1-Fahrtspiel
	Fr	Ruhetag
	Sa	25 km langsamer DL
Summe: 58 km	So	Ruhetag

16. Woche:	Mo	12 km lockerer DL
	Di	Ruhetag
	Mi	6 km Marathon Renntempo
	Do	Ruhetag
	Fr	Ruhetag
	Sa	4 km langsamer DL
Summe: 68 km	So	2. Marathon-Wettkampf

Meine Erfahrungen und Fehler bei Marathon-Wettkämpfen

Aus Fehlern von anderen zu lernen ist die beste Art, selbst Fehler zu vermeiden.

Schnürsenkel gingen auf und zu lange Fußnägel
Bei meinem ersten Marathon 1997 in Karlsruhe startete ich mit nur drei Monaten Vorbereitung, nach 30 Jahren Nicht-Läufer-Sein. Ich wusste nicht, dass man die Laufschuhe mit einem Doppelknoten bindet, so dass mir der rechte Schuh nach km 5 aufging und mich fast zu Sturz brachte. Meine Zehennägel waren zu lang, so dass ich durch die enorme Belastung so viel Druck auf das Nagelbett bekam, dass sich beide Zehennägel einige Tage später lösten, von Blasen ganz zu schweigen. Immerhin konnte ich mit 3:14 h finishen, womit ich als Laufanfänger sehr zufrieden war. Der Beweis war deutlich erbracht, dass ein Laufanfänger mit nur drei Monaten Training (39 Jahre/79 kg/180 cm) einen Marathon unter 4 h finishen kann.

Zu kurze Regenerationszeit/falsche Startgruppe
Da ich drei Monate lang trainierte, wollte ich als Preis dafür mindestens drei Marathon-Läufe erleben. Den zweiten Marathon lief ich 14 Tage nach dem ersten am 5.10.97. Es war der berühmte erste Köln-Marathon.

Da ich zum Zeitpunkt der Anmeldung noch keinen Marathon gelaufen war, wurde ich in das hinterste Feld zu den 5-h-Läufern zugeordnet. Nun hatte ich enorme Probleme, in dem dichten Feld von 10 000 Läufern in meine Läufergruppe 3:10 h vorzudringen und den Rhythmus zu finden. Es ist sehr wichtig, von Anfang an in der richtigen Läufergruppe zu sein, um seinen Laufschritt schnell finden zu können. Das Überholen und Ausweichen im Zick-Zack-Lauf und »Aus-dem-Tritt-kommen« kostete zusätzlich Kräfte. Erst nach acht km hatte ich dann mein Feld erreicht. Ab km 15 machte sich bei mir die zu kurze Regenerationszeit bemerkbar, so dass ich zunehmend einbrach. Ab km 30 ging es dann nur noch mit Gehpausen weiter. Es war eine Höllenqual, die Ziellinie zu erreichen, was mir aber dann nach 3:25 h doch noch erfolgreich gelang. Dies war selbst nach über 20 Marathon-Läufen unter 3 h Finish-Zeit mein schwerstes und quälendstes Marathon-Erlebnis.

Mit nur drei Wochen Regenerationszeit zum nächsten Marathon
Zum dritten Marathon innerhalb von sechs Wochen, mit nur drei Wochen Regenerationszeit zum vorangegangenen Kölner-Marathon, bin ich dann in Frankfurt am 26.10.97 angetreten. Meine beiden Marathon-Erfahrungen konnte ich nun bestens einsetzen und einen problemlosen, kontinuierlichen Lauf vor dem sportlichsten Publikum, das ich je erlebt habe, absolvieren und in 3:10 h finishen. Ein Beweis dafür, dass es möglich ist, einen zweiten Marathon bei gleichzeitiger Verbesserung der Laufzeit um ca. fünf Minuten in drei bis vier Wochen Abstand zu laufen.

In einer Saison die Marathonbestzeit um 15 Minuten verbessern
Mit einem um 15 Minuten schnelleren drei Monats-Trainingsplan gegenüber der letzten Leistung und der Zielzeit von 3:00 h begann ich im Januar 98 erneut zu trainieren, um am 19.04.98 in Hamburg meinen vierten Marathon zu laufen. Alles lief nach Plan, ich finishte erstmals unter 3 Stunden in 2:57:31 h und durchbrach damit die Schallmauer der Hobby-Marathonis. Damit war bewiesen, dass es möglich ist, innerhalb eines Jahres vom Nicht-Läufer zum Marathon-Finisher unter 3 Stunden zu werden. Weiterhin war bewiesen, dass innerhalb einer Saison eine weitere Leistungsverbesserung von 15 Minuten erzielt werden kann.

Unterkühlung im Startbereich
Im November 98 startete ich bei dem legendären New York-Marathon, den jeder Marathoni einmal im Leben laufen sollte. Dabei werden die Läufer drei Stunden vor dem Start seitlich der Verrazano Narrow Brücke in Wartebereiche geführt, Männer und Frauen getrennt. Danach musste zwei Stunden gewartet werden, bis die Startaufstellung erfolgte, mit einer weiteren Stunde Wartezeit bis zum Start. In der Kälte eines Herbstmorgens verbrachten 30 000 Läufer so drei Stunden im Stehen mit Warten auf den Start. Dabei hatte ich mich ziemlich unterkühlt, da ich keine ausreichende Warmhalte-Wegwerfkleidung bei mir hatte. Es empfiehlt sich daher, bei kühler Witterung für die Marathon-Startaufstellung eine Plastikfolie über den Körper zu wickeln oder alte Kleidungsstücke über der Laufbekleidung zu tragen, die beim Start dann einfach abgeworfen werden. Die weggeworfenen Kleidungsstücke werden von der Organisation dankbar aufgenommen und an Bedürftige weitergeleitet.

Einseitige und ungewohnte körperliche Belastungen vor dem Marathon
Ausgehend von einer Marathonzeit von 2:57 h trainierte ich drei Monate lang auf eine neue Bestzeit

von 2:45 h, die ich im April 99 in Hamburg realisieren wollte. Leider war eine Woche vor dem Start die Hannover Messe, bei der ich als Verkaufsleiter sieben Tage lang einen Messe-Standdienst hatte und somit 10 Stunden am Tag auf den Beinen stand. Abends nach Messeschluss lief ich vor dem Abendessen mit schweren Beinen ca. eine Stunde Dauerlauf mit fünf Steigerungen, ohne dabei erhebliche Veränderungen oder Probleme gespürt zu haben.

Vom Start an konnte ich keine ordentliche Laufgeschwindigkeit entwickeln. Mein Puls blieb bei max. 135 HF stehen, wo ich sonst bei 160 HF lief. Meine Laufgeschwindigkeit entsprach dem niedrigen Puls.

Trotz aller Anstrengung konnte ich die Pulsbelastung nicht erhöhen. Ich war völlig kraftlos, obwohl ich vor der Messe in der Form meines Lebens war. Die Ursache lag darin, dass die Beine durch das ungewohnte lange Stehen auf der Messe voller Wasser waren und die Lymphknoten geschwollen. So konnte ich keine Kraft und Energie in die Beinmuskulatur übertragen. Ich erreichte unerschöpft und frustriert nach 3:10 h das Ziel und hätte dabei 2:45 h laufen können, wenn das lange Stehen auf der Messe nicht gewesen wäre. Vor dem Marathon sind dauerhafte, einseitige, ungewohnte Belastungen zu vermeiden.

Yeahhhh ...

Marathon bei 30 °C Hitze

Im Mai 99 wollte ich in Wien mit einem 2:45-h-Trainingsniveau die vorgenommene Marathon-Zielzeit erreichen. Leider kam es zu einer für diese Jahreszeit ungewöhnlichen Hitzewelle. Um neun Uhr morgens beim Marathon-Start waren es exakt 30 °C. Ich wusste, dass es keinen Sinn haben würde, zu laufen. Aber wegen der schönen Stadt und der langen Anfahrt kam ein Kneifen nicht in Frage. Schon bei km zehn war der Ofen aus. Der Leistungseinbruch nahm exponentiell zu. Bei einem Puls von über 150 HF hatte ich bei voller Leistungsabgabe beinahe die Besinnung verloren. So finishte ich in 3:21 h statt in 2:45 h. Die erste Hälfte lief ich in 1:31 h, die zweite in 1:49 h und war um eine ungewöhnliche Erfahrung reicher.

Es hat keinen Sinn, über 22 °C ein Rennen zu laufen, wenn man auf Bestzeit aus ist.

Hungereinbruch beim Ultramarathon

Um eine neue Herausforderung beim Marathon erleben zu können, startete ich Juli 2001 beim Swiss Alpin Marathon in Davos, dem 78,5-km-Ultra-Bergmarathon.

Ich ging davon aus, dass die auf der Laufstrecke gereichte Verpflegung ausreichen würde, um genügend Energie für die Bewältigung der Laufstrecke zu haben. Leider wurde ich eines Besseren belehrt, da die von mir verzehrten Bananen nicht ausreichend und schnell genug vom Körper als Energie aufbereitet wurden. So erlitt ich bei km 48 kurz vor dem Alpin-Anstieg einen totalen Energieeinbruch, so dass ich nicht mehr weiter laufen konnte. Ein Streckenposten hatte Mitleid und gab mir eines seiner eigenen Energieriegel-Konzentrate. Er empfahl mir, nicht aufzugeben, da ich dann 10 km zur nächsten Station zurückgehen müsste und deshalb besser weiterlaufen sollte. Nach 10 Minuten Gehen kam dann plötzlich meine Energie zurück und damit auch mein Leistungswille. Anschließend überholte ich über 200 Läufer und finishte noch mit 8:53 h im ersten Drittel.

Auch bei einem normalen Marathon empfiehlt es sich, vor dem Start und bei der Halbzeit jeweils ein flüssiges Energiekonzentrat zu sich zu nehmen. Bei Ultramarathons sollten alle 10 km ein Energiekonzentrat, Süßtee oder Cola zugeführt werden.

Das falsche Frühstück

Beim Jungfrau Marathon im September 2001 übernachtete ich auf einem Campingplatz, bei dem es leider kein Frühstück gab. Frühmorgens um sechs Uhr in Interlaken bemitleidete ich in einem Restaurant den Besitzer, der entsetzlich jammerte, weil keiner sein Müsli wollte und er dies doch extra für die Marathonläufer aufwändig zubereitet hatte.

Ich erbarmte mich und war wohl der Einzige, der dann mit Müsli im Bauch am Start war.

Schon nach einem Kilometer stand mir der Magen kurz vor der Gurgel, so dass ich überlegte, den Finger in den Hals zu stecken und zwei Minuten zu verlieren oder in diesem Zustand weiterzulaufen. Ich entschied mich fürs Weiterlaufen. Dieses drückende Gefühl, kurz vor dem Erbrechen zu sein, hielt bis km 21 an (Durchgangszeit 1:22 h). Kurz vor dem Berganstieg war dann das Müsli zum Glück verdaut.

Man sollte vor dem Marathon nur ein sehr leicht verdauliches Frühstück mindestens drei Stunden vor dem Start zu sich nehmen.

Streckeneinteilung in Miles statt Kilometer

Für den London-Marathon im April 2002 war ich wieder auf 2:45 h Zielzeit trainiert. Sorgsam hatte ich wie immer eine Laufzeittabelle mit Zwischenzeiten für jeden Kilometer vorbereitet, die ich unter der Startnummer befestigte.

Leider waren die Entfernungsschilder in London nur in Miles gesteckt, ohne Kilometer-Markierung. Ich hatte erwartet, dass, wenn die New Yorker schon beide Entfernungsangaben markierten, die Engländer als Europäer das doch selbstverständlich auch tun würden. Dass dies nicht so war, merkte ich leider erst nach dem Start, so dass mir nichts anderes übrig blieb, als ohne Zwischenzeitkontrolle nach dem Puls zu laufen. Dies funktionierte zunächst wunderbar, beim Halbmarathon war ich bei 1:21 h damit zu schnell, aber ich fühlte mich prächtig.

Leider vergaß ich, dass sich der Puls nach dem Halbmarathon durch die Stoffwechselumstellung bei gleichem Tempo erhöht. Mit Beibehalten der Pulsfrequenz wurde ich dann in der zweiten Hälfte langsamer, ohne dies zu bemerken. So erreichte ich ziemlich ausgeruht das Ziel in 2:52 h. Auch die zu schnelle 1. Hälfte kostete mich 2 Minuten der Endzeit. Es ist daher wichtig, sich bei Auslands-Marathons vorher zu informieren, wie und ob überhaupt die Entfernungsmarkierungen angezeigt werden.

Wertsachen in der Umkleidekabine

Beim Halbmarathon in Schweinfurt am 10.5.2002 ließ ich meinen Geldbeutel in der Umkleidekabine liegen. In der Sporttasche in einem Seitenfach verschlossen. Als ich von dem Lauf zurückkam, waren die Geldscheine aus dem Geldbeutel entwendet. Wie sich hinterher herausstellte, hatten sich nach dem Start mehrere Täter, mit Sportanzügen verkleidet, unbemerkt in die Umkleidekabine begeben und in aller Ruhe die Wertsachen an sich genommen. Danach sind sie unbemerkt verschwunden.

Meine Lehre daraus: Wertsachen bei einer Laufveranstaltung im Auto-Kofferraum aufzubewahren oder im Depot abgeben. Ansonsten war der Lauf ein Highlight, bei dem ich mit 1:19 h eine neue Bestzeit erreichte.

Mangelnde Flüssigkeitszufuhr und falsches Essens-Timing

Bei meinem ersten 100-km-Ultramarathon in Biel im Juni 2003 war der Start wie immer um 22 Uhr nachts. Es wird die ganze Nacht durchgelaufen und am anderen Tag das Ziel erreicht. Man hat dafür 22 Stunden Zeit. Abends um 17 Uhr setzte ich mich beim Italiener neben dem Hotel zu anderen Läufern und überlegte, dass ich besser einen Salat esse statt der obligatorischen Pasta. Meine Sorge war, dass es nur noch fünf Stunden bis zum Start waren und die Verdauung bis dahin vielleicht nicht erfolgt. Ich sprach meine Bedenken aus, aber alle am Tisch rieten mir, Nudeln zu essen, da die Verdauung ganz sicher rechtzeitig erfolgen würde.

Wo ist mein Kleiderbeutel?

Also habe ich eine große Portion Spagetti gegessen und legte mich anschließend ins Bett, um 2 Stunden zu schlafen. Leider erfolgte bei mir die versprochene Verdauung nicht, so dass ich mit vollem Magen am Start stand.

Abends um 22 Uhr hatte es noch 28 Grad Hitze. Ich vertraute auf die Streckenversorgung und verzichtete auf die Mitführung einer eigenen Trinkflasche. Die erste Wasserversorgung kam schon nach fünf km, die ich aber nicht in Anspruch nahm. Erst bei km 15 km kam die nächste Wasserstation. Völlig dehydriert hielt ich bei der Versorgungsstelle für fünf Minuten an, kippte mir ex eine Flasche 0,75 Liter Energiedrink und etliche Becher Wasser rein. Als ich wieder loslaufen wollte, merkte ich, dass ich nun einen Wasser-Spagettibauch hatte und kurz vor dem Erbrechen war und trotzdem immer noch Durst hatte. Also lief ich langsam weiter, wie ein Walross. Dieser Zustand hielt ca. 1,5 Stunden lang an, bis er sich wieder normalisierte.

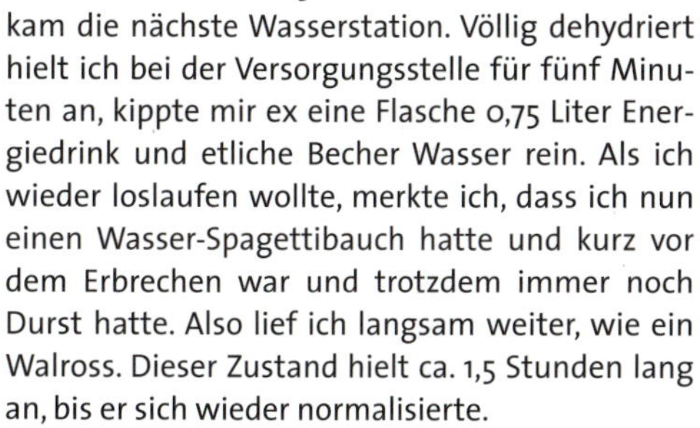

Es ist somit wichtig, üppige Mahlzeiten mindestens 12 Stunden vor dem Start letztmals zu sich zu nehmen. Wenn ein Durstgefühl eintritt, ist es schon zu spät. Man muss vorher regelmäßig und ausreichend trinken, nicht zu viel auf einmal. Für Extremsituationen sollten außergewöhnliche Vorbereitungen getroffen werden. Wenn sich die Vorsorgemaßnahme dann als nicht notwendig erweist, kann man sich ja immer noch davon trennen.

Muskelfaserriss

Im Februar 2005 erlitt ich bei einem 10-km-Wettkampf einen Muskelfaserriss im linken Oberschenkel in der kurzfasrigen FT Muskulatur. Dadurch konnte ich keine schnellen Läufe mehr in hoher Belastung bewältigen, nur noch ein langsamer Dauerlauf war möglich. Der linke Oberschenkel schmerzte bei Belastung wie durch Messerstiche, und im Ruhezustand kribbelte es, als ob Ameisen unter der Haut wären. Nach einer Ruhepause von 4 Wochen mit Nahrungsergänzung durch Eiweißkonzentrat zur Verstärkung der Zellenneubildung konnte ich dann das Training wieder fortsetzen, jedoch ohne Spitzenbelastung.

Der 10-km-Testlauf 2 Wochen vor dem Marathon Ende April zeigte eine 2 Minuten zu langsame Zeit gegenüber der Soll-Zeit, um mein Zeitziel von 2:49 h erreichen zu können. Trotzdem wollte ich es versuchen, da meine Ausdauerläufe mit Marathon-Renntempo nach der zweiten Hälfte hervorragende Resultate zeigten.

Der Marathonlauf in Mannheim verlief zunächst sehr gut, jeder Kilometer war konstant in der Durchgangszeit, auch die Pulsfrequenz lag konstant bei 155 HF und die Halbmarathonzeit ganz nach Plan in 1:25 h. Trotzdem bemerkte ich eine gewisse Überforderung ab km 12. Mein Versuch, in der zweiten Hälfte um 5 Sekunden/km schneller zu laufen, misslang. Stattdessen verlor ich zunehmend an Geschwindigkeit, der Puls ging auf 130 HF zurück, trotz maximalem Einsatz. Die Muskulatur war so überlastet und ermüdet, dass ich 20 Minuten in der zweiten Hälfte verlor und am Ende nur mit größter Mühe das Ziel in 3:09 h erreichte und um eine schlechte Erfahrung reicher war.

Die vollständige Genesung und Leistungsrückgewinnung bei einem Muskelfaserriss kann bis zu einem halben Jahr dauern. Die versäumten Spitzenbelastungen im Training können auch durch beste Ausdauerergebnisse nicht wettgemacht werden.

Nächste Seite: An den Fersen ...

Schafferer
grüßt
BIG-FISCH

18. Leistungserfassung und Analyse mit Diagrammen

Die Erfassung der Trainings- und Wettkampfergebnisse über Diagramme ermöglichen einen sehr guten Überblick über die eigene Leistungsentwicklung.

Besonders die Grundschnelligkeitsentwicklung über 400 m, 1000 m, 12 km Marathon-Renntempo sowie die km-Zwischenzeit bei Wettkämpfen lässt sich sehr gut festhalten und analysieren. Durch Schwächen und Stärken wird erkannt, auf welche persönlichen Trainingsinhalte oder auf welches Wettkampfverhalten ein besonderer Schwerpunkt gelegt werden muss, um sich zu verbessern.

Nachfolgende Diagramme stammen aus meinen Trainings- und Wettkampf-Läufen.

Trainingsergebnisse 12 km im Marathon-Renntempo

1	2	3	4	5	6	7	8	9	10	11	12	Summe
4:03	4:03	4:01	4:02	3:57	4:02	4:01	4:03	4:03	4:04	4:01	3:59	48:19:00
4:00	3:52	4:01	3:59	4:03	4:00	4:03	3:59	4:02	3:58	3:59	3:56	47:59:00
3:51	3:51	3:58	3:50	3:53	3:50	3:55	3:53	3:53	3:57	3:56	3:55	46:42:00

12 km Marathon-Renntempo

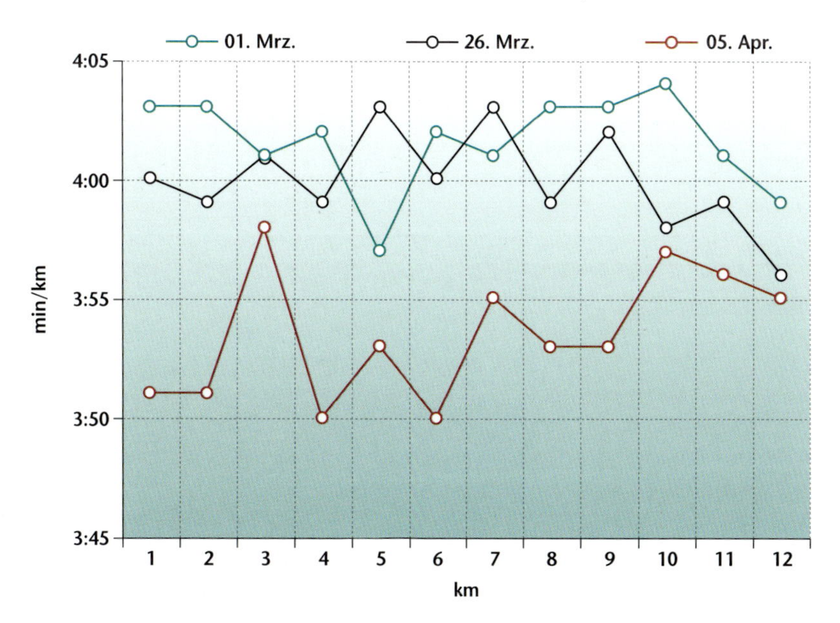

Trainingsergebnisse 10 x 400-m-Läufe

Datum	1	2	3	4	5	6	7	8	9	10	Summe
26. Jan	1:24	1:26	1:22	1:22	1:22	1:21	1:21	1:22	1:22	1:22	13:44
30. Jan	1:21	1:19	1:20	1:19	1:20	1:20	1:20	1:20	1:21	1:22	13:22
06. Feb	1:21	1:21	1:20	1:19	1:18	1:18	1:20	1:21	1:20	1:21	13:19
15. Feb	1:23	1:22	1:22	1:20	1:20	1:20	1:20	1:18	1:19	1:18	13:22
22. Feb	1:19	1:18	1:18	1:17	1:18	1:19	1:17	1:16	1:17	1:17	12:56
03. Apr	1:17	1:16	1:16	1:14	1:15	1:15	1:16	1:16	1:16	1:16	12:37

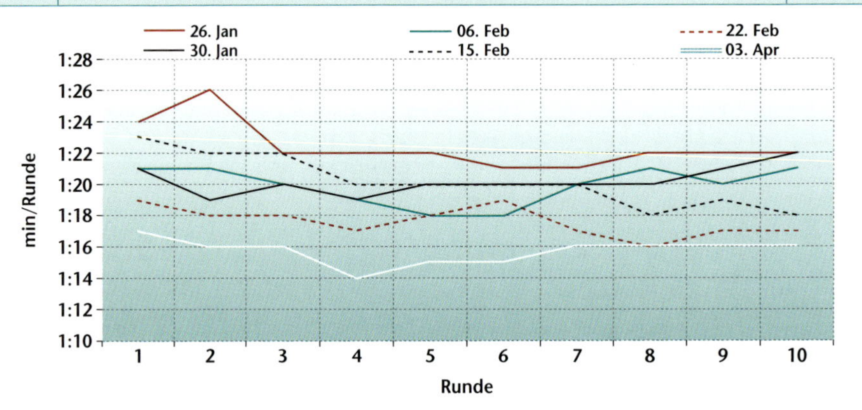

Trainingsergebnisse 10 x 1000-m-Läufe

Datum	1	2	3	4	5	6	7	8	9	10	Summe
23. Jan	3:50	3:49	3:49	3:50	3:52	3:53	3:59				
02. Feb	3:37	3:43	3:42	3:45	3:45	3:43	3:46	3:50	3:49	3:49	37:29
13. Feb	3:44	3:44	3:41	3:41	3:42	3:43	3:41	3:41	3:43	3:42	37:02
27. Feb	3:36	3:36	3:36	3:35	3:35	3:35	3:36	3:36	3:34	3:34	35:53
29. März	3:32	3:28	3:31	3:28	3:29	3:28	3:31	3:28	3:30	3:32	34:57

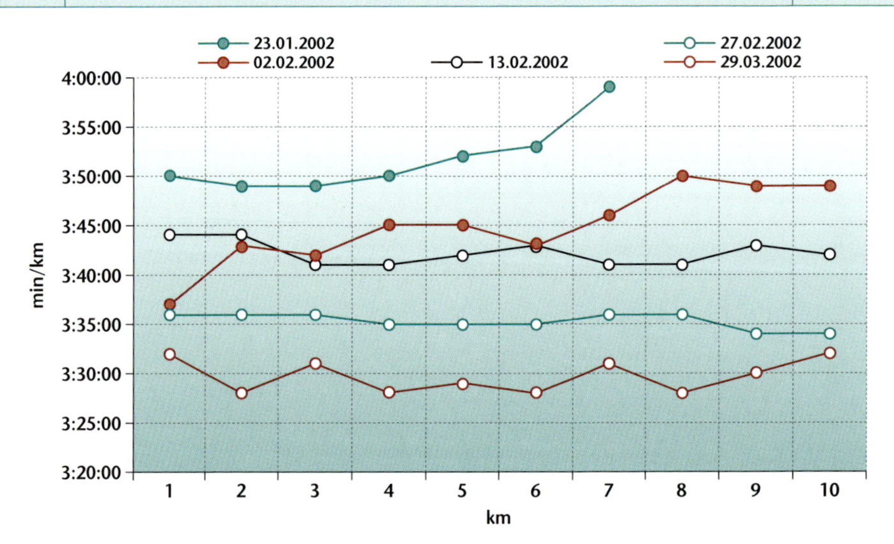

Ergebnisse 10 000-m-Wettkampf

Datum	km	1	2	3	4	5	6	7	8	9	10	Summe
9. Feb	km-Zeit	3:27	3:37	3:36	3:42	3:42	3:47	3:46	3:50	3:46	3:40	36:53
	Puls	154	161	164	164	164	164	164	165	166	175	164
1. Apr	km-Zeit	3:27	3:35	3:38	3:37	3:37	3:41	3:42	3:42	3:39	3:34	36:12

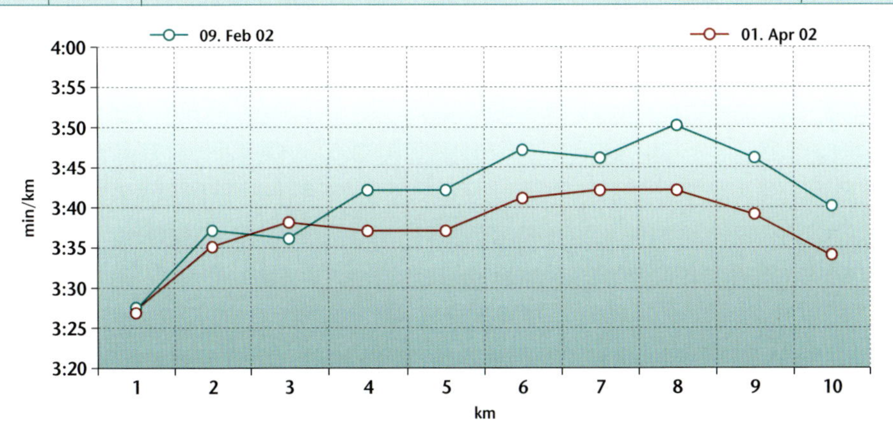

Ergebnisse Halbmarathon-Wettkampf

		1	2	3	4	5	6	7	8	9	10	11
Schweinfurt 10. 2. 02	km-Zeit	3:33	3:51	3:39	3:37	3:38	3:37	3:47	3:45	3:41	3:50	3:51
	Puls	157	151	159	161	163	162	161	163	165	161	163

	12	13	14	15	16	17	18	19	20	21,1	10 km-Zeit 1	10 km-Zeit 2	Halbmarathon
km-Zeit	3:40	3:43	4:10	3:49	3:49	3:48	3:54	3:55	3:54	4:14	36:58	38:33	1:19:45
Puls	161	159	158	160	158	153	157	158	155	161			

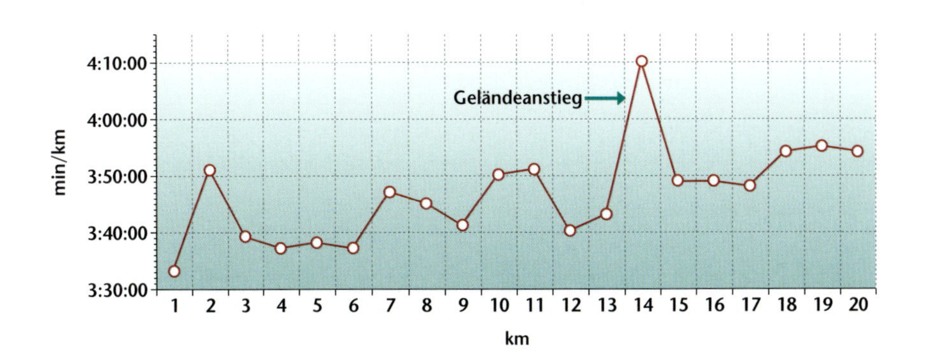

Leiden …

Marathon-Wettkampf in 2:52 h, differenziert in km/Zeit und Puls

Frankfurt 28.10.01	km-Zeit	Puls
1	3:36	168
2	3:59	160
3	3:58	158
4	3:53	158
5	3:53	152
6	3:53	152
7	3:54	152
8	3:45	152
9	3:51	151
10	3:53	152
11	3:59	150
12	3:58	150
13	3:58	149
14	3:58	148
15	3:58	151
16	3:58	154
17	3:58	154
18	3:56	160
19	3:58	154
20	3:54	152
21	4:14	150
22	4:00	162
23	3:55	159
24	3:57	159
25	3:57	157
26	4:05	159
27	3:56	157
28	4:05	160
29	4:04	161
30	3:53	156
31	4:24	154
32	4:07	157
33	4:10	161
34	4:10	159
35	4:20	155
36	4:30	151
37	4:25	154
38	4:35	152
39	4:42	152
40	4:49	152
41	4:40	158
42	4:31	160
42,195	0:56	162
Ziel	02:52:36	

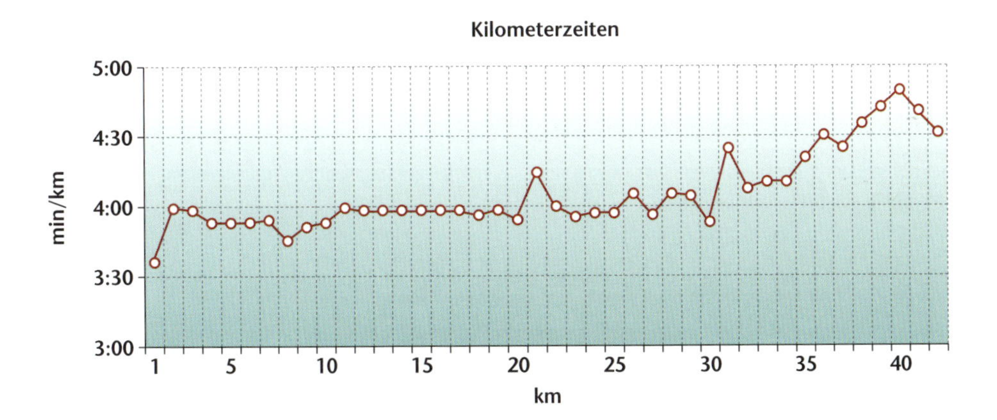

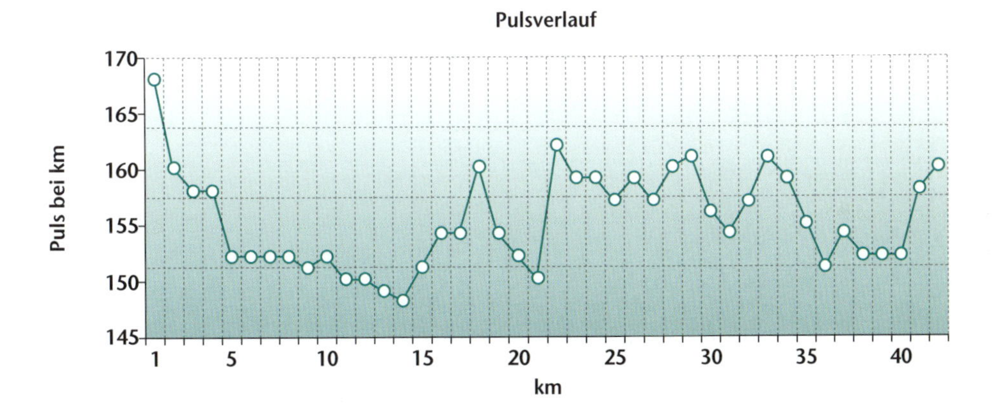

Glück und Erleichterung

Erfrischt

FREIBURG MARATHON®
4:29:31
Rothaus
298
Rothaus
2513
FREIBURG MARATHON

19. Muskulaturaufbau

Die Muskulatur hält und bewegt den ganzen Körper. Die Bewegungsabläufe werden über die Skelettmuskulatur umgesetzt. Die Muskeln sind über die Sehnen mit den Knochen verbunden.

Die Sehnen sind mit der Knochenhaut und der Muskelhülle verbunden. Die Muskeln bestehen aus vielen einzelnen Muskelfasern in der Stärke eines Haares. Diese verbinden sich durch Ketten und Schlingen zu einem Muskelbündel.

Spieler und Gegenspieler

Bewegung und Arbeit bedeuten für den Muskel, sich zu kontrahieren, also sich zusammenzuziehen. Dehnen kann sich ein einzelner Muskel aus eigener Kraft nicht, er kann nur in eine Bewegungsrichtung wirken. Deshalb wird für eine Bewegungs- oder Richtungsumkehrung ein weiterer Muskel erforderlich, der dem einzelnen Muskel entgegenwirkt, der so genannte Gegenspieler. Daraus erfolgt ein systematisches Zusammenspiel von aktiven und passiven Muskelgruppen. Man nennt diese Muskelgruppen Spieler (Agonisten) und Gegenspieler (Antagonisten).

Das Zusammenspiel einer solchen Muskelgruppe wird deutlich bei der Beugung und Streckung des Unterarms, wofür der Bizeps als Beuger und der Trizeps als Strecker verantwortlich sind.

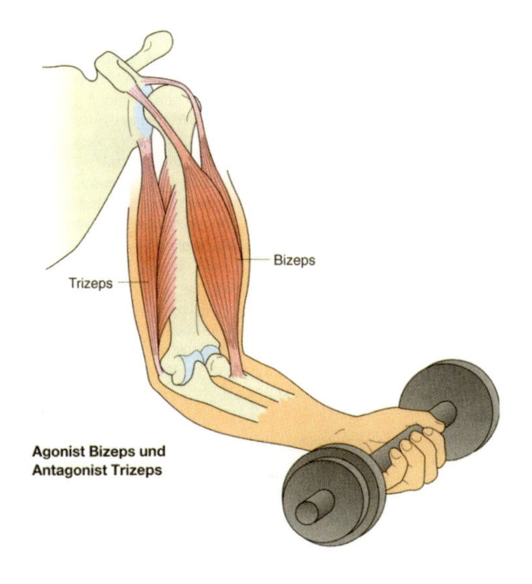

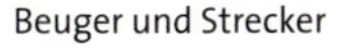
Beuger und Strecker

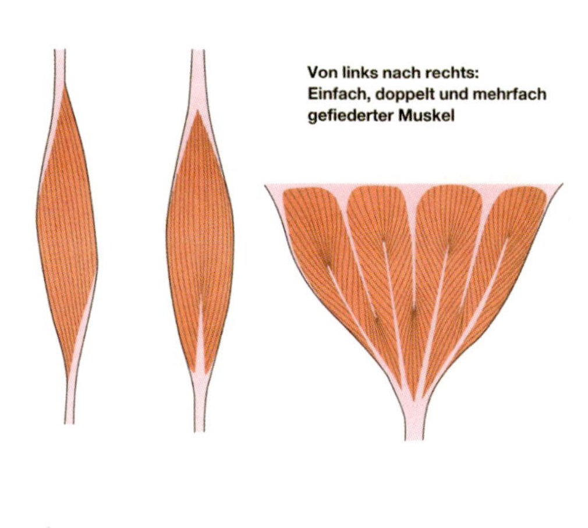

Einfach, doppelt und mehrfach gefiederter Muskel

Linke Seite: Wir haben es geschafft ...

Die Haupt-Muskelgruppen

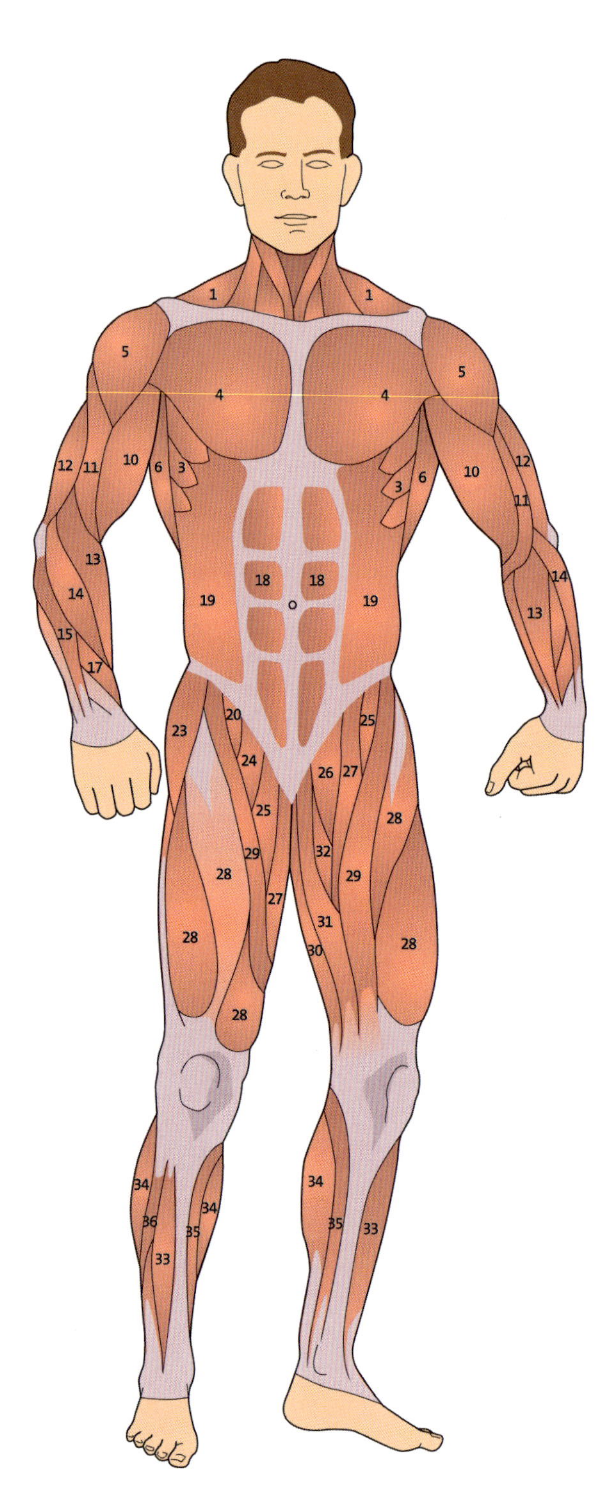

1 Kappenmuskel *(m. trapezius)*
2 Rautenmuskel *(m. rhomboideus)*
3 Vorderer Sägemuskel *(m. serratus anterior)*
4 Großer Brustmuskel *(m. pectoralis major)*
5 Deltamuskel *(m. deltoideus)*
6 Breiter Rückenmuskel *(m. latissimus dorsi)*
7 Großer Rundmuskel *(m. teres major)*
8 Kleiner Rundmuskel *(m. teres minor)*
9 Untergrätenmuskel *(m. infraspinatus)*
10 Zweiköpfiger Armmuskel *(m. biceps brachii)*
11 Armbeuger *(m. brachialis)*
12 Dreiköpfiger Armmuskel *(m. triceps brachii)*
13 Oberarmspeichenmuskel *(m. brachioradialis)*
14 Speichenhandstrecker *(m. extensor carpi radialis)*
15 Fingerstrecker *(m. extensor digitorum)*
16 Ellenhandstrecker *(m. extensor carpi ulnaris)*
17 Langer Daumenabzieher *(m. abductor policis longus)*
18 Gerader Bauchmuskel *(m. rectus abdominis)*
19 Äußerer schräger Bauchmuskel *(m. obliquus externus abdominis)*
20 Lendendarmbeinmuskel *(m. iliopsoas)*
21 Großer Gesäßmuskel *(m. glutaeus maximus)*
22 Mittlerer Gesäßmuskel *(m. glutaeus medius)*
23 Schenkelbindenspanner *(m. tensor fasciae latae)*
24 Kammmuskel *(m. pectineus)*
25 Langer Schenkelanzieher *(m. adductor longus)*
26 Großer Schenkelanzieher *(m. adductor magnus)*
27 Schlanker Muskel *(m. gracilis)*
28 Vierköpfiger Schenkelstrecker *(m. quadriceps femoris)*
29 Schneidermuskel *(m. sartorius)*
30 Zweiköpfiger Schenkelmuskel *(m. biceps femoris)*
31 Halbsehnenmuskel *(m. semitendinosus)*
32 Plattsehnenmuskel *(m. semimembranosus)*
33 Vorderer Schienbeinmuskel *(m. tibialis anterior)*
34 Zwillingswadenmuskel *(m. gastrocnemius)*
35 Schollenmuskel *(m. soleus)*
36 Langer Wadenbeinmuskel *(m. peroneus longus)*

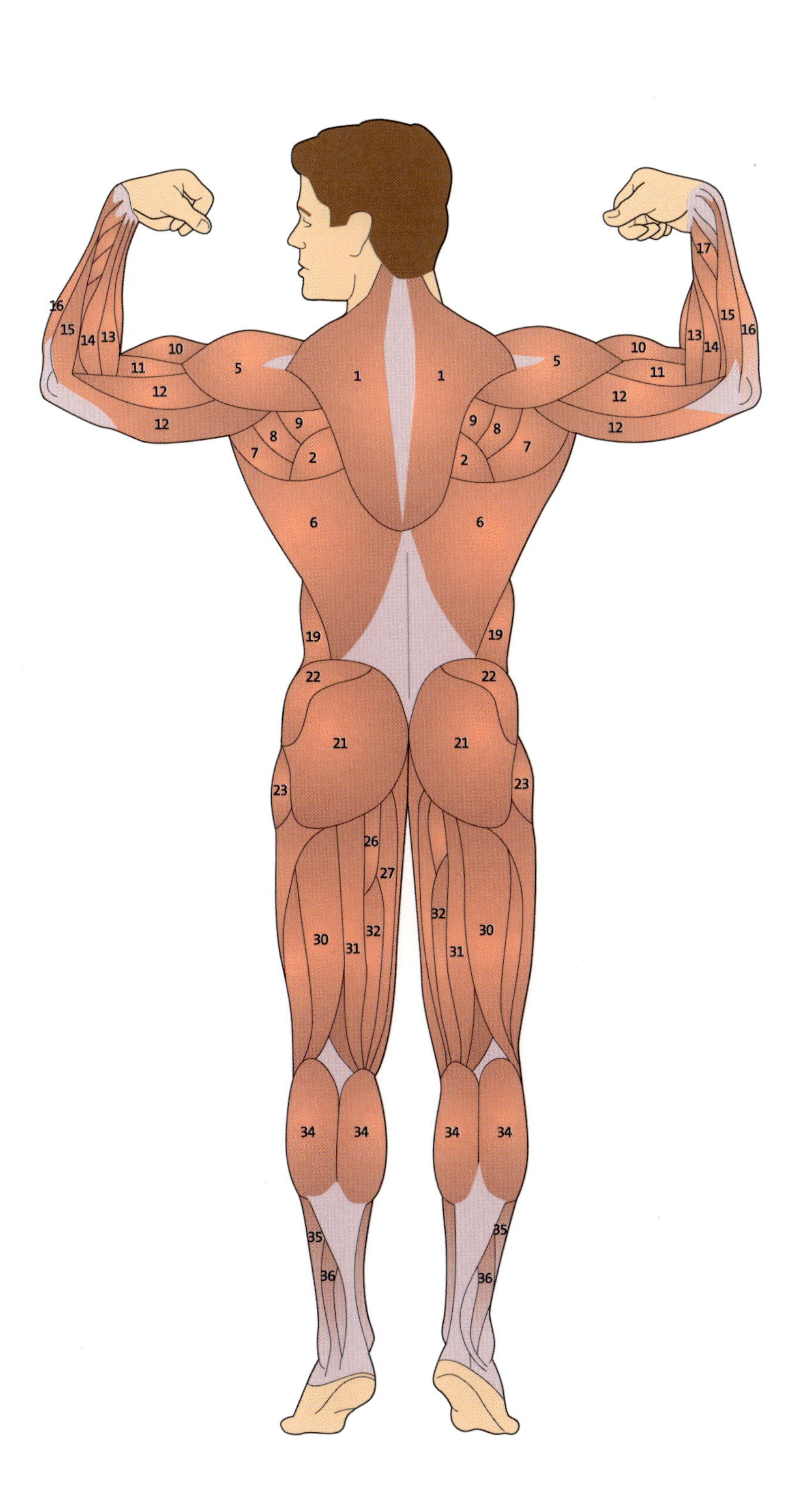
16
15
14
13
10
11
12
12
5
1
1
5
9
8
7
2
9
8
7
2
10
11
12
12
17
15
16
13
14
6
6
19
19
22
22
21
21
23
23
26
27
32
30
31
32
30
31
34
34
34
34
35
36
35
36

Muskelköpfe
Die Anzahl an selbständigen Muskelköpfen stellt ein wesentliches Unterscheidungsmerkmal der Muskelform dar.

Muskelform	Funktion
einköpfige Muskeln	z. B. Armbeugemuskel
zweiköpfige Muskeln	z. B. zweiköpfiger Armbeugemuskel
dreiköpfige Muskeln	z. B. dreiköpfiger Armstrecker
vierköpfige Muskeln	z. B. vierköpfiger Schenkelstrecker
mehrköpfige Muskeln	z. B. gerader Bauchmuskel

Die Arbeitskraft eines Muskels hängt von der Querschnittsgröße der Muskelfasern ab. Je höher die Muskelkopfzahl, desto größer ist die mögliche Kraftausübung.

Die Muskulatur wird in folgende Haupt-Funktionsgruppen eingeteilt

Beuger (Flexoren)
Strecker (Extensoren)
Dreher (Rotatoren)

Abzieher (Abduktoren)
Anzieher (Adduktoren)
Stabilisatoren (Skapula)

Wenn mehrere gleich gerichtete Muskeln an einer Bewegung beteiligt sind, spricht man von Mitspielern (Synergisten).

Jeder Muskel übt eine bestimmte Funktion aus. Bei der Bewegung des Körpers findet eine verkettete Funktion und Synchronisation vieler gleichzeitig arbeitender Muskeln statt. Jede sportliche Bewegung muss daher in der Muskelkräftigung als Ganzes betrachtet werden.

Wir unterscheiden grundsätzlich zwei Muskelfasertypen:

1. Die langsam kontrahierenden Muskelfasern ST (Slow-Twitch Fibers)
Muskeln für ausdauernde Bewegungen, auch genannt die roten Muskelfasern (tonisch)

2. Die schnell kontrahierenden Muskelfasern FT (Fast-Twitch Fibers)
Muskeln für schnelle Bewegungen, auch genannt die weißen Muskelfasern (phasisch)

Die Verteilung der schnell kontrahierenden FT-Fasern ist angeboren/erbbedingt und durch Training kaum veränderbar. Ein Mensch mit mehr ST-Fasern ist daher eher ein Ausdauerläufer, einer mit mehr FT-Fasern ein Schnellkraftsportler. Die FT Muskeln sind kurze, dicke Muskeln welche die Reaktionsschnelligkeit beeinflussen und beim Sprint entscheidend sind. FT Muskeln können durch Training in ST-Muskeln gewandelt werden, aber nicht umgekehrt. Beide Muskelgruppen wachsen unabhängig voneinander und müssen durch unterschiedliche Belastungen trainiert werden. Wenn eine der beiden Muskelfasertypen (oder beide) vernachlässigt werden, kommt es zu einem muskulären Ungleichgewicht (Dysbalance), was zu Schäden am Bewegungsablauf und der Körperhaltung führen kann. Die ST Muskelgruppe verkürzt sich – und die FT Muskelgruppe verkrümmt sich bei Unterbelastung. Unsportliche Menschen haben deshalb oft Rücken-, Nacken oder Hüftschmerzen. Eine oft vorkommende Dysbalance von Muskelgruppen ist zum Beispiel ein Hohlkreuz, das meist durch eine zu schwache Bauch- und Rückenmuskulatur verursacht wird.

Eine Dysbalance tritt z. B. bei Langstreckenläufern auf, die nur lange, langsame Läufe trainieren (über langfasrige Muskelfasern) und nicht in der Lage sind, kurze, schnelle Läufe (über kurzfasrige Muskelfasern) zu absolvieren.

Funktionsprinzip der Muskulatur
Zwischen den einzelnen Muskelfasern befinden sich kleinste Blutgefäße (Kapillare) sowie Nervenfasern und Bindegewebe. Das Bindegewebe fasst die einzelnen Fasern zu Muskelfaserbündeln zusammen, d.h. zu einem abgrenzbaren Einzelmuskel. Jeder Einzelmuskel kann durch eine elektrochemische Funktion vom Gehirn gesteuert und geregelt werden.

Jeder Muskel ist durch Nervenfasern mit dem Gehirn verbunden. Der Befehl (Impuls), einen Muskel zu bewegen, wird vom Gehirn über das Rückenmark an das Muskel Nervensystem geleitet. Die Endfasern der Muskelnerven treten mit dem Muskel über die motorischen Endplatten in Kontakt. Wenn ein Nervenimpuls diese Endverzweigungsstelle der Nervenzelle erreicht hat, setzen kleine Speicherbläschen als Transmitterstoff Acetylcholin frei. Über die Zellmembran gelangt das Acetylcholin an die Aufnahmestellen der einzelnen Muskelzellen, an die Rezeptoren.

Nachdem das Acetylcholin mit den Rezeptoren eine chemische Verbindung eingegangen ist, ändert sich für eine kurze Zeit die Durchlässigkeit der Zellmembranen für elektrisch geladene Natrium- und Kalium-Ionen. Dadurch verändern sich die elektrischen Spannungsverhältnisse innerhalb der Muskelzellen. Während dieses Vorgangs – auch Muskel-Depolarisation genannt – schieben sich kleine Eiweißfäden innerhalb der Muskelzelle wie ein Teleskop ineinander und verkürzen dadurch den gesamten Muskel.

Die Steuer- und Regelprozesse vom Gehirn erfolgen innerhalb von Mikrosekunden, mit einer Vielzahl von parallelen Impulsen über die Nervenfasern an die Muskulatur.

Energiezufuhr ...

20. Krafttraining

Kraft ist die Fähigkeit, Widerstände zu überwinden (dynamisch) und zu halten (statisch). Für den menschlichen Körper ist Kraft die Voraussetzung, Bewegungen ausführen zu können. Krafttraining bewirkt eine Massezunahme der Muskulatur durch eine Muskel-Querschnittsvergrößerung sowie eine Verbesserung der Muskel-Koordination und Durchblutung.

Die Muskulatur kann über verschiedene Formen des Krafttrainings in unterschiedlicher Weise gefördert und in Wachstum und Definition gezielt beeinflusst werden.

Bei der Durchführung von Kraftübungen kommt es darauf an, dass die Bewegungsabläufe stabil und ohne Ausweichbewegung sind. Die Wirkung des Trainings wird beeinflusst von der Belastungsübung, der Kraft-Dosierung, der Anzahl an Wiederholungen und Sätzen sowie den Pausenlänge zwischen den Übungen.

Maximalkraft

Die höchste Kraft, die das Nerven-Muskelsystem erbringen kann, wird als Maximalkraft bezeichnet. Sie wird mit hoher Belastung und wenigen Wiederholungen trainiert. Hierbei kommt es aufgrund der hohen Belastung zu keiner Muskel-Querschnittsvergrößerung.

Kraftausdauer

Die Kraftausdauer der Muskulatur ist gekennzeichnet von deren Ermüdungswiderstands- und Regenerationsfähigkeit bei lang andauernden Kraftleistungen. Sie ist die Grundlage für Muskelwachstum, vor allem bei großen Muskelgruppen.

Die Kraftausdauer wird mit erhöhter Wiederholungszahl und ca. 70 % der maximalen Belastung trainiert.

Schnellkraft

Die Schnellkraft ist die Fähigkeit des Nerven-Muskel-Systems, den Körper für kurze Zeit in maximaler Geschwindigkeit zu bewegen. Sie resultiert aus der Maximalkraft, der Ausdauerkraft, den motorischen und den koordinativen Fähigkeiten. Alle Trainingsübungen zur Verbesserung der Schnellkraft müssen stets den Bewegungen der Wettkampfdisziplin angepasst sein. Im Lauftraining wird die Schnellkraft mit ca. 30 % Zusatzbelastung trainiert: z. B. Berglauf, Sprint oder Beschleunigungen.

Muskelaufbautraining

Beim Muskelaufbautraining wird speziell der Muskelquerschnitt vergrößert. Dazu ist eine möglichst lange Reizdauer bei mittlerer Belastung und größerer Wiederholungszahl notwendig.

Die Methoden des Krafttrainings

Training	Belastung in %	Wiederholungen	Sätze	Pausen in min
Muskelaufbau	40–75 %	8–12	6–10	2–4
Maximalkraft	80–100 %	1–3	1–2	4–5
Schnellkraft	30 %	1–6	5	3–4
Ausdauer/Definition	20–50 %	20	4–10	1

Erhaltungstraining

Ein durch Training erworbenes Kraftniveau kann durch ein reduziertes, aber intensives Krafttraining über einen längeren Zeitraum gehalten werden.

Dies ist während der Wettkampfperiode wichtig, wenn das Training auf ein Minimum reduziert wird und so das in der Vorbereitungsperiode aufgebaute Kraftniveau gehalten werden kann.

Durch das Prinzip der Leistungserhaltung konnte ich z. B. einen Marathon in 2:50 h laufen mit einem Trainingsaufwand von nur 80 km/Woche, also über 20 % weniger als für den Aufbau dieses Niveaus notwendig ist, da ich dieses Leistungsniveau 6 Monate vorher erreicht hatte.

Der Zusammenhang von Kraftintensität und Umfang bei Kraftübungen

Intensität	Belastungsgewicht in %	Wiederholungszahl pro Satz	Training
maximal	100	1	explosiv
submaximal	90–99	2–3	explosiv
sehr hoch	80–89	4–6	intensiv
hoch	70–79	7–10	extensiv
mittel-hoch	60–69	11–15	extensiv
mittel	50–59	16–20	regenerativ
gering	40–49	21–30	regenerativ
sehr gering	30–39	31 und mehr	regenerativ

Kraftvoller Endspurt

Um einen Marathon erfolgreich durchstehen zu können, benötigt der Athlet ein ganzheitliches Körpertraining.

Nicht nur die Beinmuskulatur, sondern auch die Arm-, Schulter-, Brust-, Nacken- und Bauchmuskulatur sind an der Laufbewegung beteiligt. Sie führen und beschleunigen den Körper in seiner sportlichen Bewegungsbeanspruchung.

Fitness- und Ausdauertraining

Lauftraining in Kombination mit Fitness führt zu einem Ganzkörpertraining. Mit Ausdauer- und Krafttraining erhält der Körper durch einen definierten Muskelaufbau eine athletische Form. Ein gesunder Mensch (BMI max. 25) kann sich mit systematischem Fitnesstraining innerhalb eines Jahres eine athletische Figur aneignen.

Fitnesstraining unterstützt das Marathon-Training sehr, da hierbei neben der Beinmuskulatur der ganze Körper gestärkt wird. Für die Laufhaltung wird neben der Beinmuskulatur auch die Arm-, Bauch- und Rückenmuskulatur benötigt.

Kräftigungsübungen, die über die Belastung des eigenen Körpergewichts hinausgehen, werden mit Kraftmaschinen, Zugseilen oder Hanteln trainiert. Für das Krafttraining haben sich spezielle Fitnessstudios etabliert, die in Verbindung mit Wellness eine sehr gute Trainingsplattform bieten. Dort kann Kraft trainiert und danach Entspannung für Geist und Körper erhalten werden.

Athletin Angela

Vor Beginn eines Fitnesstrainings

Zunächst muss der eigene Leistungsstand analysiert werden. Wo sind die Körperschwächen und Problemzonen, mit welcher Belastung und Übung können 10 Wiederholungen ausgeführt werden? Was sind die Ziele für das Krafttraining? Aus den gewonnenen Erkenntnissen ist ein entsprechender Trainingsplan zu erstellen, der die relevanten Muskelgruppen systematisch belastet und aufbaut.

Zu Beginn eines Fitnesstrainings muss sich der ganze Körper erst einmal mit seinen Sehnen und Muskeln an die kommende Gewichtsbelastung gewöhnen. Die Gewöhnungsphase erfolgt durch ein Training mit leichten Gewichten, mit denen ca. 12–15 Wiederholungen erreicht werden. Über einen Zeitraum von vier bis sechs Wochen wird so an drei Tagen der Woche trainiert. Danach werden die Gewichte so gewählt, dass damit 10 Wiederholungen sehr gut ausgeführt werden können. Vor Beginn des Krafttrainings sollte die Muskulatur über ca. zehn Minuten durch Joggen, Spinning oder mit Durchführung der Übungen bei niedrigster Belastung aufgelockert werden. Danach sollte der ganze Körper, mit Schwerpunkt der zu trainierenden Muskelgruppen, leicht gedehnt werden.

Der richtige Bewegungsablauf und die korrekte technische Ausführung der Übungen sind besonders wichtig für den Erfolg des Fitnesstrainings. Eine nicht korrekt ausgeführte Übung schadet dem Körper mehr, als sie nutzt. Daher ist es sehr wichtig, am Anfang in ein Fitnessstudio zu gehen, um sich von einem Trainer die einzelnen Übungen zeigen sowie das eigene Training kontrollieren bzw. korrigieren zu lassen.

Ein Tag nach dem Fitnesstraining darf in der Muskulatur maximal ein leichtes Kribbeln zu spüren sein. Wenn ein Stechen oder ein Muskelkater vorliegen, dann war die Übung zu schwer oder sie wurde nicht korrekt ausgeführt.

Belastung in Muskelgruppen

Um einen Trainingseffekt zu bewirken, benötigt die Muskulatur innerhalb bestimmter Zyklen aufeinander folgende, unterschiedliche Reize. Im Krafttraining bei einer Belastung um 60–70 % mit möglichst vielen Wiederholungen und durch maximale Muskelzellen-Aktivierung, wächst die Muskulatur besonders stark.

Nach einer hohen Belastung benötigt der Körper für die jeweils belastete Muskelgruppe eine

Ruhephase von mindestens 48 Stunden. Ohne diese Ruhephase (Regeneration und Superkompensation) wachsen die Muskeln nicht bzw. es tritt eine Muskelermüdung ein.

Isolation der Muskelgruppen
Beim Fitnesstraining werden unterschiedliche Muskelgruppen voneinander isoliert trainiert. Innerhalb einer Woche sollte eine spezielle Muskelgruppe nur zwei bis drei Mal belastet werden. Eine Ausnahme bildet die Bauchmuskulatur, diese kann regelmäßig trainiert werden. Die Isolation von Muskelgruppen erfolgt in:

- Beine (Oberschenkel, Unterschenkel, Innenschenkel, Waden)
- Brust und Rücken
- Arme (Bizeps, Trizeps, Ober- und Unterarme)
- Bauch

Maximale Belastung
Die Belastung mit einem Gewicht, deren Übung korrekt ausgeführt nur eine Wiederholung zulässt, wird als maximale Belastung bezeichnet. Dies ist das Referenzgewicht für 100 % Belastung zur prozentualen Intensitätsbestimmung der Fitnessübung.

Standard-Belastung
Die Mehrzahl der Kraftübungen wird mit Gewichten von 70–80 % der max. Belastungsintensität durchgeführt, mit 8–10 Wiederholungen in drei Sätzen.

Zirkeltraining
Ein Zirkeltraining ist ein Ausdauertraining, das eine starke Muskeldefinition bewirkt. Bis zu zehn verschiedene Übungen werden nacheinander ohne Unterbrechung mit einer Belastungsintensität von ca. 50 % durchgeführt. Zwischen den Sätzen sind max. 30 Sekunden Pause. Die Übungspakete müssen aufeinander abgestimmt sein, z. B. zuerst Bizeps/Trizeps, dann Brust/Rücken, danach die Beine.

Pyramidentraining
Ausdauer und maximale Belastung, in einem Krafttraining integriert, bewirken einen besonders starken Muskelreiz. Beim Pyramidentraining beginnt der erste Satz mit einem leichten Gewicht (z. B. 50 %) und einer maximalen Wiederholungszahl (z. B. 20 Zyklen). Beim zweiten Satz wird das Gewicht auf 60 % erhöht und die Wiederholungszahl auf 15 reduziert. Diese Folge wiederholt sich, bis das maximale Gewicht von 100 % mit einer Wiederholung bewältigt wird. Die Übung wird dann bis zu fünf Sätzen wiederholt.

Es gibt zwei Varianten des Pyramidentrainings: die spitze Pyramide, die mehr den Ausdauerbereich fördert, und die stumpfe Pyramide, die mehr die maximale Kraft fördert. Das Pyramidentraining eignet sich sowohl für das Fitness- als auch für das Lauftraining.

Beim Lauftraining werden die Laufintensität oder die Laufstrecke pro Zyklus erhöht. Das Lauf-Pyramidentraining bewirkt eine Erhöhung der Kraftausdauer und der Grundschnelligkeit. Es ist eine gute Vorbereitung für schnelle, lange Dauerläufe und deren Tempoerhöhung.

Beispiele für das Lauf-Pyramidentraining

- 400-m-Bahn:
  1. Satz: 400, 800, 1200 m im schnellen DL, dazwischen la. DL 400 m
  2. Satz: umgekehrte Reihenfolge
  3. & 4. Satz: dito

- langer Anstieg: 3 Punkte in je 400 m Abstand zueinander markieren
  1. Satz: im schnellen DL zum 1. Punkt, zurück zum Start im la. DL, im schnellen DL zum 2. Punkt, zurück zum Start im la. DL, im schnellen DL zum 3. Punkt, zurück zum Start im la. DL
  2. Satz: umgekehrte Reihenfolge von Satz 1
  3 & 4. Satz: dito

- Laufzeit:
  1. Satz: 2 Min im schnellen DL, danach 1 Min la. DL; 4 Min im schnellen DL, danach 2 Min la. DL; 8 Min im schnellen Dl, danach 4 Min la. DL
  2. Satz: in umgekehrter Reihenfolge
  3 & 4. Satz: dito

Dosierung
Der Umfang einer Kraftübung wird in Wiederholungen und über Sätze definiert. Die Wiederholung ist die Anzahl der Zyklen, mit der eine Übung trainiert wird. Zwischen den Wiederholungen erfolgt eine Pause. Die Pausenlänge beeinflusst das Training in seiner Reizwirkung auf die Muskulatur. Je kürzer die Pause, desto stärker die Belastungswirkung. Der Satz einer Übung bestimmt die Anzahl der Durchgänge. Eine Übung mit zehn Wiederholungen und drei Sätzen beinhaltet die Summe von 30 Zyklen.

Die Belastungsdosierung hat das Ziel die Gewichte schrittweise immer weiter zu erhöhen, um eine stärkere Belastung und damit eine höhere Kraftentwicklung zu bewirken.

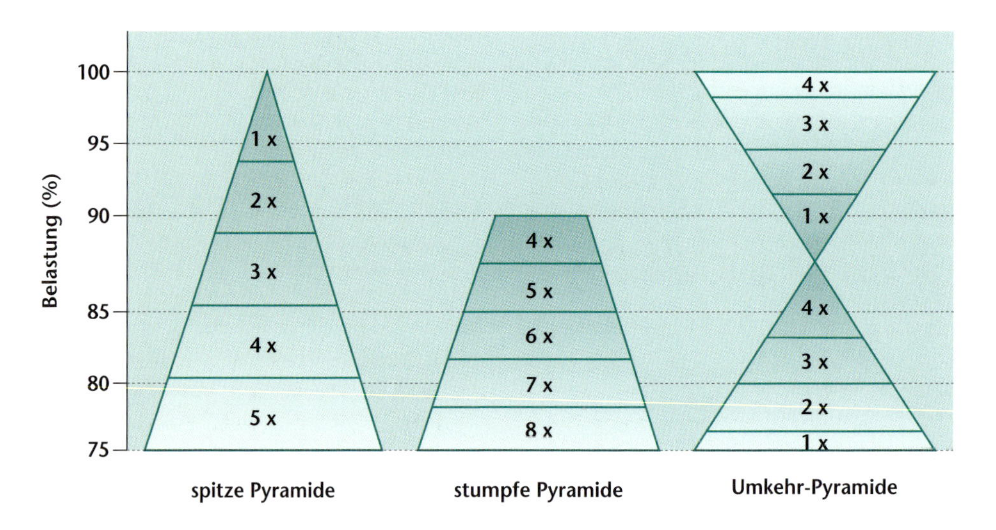

Kräftigungsübungen

Kräftigung der Muskulatur

Durch das Halten einer bestimmten Körperposition können die Muskeln ohne zusätzliche Geräte oder Gewichte belastet und trainiert werden. Wichtig dabei ist, dass die Übung exakt ausgeführt wird und keine Belastung auf die Wirbel- oder Lendenwirbelsäule erfolgt. Illustrationen Techniker Krankenkasse

Kräftigung der Bauchmuskulatur

Stellen Sie in Rückenlage die angewinkelten Beine auf und heben Sie Kopf und Schulter leicht an. Führen Sie den Kopf zur Brust.

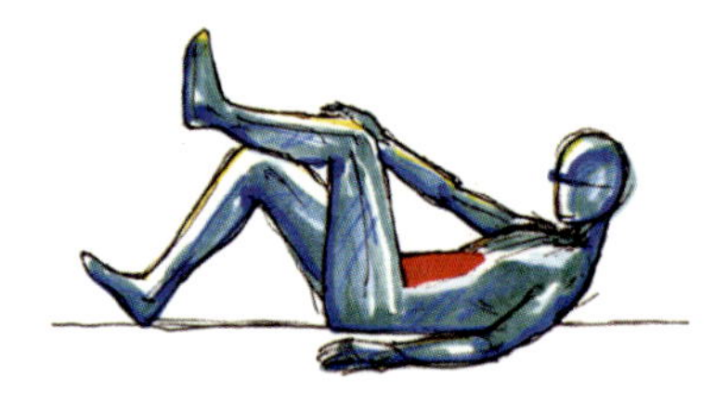

Überkreuzen Sie in Rückenlage ein angewinkeltes Bein. Die Schultern hoch nehmen. Drücken Sie im Wechsel die rechte Hand gegen das linke Knie dann die linke Hand gegen das rechte Knie.

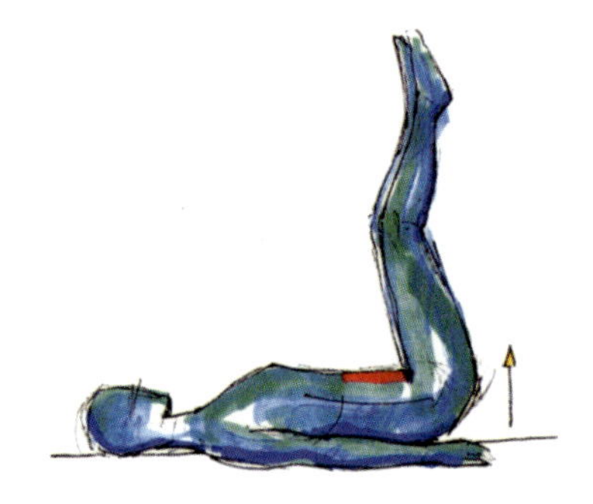

Legen Sie sich auf den Rücken, die leicht gebeugten Beine nach oben gestreckt. Heben Sie nun das Becken vom Boden.

Legen Sie sich auf den Rücken. Die Beine liegen so auf dem Hocker, dass die Oberschenkel und Unterschenkel einen rechten Winkel bilden. Heben Sie Kopf und Schulter an, bis die Hände den Hocker berühren.

Kräftigung der Rücken- und Gesäßmuskulatur

Legen Sie sich auf den Rücken. Heben Sie Kopf und Beine an und ziehen Sie die Knie vorsichtig zur Stirn

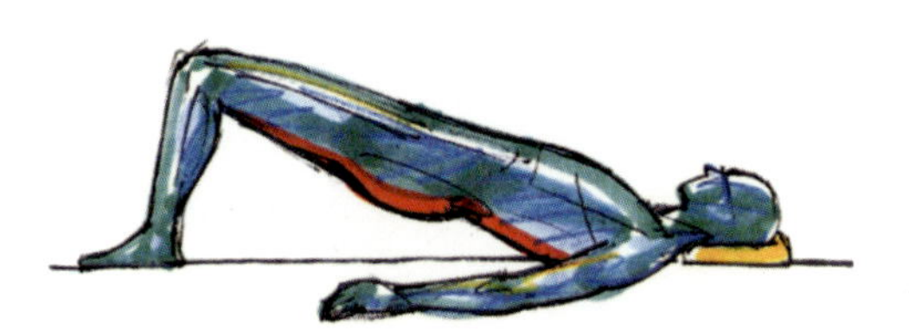

Legen Sie sich auf den Rücken und stellen Sie die Beine angewinkelt auf. Heben Sie nun das Becken zu einer geraden Linie.

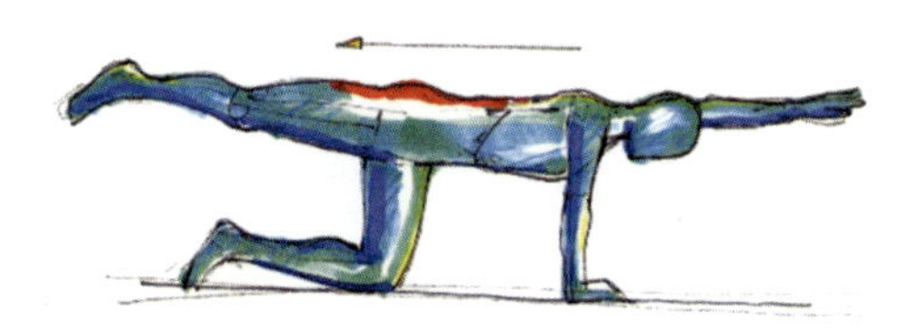

Knien Sie sich hin und stützen Sie sich vorne mit dem gegenüberliegenden Arm ab. Strecken Sie den linken Arm und das rechte Bein bis in die Waagrechte, aber nicht höher.

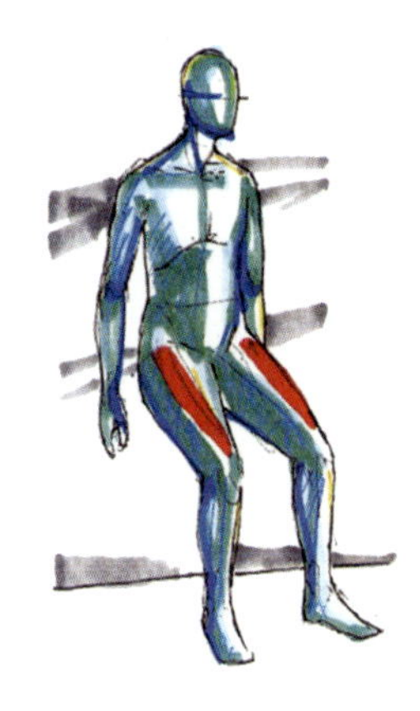

Lehnen Sie sich mit dem Rücken an die Wand und beugen Sie die Beine. Bleiben Sie in der Position so lange, bis Sie die Anstrengung in den Beinen spüren.

Stellen Sie sich mit leicht gebeugten Beinen hin. Beugen Sie den Oberkörper leicht nach vorne und strecken Sie die Arme in Verlängerung nach vorne. Der Rücken muss dabei gerade bleiben.

Ganzkörper-Fitnessübungen

Bankdrücken
Für den gesamten Oberkörper.
Die Knie sind leicht oberhalb der Hüften, Rücken und Hüftbereich liegt ganz auf der Bank auf. Die Hantel auf Höhe der Brust greifen, zur Decke drükken und langsam wieder absenken bis die Brust berührt wird.

Seitbeugen
Für die seitlichen Bauchmuskeln.
Halten Sie eine Hand hinter dem Kopf, die Hantel in der Hand des herabhängenden Armes. Mit geradem Körper langsam zur Seite neigen und die Hantel herablassen. Mehrere Male wiederholen, dann erfolgt ein Seitenwechsel.

Dips/Barrenstütz
Für den Trizeps, Brust und Schulterbereich.
Zwischen zwei Holme stellen und durch Streckung der Arme nach oben drücken. Danach leicht nach vorne beugen und langsam herablassen bis die Ellbogen waagrecht zum Holm sind.

Latziehen zum Nacken
Für den Rücken, die Schulter und die Arme.
Aufrecht sitzend, die Latzugstange an den beiden äußeren Enden greifen. Das Gewicht langsam nach hinten unten ziehen und weder langsam zurückführen ohne die Arme vollständig durchzustrecken.

Hackensmith-Kniebeuge
Training der vorderen Schenkelmuskulatur.
In das Gerät stellen. Schultern unter die Polster bringen und Handgriffe umfassen. Darauf achten, dass Bein-Rumpf und Kniewinkel in der Ausgangsstellung jeweils 90° betragen. Beine gleichmäßig strecken und wieder beugen.

Wadenheben
Für die Wadenmuskulatur.
Je eine Hantel mit herabhängenden Armen halten und mit beiden Fußballen auf einem Podest oder Treppenvorsprung stehen. Die Füße sind schulterbreit und parallel. Den Rücken aufrecht und die Schulter locker halten. Die Fersen werden langsam bis zur maximalen Höhe angehoben. Danach langsam in die Ausgangsposition senken.

Die Übung kann verstärkt werden durch einbeiniges Wadenheben. Das entlastende Bein wird dabei an das belastete Bein angelegt. Die Übung wird für jedes Bein abwechselnd wiederholt.

Im Fitnessstudio können die Wadenmuskeln auch im speziellen Gerät ohne Hanteln trainiert werden (siehe Foto).

Klimmzüge
Für die Rücken- und Armmuskulatur.
Mit den Händen schulterbreit im Ristgriff greifen, dabei zeigen die Handinnenflächen vom Körper weg. Je weiter der Griff, desto schwerer wird die Übung. Den Körper gleichmäßig nach oben ziehen, ohne ruckartige Bewegung oder mit den Beinen zu schwingen, bis das Kinn auf Höhe der Stange ist. Die Endposition für eine Sekunde halten, danach langsam in die Ausgangsposition absenken.

Die Übung kann verstärkt werden durch Bauchgürtelgewichte oder durch einarmige Klimmzüge.

Beincurls im Liegen
Für den Beinbizeps.
In die Beincurl-Maschine legen und das Gewicht mit der hinteren Beinmuskulatur nach oben ziehen. Am obersten Punkt das Gewicht kurz halten und anschließend wieder langsam ablassen.

21. Sportmedizin

Die meisten Sportverletzungen werden verursacht durch schlechte Laufschuhe, zu hartes Training, Vernachlässigung von Aufwärmen, Dehnen/Stretchen und regenerativen Maßnahmen.

Bei Muskelverletzungen darf die verletzte Körperregion keinesfalls gedehnt werden.

Die Aufnahme von konzentriert eiweißhaltiger Ernährung beschleunigt den Zellen- und Muskelreparaturaufbau bei einer Muskelverletzung.

Im Sport können Verletzungen der Muskulatur gelegentlich vorkommen, vom harmlosen Muskelkater bis hin zum Muskelriss oder Ermüdungsbruch.

Bei Muskelverletzungen (außer Muskelkater) gelten folgende Grundregeln:

»PECH« als Eselsbrücke:
P wie Pause
E wie Eisauflage
C wie Compression
H wie Hochlagern

Pause
Bei Sportverletzungen muss so lange mit dem Training pausiert werden, bis eine vollständige Genesung eingetreten ist. Die Muskelverletzungen werden oft unterschätzt und die vom Arzt empfohlenen Sportpausen sehr oft missachtet, wodurch die Heilzeit verlängert wird.

Eisauflage
Um zu verhindern, dass durch einen Bluterguss eine Schwellung entsteht, sollte die betreffende Stelle gekühlt werden. Eine Eisauflage (Eispack), mit einem Tuch als Zwischenlage, wird für ca. 10 Minuten auf die betreffende Stelle aufgebracht.

Die Kühlung bewirkt eine Minderdurchblutung der verletzten Stelle, reduziert das Ausmaß der Schwellung und wirkt schmerzlindernd.

Compression
Durch dosierten Druck mit einem elastischen, breitflächigen Kompressionsverband, der auf die betroffene Region aufgebracht wird, lässt sich eine weitere Schwellung verhindern. Der betroffene Muskel wird durch den unterstützenden Verband stabilisiert und geschont.

Hochlagerung
Das Hochlagern der Verletzung reduziert eine weitere Schwellung und Einblutung in das Gewebe.

Der Muskelkater
Die Überbeanspruchung von kleinsten Muskelstrukturen (Mikrotraumen) wird als Muskelkater bezeichnet, verursacht z. B. durch eine neue, ungewohnte Belastung.

Der Muskelkater tritt nicht direkt beim Sport auf, sondern erst einige Stunden später. Die Schmerzen können dabei zwischen einem Tag bis zu einer Woche andauern. Der Muskelkater kann die Maximalkraft um bis zu 30 % reduzieren und die Beweglichkeit stark einschränken. Bei einem Muskelkater erfolgt Trainingspause oder eine sehr leichte Belastung, Alternativsport, Massage und eiweißreiche Ernährung.

Muskelzerrungen
Eine Muskelzerrung entsteht meist durch eine Überbelastung des gezerrten Muskels bis zu dessen Elastizitätsgrenze. Bei einer Muskelzerrung tritt plötzlich ein krampfartiger, starker Schmerz mit der Bewegungsunfähigkeit des verletzten Muskels auf.

Die Ursache einer Muskelzerrung liegt sehr oft bei ungeeigneten Laufschuhen, die keine ausreichende Stabilität bieten, oder die Zerrung entsteht bei Sprints und Intervallläufen nach ungenügender Aufwärmung. Im Gegensatz zu Muskelrissen ist bei einer Zerrung die Belastungsgrenze nicht überschritten worden. Die Schmerzen und die Bewegungseinschränkung können einen Tag bis mehrere Wochen andauern. So lange muss strikt pausiert werden.

Muskelfaserriss
Bei einem Muskelfaserriss tritt ohne Vorwarnung ein starker, stechender Schmerz auf. Der Sportler ist dann nicht mehr in der Lage, den verletzten Muskel stark zu belasten. Weiterhin entsteht ein deutlicher Druck-, Dehn-, Anspannungs- und Widerstandsschmerz sowie ein lang anhaltendes Kribbelgefühl.

Ursache für diese Beschwerden ist der Riss einzelner oder mehrerer Muskelfasern. Die verletzten einzelnen Muskelfasern können entweder in Längs- oder Querrichtung gerissen sein. Der Heilprozess kann, trotz strikter Trainingspause, bis zu mehreren Monaten andauern.

Muskelriss
Beim Muskelriss setzen plötzlich ohne jegliche Vorwarnung sehr starken Schmerzen ein. Es ist dann meist nicht mehr möglich, den verletzten Muskel zu bewegen. Beim Riss großer Muskeln sind unter Umständen deutliche Dellen oder Einbuchtungen in der entsprechenden Region zu sehen. Sowohl beim Muskelriss als auch beim Muskelfaserriss bildet sich nach kurzer Zeit ein Bluterguss.

Eine Sportart, bei der Muskelfaserrisse und Muskelrisse besonders häufig auftreten, ist der Kurzstreckensprint. Hier wird die gesamte Oberschenkelmuskulatur mit gleichzeitig maximaler Belastung explosionsartig angespannt. Ein ausgiebiges Warmlaufen vor hohen Belastungseinheiten ist die beste Prävention.

Muskelkrämpfe
Eine übersteigerte Aktivität der Nervenbahnen in Verbindung mit einem ermüdeten Muskelsystem kann zu einer Anhäufung von Befehlen führen, die eine Muskelirritation bewirken und einen Muskelkrampf auslösen. Dies kann unter Belastung wie auch im entspannten Zustand auftreten. Zur Behandlung eignen sich Dehnung, Wärmebehandlung oder Massage. Prävention sind regelmäßiges Stretching und die Einnahme von Kalzium, Magnesium sowie Kochsalz und ausreichende Wasserzuführung.

Krämpfe bei der Nachtruhe werden vor allem durch Magnesium- und Natriummangel oder Vernachlässigung von Stretching verursacht.

Prellungen
Durch eine stumpfe Stoß- oder Schlageinwirkung auf die Muskulatur werden Prellungen verursacht.

Knochenhautentzündung
Ungeeignete Laufschuhe, harter oder abschüssiger Laufuntergrund, Fußfehlstellungen oder eine zu drastische Erhöhung des Laufumfangs sind die häufigsten Ursachen für eine Knochenhautentzündung, die meist am Schienbein entsteht. Dabei verursacht die Vibration an der relativ dünnen Haut über dem Schienbein eine Entzündung der Haut, die allmählich zunimmt. Vor allem Laufanfänger haben mit diesem Problem zu kämpfen, wenn sie ungeeignete, ungedämpfte Laufschuhe tragen oder auf geteerten Straßen joggen.

Maßnahmen: Pausieren, gute Schuhe kaufen, geteerte oder abschüssige Wege meiden, Kräftigungsübung der Schienbeinmuskeln, eventuell Einlagen für den Schuh nutzen.

Achillessehne
Die Achillessehne ist die Verlängerungssehne von der Wade zum Fersen und eine der kräftigsten Sehnen des Körpers. Sie befindet sich an der Rückseite des Unterschenkels, verläuft über die Wade bis zur Ferse und ist durch die Haut gut tastbar.
Ein Verletzung oder Entzündung der Achillessehne entsteht meist durch eine plötzliche, hohe Kraftüberlastung der Sehne wie z. B. bei einem plötzlichen Antritt beim Sport. Es kann aber auch eine Abnutzungserscheinung auftreten.

Bei einem Achillessehnenriss kommt es meist zu einer vollständigen Durchtrennung der Sehne, verbunden mit einem hörbaren Knall. Die typische Stelle des Risses liegt an der schmalsten Stelle der Sehne, ca. 5-6 cm oberhalb des Fersenbeinansatzes. Die fachgerechte Behandlung eines Achillessehnenrisses (mit oder ohne Operation) führt in fast allen Fällen zu einer Heilung der Sehne. Anschließend ist eine weitgehend uneingeschränkte Belastbarkeit und auch Sportfähigkeit gegeben, allerdings kann dies mit einer verminderten Kraftübertragung im Fuß verbunden sein.

Ein schlechter Trainingszustand kann dazu führen, dass das gesamte Muskel-Sehnen-System zu wenig elastisch ist. Bei zu starker Belastung kann dann eine Verletzung entstehen. Besonders Laufanfänger sind gefährdet, bei einer ungewohnten Belastungsspitze wie bei Sprints, sich die Achillessehne oder die Muskulatur zu verletzen.

Als Vorbeugung empfiehlt sich eine allmähliche Belastungssteigerung. Besonders zu vermeiden sind extrem schnelle, abrupte und damit star-

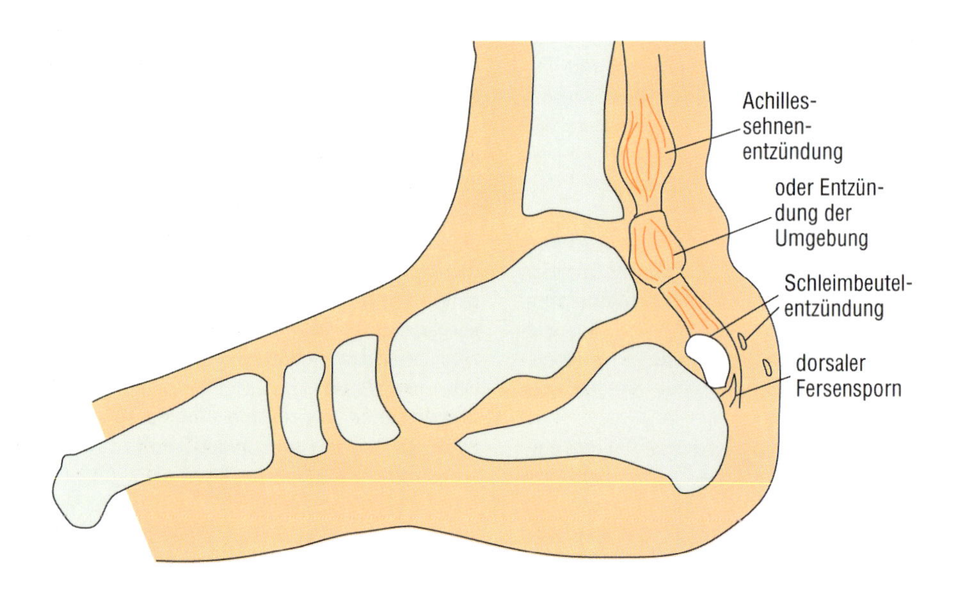

Typische Reizerscheinungen

ke Belastungen. Sehr wichtig ist eine Aufwärmphase mit leichten Dehnübungen.

Bei auftretenden Schmerzen in der Achillessehne muss verstärkt gedehnt und die Belastungsintensität des Trainings reduziert werden.

Fersensporn:
Eine gelegentlich vorkommende Läuferkrankheit ist der Fersensporn. Ein Fersensporn ist ein nicht natürlicher Knochenauswuchs im Ansatzbereich eines Fersenmuskels.

Es gibt 2 Arten von Fersensporn:

1. Der obere Fersensporn, am Ansatz der Achillessehne
2. Der untere Fersensporn, unterhalb der Ferse

Die Sporne entstehen aufgrund von Druck- und Zugeinwirkung. Hierdurch wird der Knochen zum Wachsen angeregt, gleichzeitig kann es zur Entzündung des umliegenden Gewebes kommen. Schlechtes Schuhwerk sowie starke Fußbelastungen sind die häufigsten Ursachen. Weitere auslösende Faktoren zur Entstehung eines Fersensporns sind Übergewicht und Berufsausübung im Stehen.

Beim oberen Fersensporn wird oft durch den Druck des hinteren Schuhrandes eine Entzündung des Achillessehnenansatzes mit Schleimbeutelentzündung ausgelöst. Beim unteren »plantaren« Fersensporn kommt es beim Knick-Senkfuss durch die vermehrte Sehnen-Zugbelastung meist zu einer Verknöcherung am Ansatz der Fußsohle.

Eine Besserung wird meist nur durch das Wechseln des Schuhwerkes erreicht. Der Verzicht auf ein zu starres Schuhwerk und der Fokus auf gute Dämpfungseigenschaften helfen bei diesem Problem. Beim plantaren Fersensporn kann zusätzlich ein Fersenkissen mit Locheinlage über der druckempfindlichen Stelle helfen. Zusätzlich sind Einlagen zur Stützung des Längsgewölbes des Fußes sinnvoll.

Durch die »extrakorporale Stoßwellentherapie« können mit sehr energiereichen Ultraschallwellen, vergleichbar mit der bei einer Nierensteinzertrümmerung, die Entzündungsstellen am Fersensporn in Verbindung mit Regenerationsprozessen gegebenenfalls beseitigt werden. Mehr dazu siehe unter www.ems-medical.com und www.wigero.de. Dort bekommen Sie auch eine Praxis in Ihrer Nähe genannt, die diese Stoßwellentherapie erfolgreich anwendet.

Das Läuferknie:
Beim Läuferknie kommt es durch Fehl- und Überbelastung des Knies und einer Verkürzung des Tractus Iliotibialis (TI) zu Schmerzen an der Außenseite des Knies. Verursacher dieser Beschwerden ist der (TI), eine breite Sehne, die vom Becken kommend an der Außenseite des Oberschenkels zum Schienbeinkopf verläuft.

Das Kniegelenk ist eines der größten und kompliziertesten Gelenke des menschlichen Körpers. Es bildet die bewegliche Verbindung zwischen dem Ober- und Unterschenkel und wird beim Joggen besonders stark beansprucht. Durch Hebelwirkungen greifen an diesem Gelenk erhebliche Kräfte an. Das Kniegelenk kann den enormen Belastungen des Langstreckenlaufs jedoch nur dann standhalten, wenn alle am Gelenk beteiligten Strukturen wie Knochen, Knorpel, Bänder, Kapsel, Menisken und die Muskulatur reibungslos zusammenspielen.

Vorbeugend helfen Stretching der Beinaußenseite, gute Laufschuhe sowie ein angepasstes Laufpensum. Bei Beschwerden hilft Kühlung mit Eis. Im chronischen Stadium wird meist Wärme als wohltuend empfunden. Bei starken Kniebeschwerden ist zu pausieren. Eine weiterführende Diagnostik erfolgt mit einer Röntgenaufnahme. Eine Magnet-Resonanz-Tomografie (MRT) kann bei hartnäckigen Fällen hilfreich sein. Operationen im Knie sind sehr kompliziert und sollten vermieden werden.

Ein Läuferknie kann durchaus mit Langstreckenlauf, durch die allmähliche Anpassung der Sehnen und Knorpeln an die Belastung, wieder in sich selbst stabilisiert werden. Zuvor muss das Knie bis zum Abklingen der akuten Beschwerden jedoch geschont werden. Bandagen, vorsichtige krankengymnastische Übungen, individuell angepasste Muskelaufbauprogramme helfen, das Knie zu stabilisieren.

Linderung versprechen auch spezielle Massagetechniken, welche die schmerzbedingt verkürzte Muskulatur an der Außenseite des Beines lockern und dehnen.

Ermüdungsbruch:

Bei Lauf- und Leistungssportlern treten Ermüdungsbrüche selten auf. Lang andauernde, ständig wiederkehrende, gleichförmige und relativ hohe Belastungen können Ermüdungsbrüche bewirken. Dabei kommt es zunächst zu belastungsabhängigen Schmerzen mit ertastbaren Schwellungen. Betroffen davon sind ausschließlich die Knochen des Fußskeletts sowie die Ober- und Unterschenkelknochen.

Zu einer Fraktur kommt es, wenn im Sinne einer Materialermüdung die Toleranzgrenze des Knochens überschritten wird. Bei ständiger Überbelastung durch das sich ständig auf- und abbauende Knochengewebe kommt es im Knochengewebe zur Störung des Gleichgewichts. Die Dauerbelastung des Knochens führt zu Anpassungsvorgängen mit Knochenwandverdickungen, danach zur Ausbildung eines Risses und bei fortführender Beanspruchung schließlich zum Knochenbruch. Ein Ermüdungsbruch erzeugt meist einen fast punktförmiger Druck- und Klopfschmerz im Bereich einer Schwellung.

Ein Knochenermüdungsbruch erfolgt selten vollständig. In den meisten Fällen entwickelt sich ein Ermüdungsbruch schleichend, so dass der Läufer am Anfang nur einen leichten Schmerz im Bereich des veränderten Knochens bemerkt. Die Schmerzen treten meist nur unter Belastung auf und verschwinden im Ruhezustand wieder.

Bei einem Ermüdungsbruch erfolgen eine Pausierung sowie eine Physiotherapie unter Zuführung von entzündungshemmenden Schmerzmitteln. Der Heilungsprozess wird beschleunigt durch eine Magnetfeld- und Calciumtherapie. Die meisten Ermüdungsbrüche heilen innerhalb von sechs bis acht Wochen aus.

Nach einer Behandlung des Ermüdungsbruchs ist mit einer vollständigen Wiederherstellung der Gesundheit zu rechnen.

Meniskusverletzung

Die beiden Menisken (innerer und äußerer Meniskus) sind Knorpelscheiben, die sich im inneren und äußeren Kniegelenk befinden. Sie wirken wie Stoßdämpfer zwischen Ober- und Unterschenkel. Ihre Form ähnelt der einer keilförmigen Sichel.

Beim Sport kann das Kniegelenk dank der Menisken mit bis zu 1,5 Tonnen senkrecht belastet werden, ohne dass es zu Verletzungen kommt. Schon kleinere, schräge Krafteinwirkungen können zu Verletzungen der Kniegelenkstrukturen oder zum Riss eines Meniskus führen.

Die Ursachen für eine Meniskusverletzung:

- 50 Prozent entstehen im Laufe des Lebens als Verschleißerscheinung
- 40 Prozent sind Folge indirekter Gewalteinwirkung
- 8 Prozent entstehen durch Knochenbrüche bzw. direkte Gewalteinwirkung.
- 2 Prozent sind anlagebedingte Fehlformen des Meniskus

Die Menisken können im Sport verletzt werden, z. B. durch die Drehbewegung des Körpers bei feststehendem Fuß und gebeugtem Kniegelenk. Dabei wird der Meniskus eingequetscht, was zu einem Ein- oder Abriss (häufig des Innenmeniskus) führen kann.

Die Wirkungen einer Meniskusverletzung sind oft mechanische Blockaden oder ein starkes Knacksen im Knie. Weitere Anzeichen einer Meniskusverletzung sind ein Gefühl der Knie-Instabi-

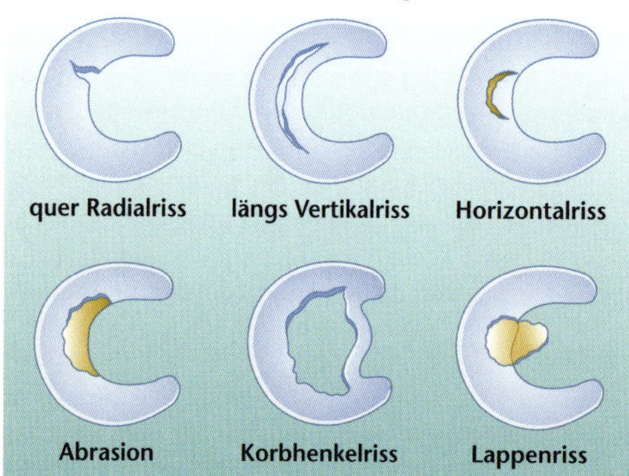

lität, Schwellung oder ein Gelenkerguss im Knie. Die Schmerzen treten je nach verletztem Meniskus am inneren oder äußeren Kniegelenk auf.

Bei einem Meniskusriss bringt eine schnelle Operation oft das beste Resultat. Nach der Operation sollte für mindestens eine Woche eine Sportpause erfolgen. Danach ist es möglich, sich wieder zunehmend sportspezifisch zu belasten, so dass nach zwei bis drei Wochen die volle Sportfähigkeit wieder erreicht werden kann.

Kalkschulter

Verursacht durch eine sehr hohe Zahl an Muskelwiederholungszyklen, unter hoher Krafteinwirkung, kann es zu einer Kalksteinbildung und deren Ablagerung in der Muskulatur kommen.

Der Kalkstein in Größe eines Salzkornes lagert sich zwischen den Muskelbändern, meist im Schulterbereich, ab. Dies kann einen stechenden Schmerz in der Bewegungsausführung bewirken. Oft sind davon Wurf-, Fecht- oder Tennissportler betroffen. Leider handelt es sich dabei um eine sehr schmerzhafte Sportverletzung.

Eine wirksame Methode zur Zerstörung der Kalksteine ist die Stoßwellentherapie, bei der in nur 3–4 Behandlungen über je 10 Minuten die Kalksteine zertrümmert werden. Ich habe diese Behandlungsmethode bei mir selbst durchführen lassen und war nach einer einzigen Behandlung beschwerdefrei. Die Therapie eignet sich übrigens auch bei einer Achillessehnenentzündung oder bei einem Fersensporn. Näheres siehe unter www.ems-medical.com und www.wigero.de. Bei therapieresistenten Fällen eignen sich auch Kältepackungen, Ruhigstellung oder Infiltrations-Behandlung mit Procain und Cortison.

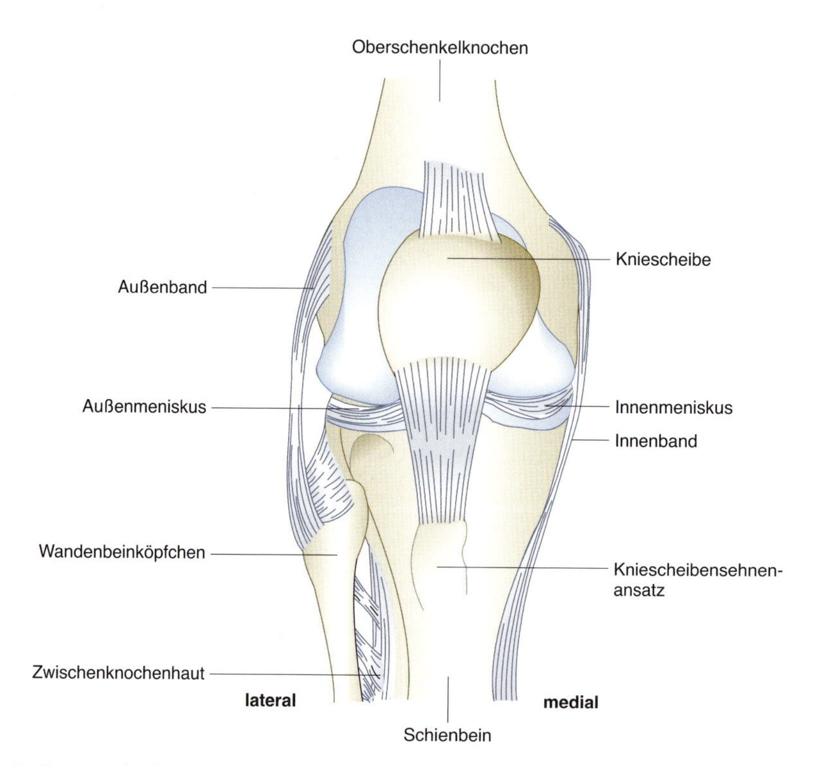

Der innere und äußere Meniskus als Dämpfer zwischen Ober- und Unterschenkel

Bandscheibenvorfall

Mit zunehmendem Alter leiden immer mehr Menschen unter Rücken- und Bandscheibenproblemen. Besonders betroffen sind dabei die Lendenwirbelsäule und die Halswirbelsäule. Schmerzen aus dem Bereich der Lendenwirbelsäule äußern sich in Rückenschmerzen, die bis in den Fuß wirken können. Die Halswirbelbandscheibe verursacht Schmerzen in der Schulter, im Arm, Nacken und den Fingern.

Die beste Prophylaxe gegen Rückenbeschwerden ist Sport wie Laufen, Rad fahren, Schwimmen und Fitness-Hanteltraining, da hierbei die Rücken- und Skelettmuskulatur gestärkt wird. Die Bandscheibe fungiert als Stoßdämpfer. Besonders beim Joggen mit ungedämpften Schuhen sowie beim Fitness mit einer schlechten Körperhaltung wird die Bandscheibe zusätzlich belastet. Ein leichter Bandscheibenvorfall kann sich so allmählich verschlechtern und unter Umständen die Ausübung des Sports unmöglich machen.

Ein Bandscheibenvorfall liegt vor, wenn der Schmerz auf andere Körperteile überstrahlt, die Lendenwirbelbandscheibe z. B. strahlt über den Fuß bis zu den Zehen. Der Bandscheibenvorfall darf nicht mit einem Hexenschuss oder einer Bandscheiben-Verwölbung verwechselt werden, die durch eine Verklemmung von Nerven erfolgt, aber nicht strahlt. Ein einfacher Selbsttest besteht darin, auf dem Rücken liegend abwechselnd die Beine ausgestreckt um 90° nach oben zu heben. Falls dies beschwerdefrei geht, liegt kein Bandscheibenvorfall vor.

Die Ursache beim Bandscheibenvorfall liegt bei einem gerissenen Faserring des Bandscheiben-Knorpelpolsters, durch den eine Gallertmasse austritt und auf die Nervenwurzeln oder auf die empfindlichen Bänder im Rückenmarkskanal schmerzhaft drückt.

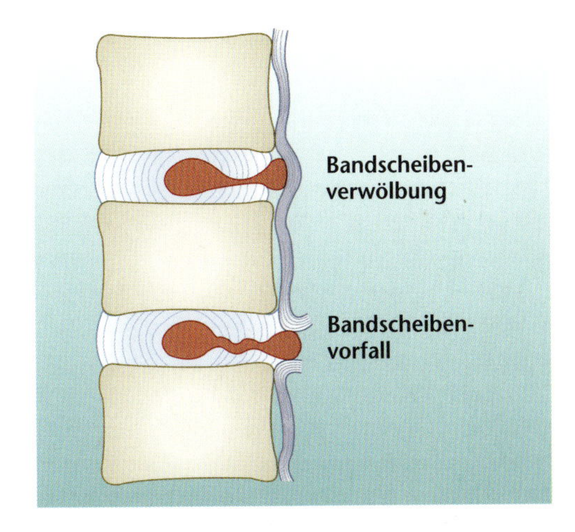

Eine für die meisten Fälle sehr schnelle und wirksame Methode, einen Bandscheibenvorfall ohne operativen Eingriff zu beheben, ist die Bandscheibenvorfall-Entwässerungsmethode. Dabei erfolgt über einen Katheder eine Injektion von Medikamenten auf den vorgetretenen Gallertkern.

Dadurch wird die Entzündung sofort reduziert und der ausgetretene Gallertkern verflüssigt und absorbiert. Innerhalb von ein bis drei Tagen kann man mit dieser Behandlungsmethode beschwerdefrei sein. Nach zwei Wochen kann der Sport wieder ganz normal durchführt werden. Ich habe diese Behandlungsmethode bei mir selbst durchführen lassen und war nach einem Tag beschwerdefrei, nach zwei Wochen konnte ich mein Ironmantraining im vollen Umfang wieder aufnehmen, ohne einen Rückfall zu erleiden. Näheres dazu findet man unter www.bandscheiben-info.de und www.bandscheibe.com

Cool down ...

Verfolger ...

Gehpause ....

22. Gewichtsreduzierung und Fettverbrennung

Bei vielen Sportlern beinhaltet das Motivationsziel, Ausdauersport zu betreiben, einen Marathon zu laufen oder Fitnesstraining zu betreiben, den Wunsch, damit Übergewicht abzubauen bzw. das Gewicht halten zu können.

Bei leistungsorientierten Athleten nimmt das ideale Wettkampfgewicht einen hohen Stellenwert ein, weil man damit schneller werden kann, ohne mehr trainieren zu müssen.

Um das Körpergewicht objektiv bewerten zu können, muss in Muskelmasse und Fettmasse differenziert werden. Ein Athlet ist bestrebt, die Muskelmasse zu vergrößern und das Körperfett zu reduzieren. Fettanteile, die nicht benötigt werden, bilden ein Übergewicht, welches als Masse »zusätzlich« getragen werden muss. Das Übergewicht reduziert die maximale sportliche Leistungsfähigkeit.

Pro kg Gewichtsreduzierung verbessert sich die Lauf-Leistung um ca. 1 %, z. B. bei der 10-km-Zeit um ca. 30 Sekunden, bei der Halbmarathonzeit um eine Minute und der Marathonzeit um zwei Minuten.

Wer es nicht glaubt, soll einfach einen 10-km-Lauf sehr schnell laufen und zehn Tage später den Lauf wiederholen, jedoch mit einem Rucksack von 1 kg Gewicht. Das erschwerte Laufgefühl und die langsamere Laufzeit um ca. 30 Sekunden erklären, welche Bedeutung das Körpergewicht für die sportliche Leistungsfähigkeit einnimmt. Bei Bergläufen wirkt sich das Körpergewicht noch stärker aus.

Fett ist für den Organismus der größte Energiespeicher. Im pflanzlichen Fett werden auch fettlösliche Vitamine gespeichert, wie A, D, E, K und lebensnotwendige Fettsäuren. Ein gewisses Maß an Körperfett ist daher lebensnotwendig. Zu viel Körperfett stellt ein Risiko für eine Arterienverkalkung oder einen Herzinfarkt dar.

Rasende Rollstuhlfahrer – Teilnehmer an vielen City-Marathons

Abnehmen mit System

Ausdauersport ermöglicht es, durch eine lang andauernde, ununterbrochene Belastung die Energie durch Fettverbrennung bereitzustellen. Das Körperfett wird dabei verbrannt und das Körpergewicht reduziert.

Bei ca. 7000 kcal negativer Energiebilanz wird ca. 1 kg Fett abgebaut. Um ein kg Fett zu verbrennen, wird eine Joggingzeit bei mittlerer Intensität von ca. neun Stunden benötigt, ohne dass Energie zuführt wird. Die gemessene Gewichtsabnahme wirkt sich nur zu 48 % auf die Fettreduzierung aus. Der Wasserwert und die Kohlenhydratspeicher schwanken zunächst durch deren Verbrauch, regulieren und stabilisieren sich aber ein bis zwei Tage später wieder.

Die Fettverbrennung kann mit jeder Ausdauer-Sportart erreicht werden. Joggen ist eine Sportart mit einem sehr hohen Energieverbrauch pro Zeiteinheit, da ein Großteil der Muskulatur (70 %) in Bewegung ist und den Verbrennungsprozess aktiviert.

Energieverbrauch für unterschiedliche Sportarten (bei 75 kg Körpergewicht)

Sportart	Kalorienverbrauch (in 60 Minuten)
Joggen 12 km/h	900 kcal
Squash	750 kcal
Skilanglauf	700 kcal
Fahrrad fahren 30 km/h	550 kcal
Schwimmen 50 m/min	500 kcal
Fußball	500 kcal
Inlineskating	400 kcal
Tennis	450 kcal
Bergwandern	400 kcal
Badminton	400 kcal
Fitness	450 kcal
Aerobics	300 kcal
Walking 6 km/h	300 kcal
Golf	250 kcal

Kalorienverbrauch Jogging differenziert bei 75 kg Gewicht, 60 Minuten Belastung

langsamer DL 9 km/h	650 kcal
lockerer DL 12 km/h	900 kcal
schneller DL 14 km/h	1100 kcal
Wettkampftempo	1400 kcal

Sämtliche Kalorienverbrauchsangaben sind ca-Werte und dienen lediglich der Orientierung. Die tatsächlichen Werte sind von verschiedenen Faktoren abhängig.

Die Energiebilanz

Um das Körpergewicht im Gleichgewicht zu halten, gilt der Grundsatz der Energie-Bilanz.

Wer mehr Energie verbraucht als zuführt, verliert Gewicht. Und umgekehrt: Wer mehr Energie zuführt als er verbraucht, nimmt an Gewicht zu. Die überschüssige Energie wird vom Körper in Fett gewandelt und eingespeichert, unabhängig von der Nahrungszusammensetzung.

Energie-Bilanz

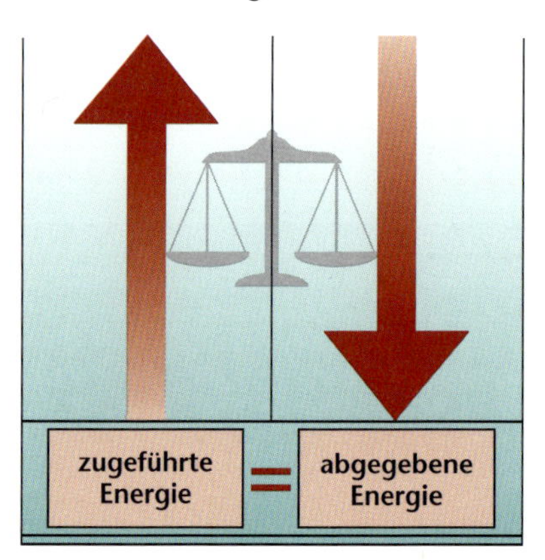

Wenn die Energie-Bilanz negativ ist, erfolgt eine entsprechende Gewichtsreduzierung (mehr Kalorienverbrauch als Einnahme) und umgekehrt.

Die Energiebilanz bzw. der tägliche Energiebedarf ist ein persönlicher Wert, der von vielen Faktoren abhängig ist. Einfluss auf die Energiebilanz haben z. B. Geschlecht, Alter, Körpergröße, Gewicht, berufliche Tätigkeit, Stoffwechsel, klimatische Bedingungen der Umgebung oder sportliche Aktivitäten.

Als grober Richtwert für den täglichen Energiebedarf von Berufstätigen mit Büroarbeit sind beim Mann 2000 kcal und bei der Frau 1650 kcal zu sehen. Wer Sport treibt, benötigt entsprechend der Belastung zusätzlich Energie. Wer den Energiebedarf nicht ausgleicht, der nimmt ab. Der Energiebedarf nimmt bei zunehmendem Alter ab.

Richtwerte für den täglichen Energiebedarf:

Alter	männlich	weiblich
15–18	2000 kcal	1800 kcal
19–30	1900 kcal	1550 kcal
31–60	1800 kcal	1450 kcal
über 60	1600 kcal	1300 kcal

Zuschläge für:

mittelschwerere Arbeit	400 kcal
schwere Arbeit	800 kcal
sehr schwere Arbeit	1200 kcal

Praktische Bestimmung der Energiebilanz

Zur Bestimmung des täglichen Energiebedarfes wird die täglich zugeführte Energie über eine Woche lang mit Hilfe einer Ernährungstabelle genau bestimmt. Dazu wird täglich das Gewicht gemessen. Wenn sich das Gewicht mehrere Tage nicht mehr ändert, ist der persönliche Energiebedarf in kcal für eine ausgeglichene Energiebilanz bestimmt.

Theoretische Bestimmung der Energiebilanz
Berechnung des Grundumsatzes für Männer: (Frauen-Wert x 0,8)

Alter	Berechnung des Grundumsatzes
Bis 18 Jahre	(17,5 x Körpergewicht in kg) + 651
19–30 Jahre	(15,3 x Körpergewicht in kg) + 679
31–60 Jahre	(11,6 x Körpergewicht in kg) + 879
über 60 Jahre	(13,5 x Körpergewicht in kg) + 487

Zum Grundumsatz kommt ein Zuschlag für die spezielle Tagesablaufbelastung (Büro z. B. 400 kcal) oder Zusatzbelastungen wie Sport.

Kennzeichen für das Körper-Übergewicht

1. Der prozentuale Anteil an Körperfett im Verhältnis zum Gewicht.
2. Der Körperindex BMI im Verhältnis Körpergröße und Gewicht.
3. Das Körpergewicht im Verhältnis zu Körpergröße, Alter und Geschlecht.
4. Der optische Gesamteindruck über die Größe der Fettfalten an Bauch, Hüfte, Beinen, Po, Armen und Gesicht.

Fettmessung
Es gibt verschiedene Messmethoden zur Bestimmung des prozentualen Anteils an Körperfett im Verhältnis zum Körpergewicht (sh. Tabelle unten).

Fettwaage
Mit der Fettwaage wird über das BMA-Prinzip der elektrische Widerstand des Körpers von den Füßen bis zur Körpermitte mit zwei Elektroden gemessen (Impedanz). Der Widerstand wirkt dem angelegten Strom entgegen. Mageres Muskelgewebe hat aufgrund seines höheren Wasser- und Elektrolytgehaltes einen geringeren Widerstand als Fett, so dass dadurch der Körperfettanteil ungefähr berechnet werden kann.

Bei der Fettwaage wird nur der Unterkörper auf seinen Fettanteil gemessen bis auf Höhe des Zwerchfells. Die elektrische Leitfähigkeit ist von der Feuchtigkeit und Durchblutung der Füße abhängig, wodurch das Messergebnis variieren kann. Für Sportler muss die Fettwaage mit einem speziellen Sportler-Modus ausgestattet sein, sonst werden die Fettwerte zu hoch angezeigt. Die statistische Normalverteilung ergibt bei Sportlern einen niedrigeren Fettwert als bei »normalen Menschen«. Um diese statistische Durchschnittsabweichung wird der Messwert im Sportler-Modus korrigiert. Die Fettwaage ist zur genauen, absoluten Fettmessung weniger geeignet, jedoch zur Trend-Beobachtung von mehr oder weniger Fett durchaus brauchbar.

Der BMI oder Body Mass Index/Körpermasse-Index
Der BMI berücksichtigt die Körpergröße im Verhältnis zum Gewicht in kg/m². Der BMI ist eine Einteilung des relativen Körpergewichts in Bezug auf das Körpervolumen und definiert somit das Kraft-Lastverhältnis.

$$\text{BMI} = \frac{\textbf{Körpergewicht} \text{ (in kg)}}{\textbf{Körpergröße} \text{ (in m)} \times \textbf{Körpergröße} \text{ (in m)}}$$

Der BMI ist weitgehend unabhängig vom Geschlecht. Ein BMI von 20 gilt im Marathon als ideales Kraft/Lastverhältnis. Ein BMI über 25 wirkt leistungshemmend.

Messmethode	Messgenauigkeit	Messtechnik
Hautfaltenmessung	genau	mit einem definierten Druck werden mit einer speziellen Zange die Dicke mehrere Hautfalten gemessen und zueinander ins Verhältnis gesetzt. Aus einer Tabelle wird dann der Fettanteil abgelesen.
Ultraschallmessung	ziemlich genau	Das Körperfett wird an mehreren Stellen mit Ultraschall gemessen. Die Messwerte werden zueinander ins Verhältnis gesetzt.
BMA Bio Impedanz Analyse	ungenau	Messung der Körperzusammensetzung durch elektrische Widerstandsmessung.

Beispiel BMI: Mann, 44 Jahre, 76 kg, 180 cm

$$BMI = \frac{76}{1{,}8 \times 1{,}8} = 23{,}46$$

BMI	Bewertung
unter 18	untergewichtig
19–24	schlank
25–30	übergewichtig
über 30	starkes Übergewicht, nur Walking möglich
über 35	fettleibig, Heilfasten notwendig
über 40	Adipositas 3, Infarkt möglich

Fettzellen

Sobald die Nahrungszufuhr die Energiebilanz überschreitet, speichert der Körper jegliche Nahrung, die dem Körper weiter zugeführt wird, in welcher Form oder Bestandteilen auch immer, in die Fettzellen ein, um Energiereserven zu bilden.

Die Fettspeicherzellen lassen sich in der Zusammensetzung in gallertartiges oder festes Fettgewebe unterscheiden. Je älter das Fett ist, desto härter ist das Fettgewebe. Gallertartige Fettspeicher sind kurzfristig entstanden. Sie werden beim Zugriff von Energiereserven zuerst verbraucht, da sie am leichtesten abbaubar sind. Kurzfristig zugelegtes Fett lässt sich somit auch kurzfristig verbrennen. Harte Fettzellen lassen sich durch Sport nur langfristig abbauen, manchmal auch gar nicht.

Das Körperfett befindet sich unterhalb der Haut über dem Muskelgewebe und in der Bauchhöhle. Der Körper speichert das Fett in Lager-Zonen ein. Beim Mann überwiegend am Bauch und an der Taille, bei der Frau überwiegend an den Beinen, Hüften und Armen.

Die einmal aufgebauten Fettzellen werden bei der Fettverbrennung teilweise entleert, bleiben dem Körper aber über viele Jahre erhalten. Darin besteht eines der Probleme beim Jo-Jo-Effekt. Die Fettzellen warten nur darauf, dass die zugeführte Nahrung die Energiebilanz überschreitet oder gesättigte Fette zugeführt werden, um dann die leeren Speicher sofort wieder füllen zu können. Bildlich betrachtet sind die Fettzellen wie ein mit Wasser gefüllter Schwamm. Beim Fasten entleert sich der Schwamm. Sobald wieder Energie oberhalb der Energiebilanz oder durch tierisches Fett zugeführt wird, saugt sich der Schwamm wieder entsprechend voll. Der Schwamm muss daher in seiner Struktur verkleinert werden, so dass die Fettzellen veröden bzw. kleiner werden. Dies kann nur langfristig bewirkt werden.

Ähnlich verhält sich der Magen, der sich durch die Übermengen an Energiezufuhr vergrößert hat. Sobald die Energiemengen auf ein vernünftiges Maß reduziert sind, sendet der Magen Signale von Hunger an das Gehirn. Auch hier kann nur langfristig eine Strukturveränderung bewirkt werden.

Körperfettanteil-Tabelle

Alter	Mann	Frau
30–35	14	24
35–40	16	26
40–45	17	27
45–50	19	27
50–60	20	26
über 60	21	25
Hochleistungssport	7	17
Leistungssport	10	20
Volkssport	13	23

Werte geben »gut« bewerteten Fettanteil in % an

Der Anteil an Körperfett bei Frauen liegt um ca. 10 % höher als bei Männern, bedingt durch den natürlichen Körperbau. Die Untergrenze des vom Körper benötigten Fettanteils beträgt beim Mann um 7 % und bei der Frau um 17 % des Körpergewichts. Mit dem Alter nimmt der Fettanteil im Körper biologisch bedingt zu, beginnend ab dem 30. Lebensjahr mit ca. 1 kg Fett pro Jahr.

Ein einfacher Körperfett-Selbsttest ist neben dem Spiegelbild die Hautfaltenmessung. Auf Höhe des Bauchnabels wird an der Hüfte die Haut zusammengefaltet. Dabei sollte die Hautfalte nicht breiter als ein Zentimeter sein.

Fettverbrennung

Zu Beginn einer Ausdauerbelastung verfügt der Körper über ausreichend Energiereserven, die im Blut, in der Muskulatur und in der Leber gespeichert sind. Der Fettverbrennungsprozess (Betaoxidation) ist die Oxidation freier Fettsäuren. Der Mischstoffwechsel, verbraucht während einer extensiven aeroben Belastung gleichzeitig die Energiereserven Fettsäuren, die von dem Leberglykogen bereitgestellten Blutglukose (Blutzucker) und das Muskelglykogen. Das Mischverhältnis ist abhängig von der Energieflussrate, die von der Belastungsintensität bestimmt wird. Bei einer extensiven Ausdauerbelastung werden als aerobe Energiebereitstellung von Beginn an (nach 60-90 Sekunden) Glukose und Fettsäuren oxidiert.

Der Anteil der Fettsäureverbrennung erhöht sich in Abhängigkeit zu der Belastung und der Abnahme des Muskelglykogens und des besseren Trainingszustandes. Die Bilanz des Fettverbrennungsanteils bei einem Marathonlauf beträgt je nach Intensität zwischen 40% und 70 %. Das Maximum der Fettverbrennung liegt bei einem mittleren Belastungsbereich zwischen 70 (normal Ausdauertrainierte) bis 80 % (hoch Ausdauertrainierte) der HFmax. Mit zunehmender Intensität über 80 % HFmax nimmt der Fettverbrennungsanteil ab, da die Energieflussrate zu hoch wird, und deshalb mehr Glukose verbrannt wird. Oberhalb der aeroben Schwellenbelastung werden keine Fettsäuren mehr zur Energieaufbereitung verbrannt. Der Fettverbrennungsprozess erhöht sich zunehmend mit der Laufdauer wenn der Glykogenspeicher zur Neige geht. (Siehe auch Abbildung »Die zeitliche Stoffwechselveränderung bei Dauerbelastung« S. 62)

Je mehr und je länger ein Energieverbrauch stattfindet und je höher die Belastung im aeroben Bereich ist, also auch je schneller gelaufen wird in der bestimmten Belastungsintensitätsbandbreite, desto mehr Fettverbrennung erfolgt.

Der klassische Fettverbrennungslauf zur Steigerung der Langzeitausdauer beim Marathontraining findet daher über 3 Stunden mit mittlerer, aerober Belastung statt. Bei einer Stunde schnellem Joggen im oberen aeroben Bereich wird mehr Fett verbrannt als bei einer Stunde langsamem Joggen.

Je niedriger die Belastungsintensität ist, desto höher ist der relative Anteil an der Fettverbrennung (in %), aber desto niedriger ist dann die absolute Fettverbrennung (in kcal), verglichen zu einer höheren Belastung im aeroben Bereich.

Der weit verbreitete Glaube, langsames Laufen bewirke eine höhere Fettverbrennung, resultiert daher, dass die meisten Übergewichtigen nicht in der Lage sind, eine Stunde lang zügig zu joggen. Für diese Fälle ist langsames Laufen auch richtig, damit so eine Stunde Dauerlauf oder länger durchgehalten werden kann. Wer langsam läuft, verbrennt weniger Fett, aber dafür über eine längere Zeit, was aber in Summe zu einer relativ hohen Fettverbrennung führen kann. Die maximale Summe an aerober Fettverbrennung ist relevant für die maximale Fettverbrennungsleistung. Daher empfiehlt es sich, für eine effiziente Fettverbrennung in einer möglichst langen Belastungszeit in einem aeroben Belastungsbereich in der Geschwindigkeit zu laufen, die man über diese Zeitdauer halten kann.

Gewichtskontrolle

Eine Personenwaage sollte über eine digitale Anzeige mit einer Genauigkeit von 0,1 kg verfügen sowie mit einer Körperfett-Messfunktion ausgestattet sein.

Das Gewicht und der Fettanteil sollten täglich gemessen und kontrolliert werden, zum selben

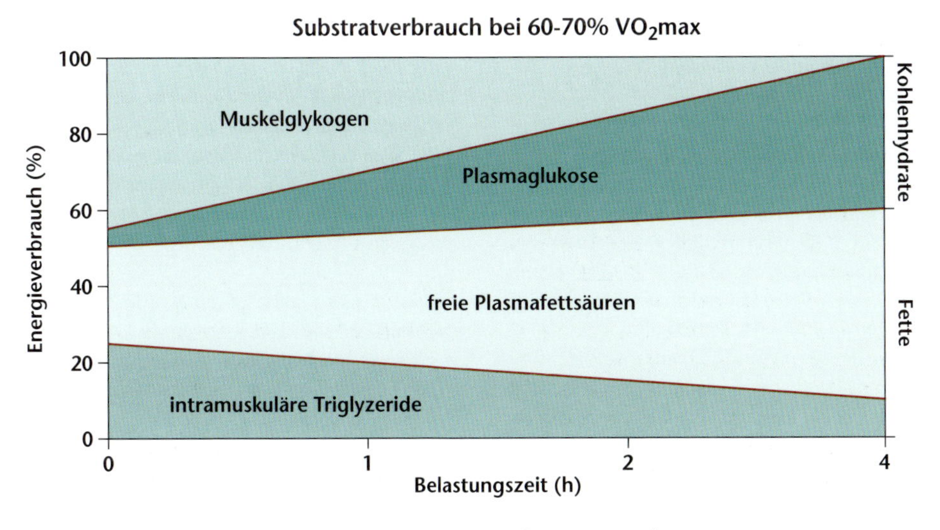

Fettverbrennung bei einer Ausdauerbelastung über 4 Stunden Dauer (von Romijn et al) (60–70 % VO_2max = 70–80 % HFmax)

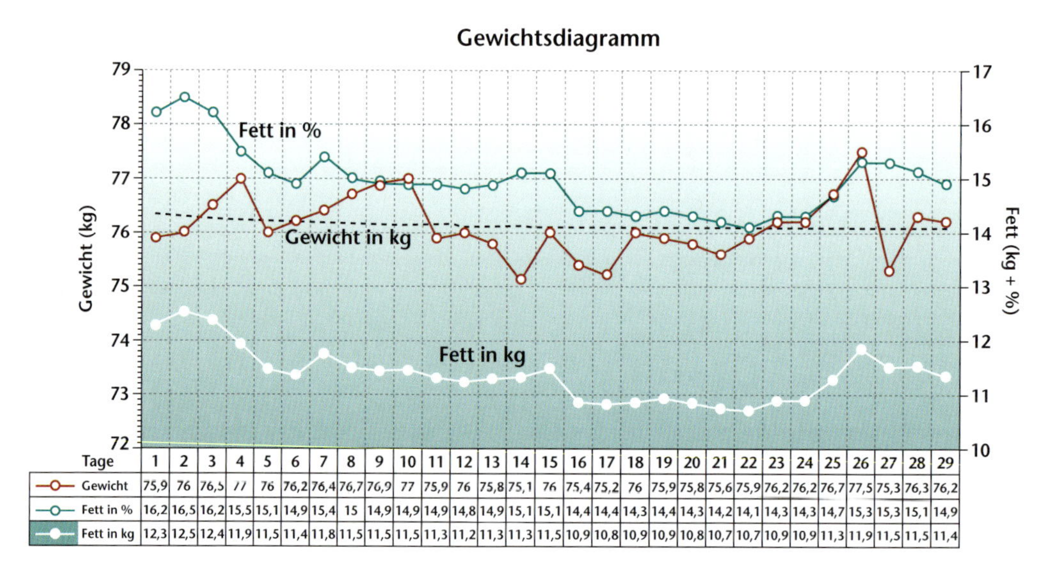

Tage	1	2	3	4	5	6	7	8	9	10	11	12	13	14	15
Gewicht	75,9	76	76,5	77	76	76,2	76,4	76,7	76,9	77	75,9	76	75,8	75,1	76
Fett in %	16,2	16,5	16,2	15,5	15,1	14,9	15,4	15	14,9	14,9	14,9	14,8	14,9	15,1	15,1
Fett in kg	12,3	12,5	12,4	11,9	11,5	11,4	11,8	11,5	11,5	11,5	11,3	11,2	11,3	11,3	11,5

Tage	16	17	18	19	20	21	22	23	24	25	26	27	28	29
Gewicht	75,4	75,2	76	75,9	75,8	75,6	75,9	76,2	76,2	76,7	77,5	75,3	76,3	76,2
Fett in %	14,4	14,4	14,3	14,4	14,3	14,2	14,1	14,3	14,3	14,7	15,3	15,3	15,1	14,9
Fett in kg	10,9	10,8	10,9	10,9	10,8	10,7	10,7	10,9	10,9	11,3	11,9	11,5	11,5	11,4

Meine Gewichtsdatenerfassung über einen Monat, mit Absolutgewicht in Kilogramm, relativem Fettanteil in Prozent und absolutem Fettanteil in Kilogramm (Waage ohne Sportlermodus, daher sind die Fettwerte über zwei Prozent zu hoch).

Zeitpunkt (abends), und über eine Grafik die tägliche Entwicklung von Gewicht und Fett dargestellt werden. So können Abweichungen frühzeitig erkannt und Gegenmaßnahmen ergriffen werden.

Es können innerhalb von zwei Tagen durch den schwankenden Wasseranteil im Körper oder durch die Verdauungszyklen erhebliche Gewichtsschwankungen auftreten. Auch Wettkämpfe, lange Läufe oder Ruhetage beeinflussen das Gewicht bzw. den Wasseranteil erheblich. Das Körpergewicht »atmet« mit ca. +/-0,5 kg pro Tag. Die Orientierung über den Gewichtsverlauf sollte deshalb über drei bis vier Tage erfolgen. Der Trend ist dabei wichtiger als die absoluten Messwerte.

Varianten der Gewichtsreduzierung

Alle Aktionen zur Gewichtsabnahme sollten bei abnehmendem Mond durchgeführt werden. Voraussetzung für den Erfolg ist die strikte Einhaltung der Energiebilanz, besser weniger und der Verzicht auf Speisen mit einem Fettanteil über 3 %.

Vor dem Abnehmen sollte klar analysiert werden, worin die Ursache für das Übergewicht liegt. Was ist konkret die falsche Essgewohnheit; wie viel Sport muss täglich getrieben werden, um das Gewicht zu halten. Das stabile Gleichgewicht des Körpergewichts muss über die Energiebilanz erreicht werden, bevor die Abnahmeprozedur erfolgt.

Erst wenn es durch die Umstellung der Ess- und Bewegungsgewohnheiten zu einer Gewichtsstabilisierung gekommen ist (über mindestens zwei Wochen), dann kann mit Sport/Diät/Fasten das Übergewicht erfolgreich abgebaut werden. So kann der Jo-Jo-Effekt (Gewicht geht, Gewicht kommt wieder) vermieden werden.

Ernährung und Abnehmen

Übergewicht hat meist zwei Ursachen:

- ein zu großer Fettanteil in der Ernährung
- eine zu hohe Kalorienzufuhr oberhalb der Energiebilanz

Grundsätzlich sollte auf eine gesunde, abwechslungsreiche, fettarme Ernährung geachtet werden. Fetthaltige Speisen (Bratwurst, Pommes mit Majo) und fett- oder zuckerhaltige Nahrungsmittel (Sahne, Süßigkeiten, Schokolade, Kuchen) sollten auf ein Minimum reduziert bzw. vermieden werden.

Folgende Essgewohnheiten begünstigen das Abnehmen

- Zur Reduzierung des Hungergefühls vor dem Essen ein Glas Wasser trinken und einen Salat essen
- Nur so viel essen, dass man gerade satt ist. Das eigentliche Sättigungsgefühl tritt erst 10 Minuten nach dem Essen ein.
- Der Anteil an Gemüse und Salat sollte 2/3 der Nahrungsmenge sein.

Fettverbrennung aktiv

- Keine Nahrungsmittel über drei Prozent Fettgehalt zu sich nehmen.
- Die Nahrung sollte zu 2/3 aus komplexen Kohlenhydraten und zu 1/3 Eiweiß bestehen.
- Die Unterscheidung zwischen guten und schlechten Kohlenhydraten
- Einnahme mehrerer, kleiner Mahlzeiten über den Tag verteilt
- Verzicht auf zuckerhaltige Getränke und Alkohol, wie z. B. Limonade, Cola, Bier, Wein

Falsche Essgewohnheit beheben
Viele Übergewichtige erzeugen durch eine falsche Essgewohnheit ein ständiges Hungergefühl, das zu kontinuierlichem Essen anregt. Das Hungergefühl wird von einem zu niedrigen Blutzuckerspiegel ausgelöst, der vermieden werden kann.

Kurzkettige Kohlenhydrate wie in Süßigkeiten oder Pommes werden vom Körper sofort verbrannt. Der Körper reagiert auf den rasanten Anstieg von Kohlenhydrate mit einem ebenso rasanten Anstieg des Blutzuckerspiegels, verursacht durch den Insulinanstieg. Nach dem sehr schnellen Verbrennungsprozess fällt der Blutzuckerspiegel ebenso schnell ab, kommt in den negativen Unterzuckerbereich und löst ein starkes Hungergefühl aus. Der Kreislauf mit »negativen« Kohlenhydraten kann eine »Fresssucht« bewirken.

Nahrungsmittel wie komplexe, leicht verdauliche Kohlenhydrate halten den Blutzuckerspiegel lange hoch, da die »guten« Kohlenhydrate nicht sofort in Glucose abgebaut werden (sh. auch Grafik nächste Seite oben).

Ein vollwertiges Frühstück mit komplexen Kohlenhydraten sorgt für eine Grundlast und hält den Blutzuckerspiegel lange hoch. Kleine Zwischenmahlzeiten von komplexen Kohlenhydraten wie Bananen, Obst, Nüsse, Nudeln, Reis, Kartoffeln, Brot, Ballaststoffe und Vollkornprodukte, die über den Tag in kleinen Portionen mehrfach eingenommen werden, lassen den Blutzuckerspiegel nicht ins Bodenlose sinken.

Die Hauptmahlzeit sollte eine Beilage enthalten wie Salat und Gemüse, die mit wenigen Kalorien den Magen füllt und so ein stärkeres Sättigungsgefühl bewirkt. Lebensmittel wie Sahne, Fett, Eis, Bier, Wein sollten völlig eliminiert werden.

Die Essportionen dürfen nur so groß sein, dass sie gerade satt machen. Einen kleinen Nachschlag gibt es erst 15 Minuten nach der Mahlzeit, wenn der Hunger es nicht anders zulässt. Zu jedem Essen mindestens 0,5 Liter Mineralwasser trinken und ein Glas vor dem Essen.

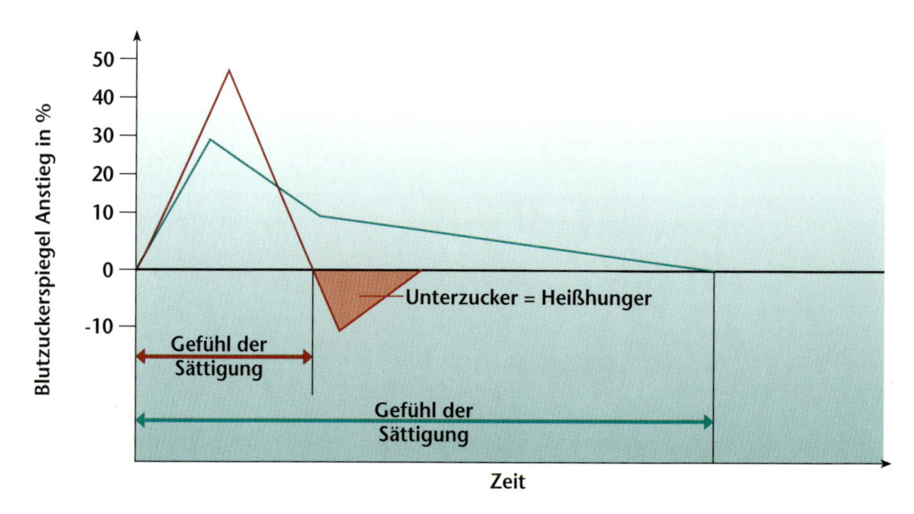

Das Hungergefühl tritt ein, sobald der Blutglukosewert 6,5 mmol/l unterschreitet

Blutzuckerverlauf bei Nahrungsmitteln einfacher, süßer oder schwer verdaulicher Kohlenhydrate und Energiebomben. Auf einen kurzzeitigen Anstieg des Blutzuckers folgt ein rascher Abbau des Blutzuckerspiegels mit Unterzuckerung, was ein Heißhungergefühl bewirkt.
Ein neues Hungergefühl tritt nach kurzer Zeit auf.

Blutzuckerverlauf bei Nahrungsmitteln komplexer, leicht verdaulicher Kohlenhydrate in kleinen Portionen. Der Blutzuckerspiegel steigt nicht sehr stark an und baut sich langsam wieder ab.
Ein neues Hungergefühl tritt erst später wieder ein.

Fettanteile in der Ernährung
Grundsätzlich unterscheiden sich gesättigte Fette (tierisches Fett, Milch), die der Körper sofort einlagert, und ungesättigtes Fett (pflanzliches Fett, Fisch), die der Körper verarbeitet.

Gesättigte Fette sind im Körper nicht zum direkten Verbrauch vorgesehen, sondern zur Speicherung als Energie-Reserve. Zugeführte, gesättigte Fette werden vollständig und sofort im Fettgewebe gespeichert und erst verbraucht, wenn die Glykogenspeicher leer sind. Es sollte daher besonders auf die Fettanteile der Nahrung geachtet werden, deren Anteil nicht über drei Prozent der Nahrungszusammensetzung sein sollte.

Eine Ausnahme bildet der regelmäßige Ausdauersport über zwei Stunden Dauer, wenn der Körper mit Fett unterversorgt ist und Fettanteile zur Energiegewinnung benötigt.

Abnehmen durch Sport
Abnehmen (»Abspecken«) erfolgt nur durch eine negative Energiebilanz. Mit Ausdauertraining kann der Stoffwechsel zu einer zusätzlichen Energieverbrennung aktiviert werden, was ohne Energieausgleich zu einer negativen Energiebilanz führt und eine Gewichtsreduktion bewirkt. Der Abbau von Fett auf natürliche Weise kann nur erfolgen, wenn der Körper für die Stoffwechselverbrennung Fett als Energiequelle heranzieht und die Energiebilanz negativ ist. Fettabbau kann auch im Schlaf erfolgen, da der Körper in Ruhe vorwiegend Fettsäuren verbraucht.

Eine sehr intensive Fettverbrennung kann mit Ausdauersport erreicht werden. Sportarten wie Joggen von 1,5 Stunden, Rad fahren über drei Stunden, Walken von fünf Stunden oder Skilanglauf von zwei Stunden Dauer mit einer Belastung im aeroben Bereich sind gut für die zusätzliche Fettverbrennung geeignet. Zur Vernichtung von einem Kilo Körperfett müssen ca. 7000 kcal zusätzlich verbrannt werden.

Der Körperfettanteil kann verringert werden durch:

- Erhöhung der Belastungszeit pro Trainingseinheit und Trainingstagen pro Woche
- Erhöhung des Tempos in der 2. Hälfte des Trainings
- Nutzung des Nachbrenneffektes nach einer Trainingseinheit

Unter 60 Minuten im Ziel – Inlineskater, Teilnehmer an vielen City-Marathons

- zusätzlich Kraft- oder Fitnesstraining absolvieren
- Ausdauerbelastung im oberen aeroben Bereich
- Einlegen von Fastentagen

Fettverbrennung nach dem Sport »Nachbrenneffekt« oder »Afterburn«

Fette werden zwar vom Körper rund um die Uhr verbrannt, aber nach dem Training noch besonders intensiv. Nach einer sportlichen Belastung erfolgt noch ein gesteigerter Energieumsatz, damit auch eine gesteigerte Fettverbrennung im Ruhezustand. Die erhöhte Stoffwechselphase nach dem Sport, bei dem auch verstärkt Fett verbrannt wird, bezeichnet man als Nachbrennphase oder auch »Afterburn«. Je intensiver das Training, desto höher der Afterburn und der Gesamt-Energieverbrauch.

Für die Optimierung des Fettabbaus ist daher darauf zu achten, dass nach dem Training für ca. 1,5 Stunden keine Kohlenhydrate gegessen und nur Mineralwasser und kein Alkohol getrunken wird.

Lange Läufe

Wer schnell abnehmen will, sollte zwei Laufeinheiten von 1,5 Stunden Dauer an zwei aufeinander folgenden Tagen absolvieren und dabei wenig und kalorienarm essen.

Übergewichtige können mit drei langen Läufen und 60 km Gesamtlaufleistung pro Woche ca. 1 kg Fett verbrennen, bei gleichzeitiger Einhaltung der Diät. Bei Athleten mit normalem Fettanteil (15 % Mann, 25 % Frau), die weiterhin Gewicht reduzieren wollen, erfolgt der Abnahmeprozess langsamer, da das Körperfett nur noch aus festem, hartnäckigem Fett besteht. Mit langen Läufen im Bereich 70–80 % der max. Herzfrequenz wird in Summe die relativ stärkste Fettverbrennung erreicht.

Rad fahren

Ähnlich wie beim Joggen, jedoch mit der halben Fettverbrennung pro Zeiteinheit wird bei langen Radfahrten Fett in Energie verbrannt. Jogger, die noch keine 1,5 Stunden Dauerlauf bewältigen können, bietet Rad fahren eine Gelenk schonende Alternative. Die Fahrdauer sollte doppelt so lang sein wie beim Joggen, d.h. drei Stunden bei 60–65 % der maximalen Herzfrequenz. Beim Radfahren gelten um ca. zehn Schläge niedrigere HF Werte als beim Joggen.

Jogging und Fitness an einem Tag

Mit Jogging und Fitnesstraining am selben Tag wird ein sehr hoher Kalorienverbrauch bewirkt. Dabei sollte das Fitness vor dem Jogging stattfinden, oder das Jogging sollte morgens/mittags und das Fitness dann abends erfolgen. Fitnesstraining nach dem Jogging ist nicht zu empfehlen, da die dazu benötigte Energie beim Joggen verbraucht wurde und daher Gefahr besteht, die Fitness-Übungen ungenau auszuführen.

3 + 3 + 1 Methode
Eine der effizientesten Methoden, Fett zu verbrennen, besteht in der Kombination der drei Elemente Ausdauertraining, Krafttraining und Fasten. Dabei erfolgt innerhalb einer Woche an drei Tagen ein Ausdauertraining von mindestens 1,5 Stunden Dauer pro Trainingseinheit. An drei Tagen wird ein Krafttraining mit Hanteln oder Geräten von mindestens 1 Stunde Dauer absolviert. An einem Tag der Woche wird gefastet, d.h. viel Wasser getrunken und nichts gegessen. Die Energiezufuhr darf am Tag nicht über 1700 kcal/Mann und 1300 kcal/Frau betragen. Die Kombination der Module Ausdauertraining, Krafttraining und Fasten bewirkt gleichzeitig einen Muskelaufbau, eine Fettverbrennung und eine negative Energiebilanz.

Trennkost
Bei der Trennkost werden die Nahrungsmittel Eiweiß und Kohlenhydrate nicht gemeinsam in einer Mahlzeit verzehrt, sondern in getrennten Mahlzeiten. Obst, Gemüse und Salate werden als neutral bewertet.

Morgens werden dabei nur Obst und Früchte gegessen, dazu Tee, Gemüsesaft oder Mineralwasser getrunken. Mittags kann alles gegessen werden, jedoch muss es Trennkost sein. Die Mahlzeit besteht entweder aus Kohlenhydraten oder aus Eiweiß. Dazu wird viel Mineralwasser getrunken und als Dessert reichlich Obst verzehrt. Bis Abends

Banane, des Marathonis Liebling

Kiwi, die Vitaminbombe

wird dann nichts mehr außer Obst gegessen und Mineralwasser getrunken. Das Abendessen besteht wie das Mittagessen aus Trennkost und wird bis 19 Uhr verzehrt.

Das Wirkungsprinzip liegt in der Leichtigkeit der Verdauung, des damit konstant gehaltenen Blutzuckerspiegels, des lang anhaltenden Sättigungsgefühls mit der daraus resultierenden geringeren Aufnahme an Kalorien.

Diät
Sport alleine genügt in vielen Fällen nicht, um abzunehmen. Gelegentlich nimmt man durch Sport sogar zu, entweder durch die aufgebaute Muskelmasse oder die zusätzliche Wasseraufnahme.

Eine Gewichtsreduzierung wird nur durch eine negative Energie-Bilanz erreicht. Eine Diät mit ca. 70 % des Energiebedarfs ist eine bewusste Reduzierung der Essens-Quantität, oft verbunden mit langkettigen Kohlenhydraten, sogenannten Sattmachern.

Die Ernährung sollte aus 2/3 Gemüse und langkettigen, leicht verdaulichen Kohlenhydraten bestehen. Dabei ca. zwei bis drei Liter/Tag trinken, z. B. Mineralwasser oder Säfte mit 2/3 Wasser gemischt.

FDH
Eine alte Binsenweisheit ist die FDH-Kur («friss die Hälfte«), also 50 % weniger zu essen als normal. Dies ist eine der einfachsten und wirksamsten Möglichkeiten, das Übergewicht zu reduzieren. Leider bewirkt die FDH-Kur ein ständiges Hungergefühl.

Fastentag
Pro Woche einen Fastentag einzulegen, begleitet mit viel Wasseraufnahme, ist eine gesunde Methode, das Gewicht abzubauen und den Körper »aufzuräumen«.

Vormittags kein Frühstück
Eine zusätzliche Fettverbrennung wird aktiviert, wenn erst ab 12 Uhr mittags die erste Mahlzeit eingenommen wird. Somit werden die Glykogenspeicher entleert, die Fettverbrennung wird aktiviert.

Kohlsuppen-Diät
Gemüse beinhaltet kein Fett, sondern nur Kohlenhydrate und Vitamine. Kohlsuppe schmeckt sehr gut, leider hält das Sättigungsgefühl nicht lange an. Wenn diese Diät eine Woche ausschließlicher Bestandteil der Nahrungsaufnahme ist, muss darauf geachtet werden, dass nicht zu viel Suppe gegessen wird. Auch Kohlenhydrate werden zu Fett umgewandelt und eingespeichert, wenn die Energiebilanz überschritten wird.

Heilfasten
Eine radikale, aber äußerst wirksame und schnelle Methode, in kürzester Zeit Gewicht zu verlieren, ist das so genannte Heilfasten. Diese Methode ist besonders geeignet für extrem Übergewichtige, die aufgrund ihres Übergewichts nicht in der Lage sind zum Joggen. Voraussetzung für das Heilfasten ist ein gesundes Herz/Kreislaufsystem.

Beim Heilfasten wird bei abnehmendem Mond über einen Zeitraum von mindestens zwei bis zu vier Wochen absolut nichts gegessen. Es werden drei bis fünf Liter Flüssigkeit pro Tag getrunken, Mineralwasser oder Säfte mit 2/3 Wasser gemischt. Das Hungergefühl verschwindet nach dem dritten Tag Heilfasten völlig. Das Lebensgefühl und die vitale Stärke erhöhen sich dabei aufgrund der freigesetzten Energie des nicht mehr benötigten Verdauungsprozesses und des täglich neu erlebten Leichtigkeitsgefühls.

Beim Heilfasten werden in den ersten beiden Wochen ca. ein kg Gewicht pro Tag, und nach der zweiten Woche ca. 0,5 kg Gewicht pro Tag abgebaut.

Beim Heilfasten wird nicht nur Fett verbrannt, sondern es werden auch viele Giftstoffe, die im Körper eingelagert sind, ausgeschieden. Daher der Name Heilfasten. Ein besonderer Effekt dabei ist, dass ein zu großer Magen dabei auf eine normale Größe schrumpft.

Einen Tag vor Beginn des Heilfastens sollte der Magen/Darm vollständig entleert werden, z. B. mit einem Obst-Tag. Nach dem Heilfasten wird in den ersten Tagen nur Obst und Gemüse gegessen, danach für ca. fünf Tage nur leicht Verdauliches in kleinen Mengen. Während und nach dem Heilfasten sollten dem Körper konzentriert Mineralien und Vitamine über Nahrungsergänzungsmittel zugeführt werden.

Nur die ersten drei Tage der Heilfastenkur werden als sehr hart empfunden, da ein Bären-Hungergefühl entsteht, was danach völlig verschwindet. Die erfolgreiche Durchführung der Heilfastenkur besteht darin, die ersten drei Tage durchzuhalten, der Rest ist leicht. Es empfiehlt sich, die eigene Willenskraft durch eine Motivationshilfe zu festigen. Als Belohnung sollte ein begehrter Preis erhalten werden. Nach dem Motto: zu zweit ist alles halb so schwer, bietet es sich an, mit Partner/in das Heilfasten zu beginnen und dabei eine sehr empfindliche Wette abzuschließen, die derjenige gewinnt, der in der festgelegten Zeit am meisten Gewicht verloren hat. Wer nach 20 Tagen 15 kg oder nach 40 Tagen 25 kg Gewicht verloren hat, wird das Gefühl haben, ein neuer Mensch zu sein. Nach spätestens 40 Tagen oder 25 kg Gewichtsverlust durch Heilfasten sollte das Fasten für mindestens ein Jahr eingestellt werden, damit sich die Haut und die Sehnen an die neue Körperform anpassen können.

Der Nachteil des Heilfastens besteht darin, dass der Körper auch Proteine, das heißt Muskelmasse, und das darin gebundene Wasser abbaut. Der Körper schrumpft zusammen. Nach dem Heilfasten ist auf die Energiebilanz zu achten und durch Krafttraining mit konzentrierter Eiweiß-, Vitamin- und Mineralienzufuhr der Körper wieder zu »sanieren«.

Bei einer Kreislaufschwäche können zu Beginn der Heilfastenkur Schwindelgefühle entstehen, die im Extremfall die Absetzung der Kur erforderlich macht. Daher ist vor Beginn einer Heilfastenkur eine ärztliche Untersuchung zu empfehlen.

Obst und Gemüse haben null Fett.

23. Ernährung

Zum erfolgreichen Training für den Muskelaufbau und um schlank zu sein ist die Ernährung ebenso wichtig wie die sportliche Betätigung selbst. Es kommt dabei auf die richtige Menge, die Qualität und die Zusammensetzung der Ernährung an. Um alle körperlichen Funktionen erfüllen zu können, müssen dem Körper Kohlenhydrate, Eiweiße, Mineralstoffe, Vitamine, Wasser, Ballaststoffe und bedingt auch pflanzliche Fette zur Verfügung gestellt werden.

Ein Defizit in der Ernährungsqualität bewirkt einen Rückgang der sportlichen Leistungs- und Regenerationsfähigkeit.

Energiebedarf

Der Körper benötigt für seine Funktionen Energie. Drei wesentliche Verbrauchsbereiche lassen sich dabei am Beispiel eines bürotätigen Menschen ausmachen.

1. **Ruhestoffwechselrate** zur Aufrechterhaltung der grundlegenden Körperfunktionen wie Atmung, Blut- und Sauerstofftransport.

   Diese Energie trägt ca. 60–70 % des Gesamtenergiebedarfs.

2. **Körperliche Aktivitäten** Bewegungen wie gehen, laufen, arbeiten.

   Dieser Energieverbrauch beträgt ca. 15–35 % des Kalorienverbrauchs

3. **Verdauungsprozess** zur Aufspaltung und Speicherung der Energien.

   Dazu werden ca. 10 % der Kalorien benötigt.

Sportlerernährung

Zum Muskelaufbau benötigt der Körper vor allem Eiweiß und für die Ausdauerleistung überwiegend Kohlenhydrate. Die jeweilige Energieauswahl sollte sich auf die Trainingseinheiten konzentrieren. Deshalb werden nach den langen Läufen konzentrierte Kohlenhydrate und nach dem Krafttraining und schnellen Läufen besonders konzentrierte Eiweiß-Nahrung aufgenommen.

Die sieben Bausteine der Ernährung

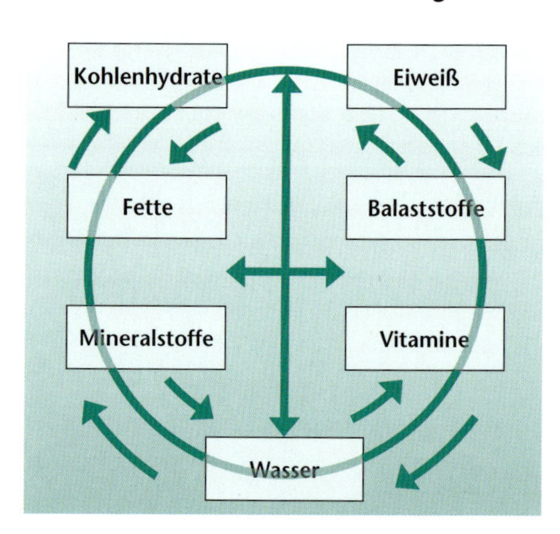

Eine »ausgewogene Ernährung« deckt alle Ernährungsbausteine ab.

Kohlenhydrate

Kohlenhydrate sind der wichtigste Grundnahrungsstoff und der Hauptteil unserer Ernährung. Die tägliche Energieaufnahme sollte zu ca. 50 bis 60 % aus Kohlenhydraten bestehen. Kohlenhydrate können in geringer Menge im Körper gespeichert werden und sind eine wichtige Bausubstanz im Organismus.

Die Kohlenhydrate stellen die am leichtesten zugängliche Energiequelle für den Körper dar. Der Brennwert von einem Gramm Kohlenhydrat beträgt 4,2 Kilokalorien. Der Körper speichert Kohlenhydrate in Form des wasserlöslichen Zuckers Glykogen. Die Hauptspeicherorte der Kohlenhydrate sind die Leber und der Muskel. Das Glykogen in der Leber (ca. 150 g) dient in erster Linie der Aufrechterhaltung des Blutzuckerspiegels, das Glykogen in den Muskeln (200–300 g) als Energiereserve. Wenn die leichtverfügbaren Kohlenhydratvorräte verbraucht sind, liefern zunächst Fette, dann auch Eiweiße die Energie.

Kohlenhydrate sind überwiegend pflanzlicher Herkunft und stehen z. B. als Getreideprodukte, Kartoffeln, Gemüse und Obst zur Verfügung. Nudeln, Bananen, Mehrkornbrot und Salate sind die Klassiker der Kohlenhydrate für Sportler.

Kohlenhydrate sollten möglichst im frischen Zustand verzehrt werden und weniger in verarbeiteter und konservierter Form. Im rohen Zustand sind die vorliegenden nutzbaren Vitamine und Mineralstoffe von höherem Wert. Besonders zu empfehlen sind langkettige Kohlenhydrate in Brot, Müsli, Reis, Nudeln, Kartoffeln, Bohnen.

Kurzkettige Kohlenhydrate in Kuchen, Schokolade, Süßigkeiten u.s.w. treiben den Blutzuckerspiegel hoch, was einen sofortigen Verbrennungsprozess bewirkt, so dass nach kürzester Zeit ein erneutes Hungergefühl entsteht.

Kohlenhydrate Pasta

Fette

Fettsäuren sind organische Säuren, die aufgrund der Länge ihrer Kohlenstoffkette in kurzkettige und langkettige Fettsäuren eingeteilt werden. Je länger die Fettsäureketten in einem Fett sind, desto schwerer ist es, das Fett zu verdauen oder zu schmelzen.

Fette unterscheiden sich in gesättigte Fettsäuren ohne Doppelbindung und in ungesättigten Fettsäuren mit einer oder mehreren Doppelbindungen in der Fettsäurenkette.

Fettunterscheidung nach der Herkunft

- Gesättigte Fettsäuren von tierischen Fetten
- Ungesättigte Fettsäuren von Fetten aus Pflanzen und Fischen

Fettunterscheidung nach der Zustandsform

- Flüssige Fette (z. B. Öle) haben einen hohen Anteil an kurzkettigen und ungesättigten Fettsäuren
- Halbfeste Fette (z. B. Butter, Schmalz)
- Feste Fette (z. B. Kernfett, Talk) weisen einen großen Anteil an langkettigen, gesättigten Fettsäuren auf.

Fettunterscheidung nach der Verarbeitung

1. Naturbelassene Nahrungsfette wie kalt gepresste Öle aus Disteln oder Oliven
2. Bearbeitete Nahrungsfette wie Speiseöl
3. Gehärtete Fette wie Erdnuss- oder Kokosfett

Fette sind aufgrund ihrer hohen Energiedichte der größte Energieträger. Fette liefern mehr als die doppelte Menge Energie wie Kohlenhydrate oder Eiweiße.

Der unmittelbare Energiebedarf wird durch Kohlenhydrate gedeckt, da die Fettverbrennung für den Organismus aufwändiger ist. Jegliche Energie oberhalb der Energie-Bilanz, die über die Nahrung zugeführt wird, speichert der Körper in Fett-Depots. So werden die nicht verbrannten Fette vom Körper als Depot- und als Baufett gespeichert.

Viele Fette sind in den Nahrungsmitteln versteckt, weshalb auf die Zusammensetzung der Nahrung besonders geachtet werden muss. Das ungesättigte Fett baut der Körper leichter ab. Das Fett speichert der Körper grundsätzlich so lange ein, bis ein entsprechendes Defizit in der Energiebereitstellung eintritt. Bestimmte Fette sind lebenswichtig, dazu zählen die Omega-3-Fettsäuren.

Eiweiß

Eiweiße, in der Fachsprache Proteine genannt, sind organische Verbindungen, welche die Elemente Kohlenstoff (C), Wasserstoff (H), Sauerstoff (O) und Stickstoff (N) enthalten. In einigen Eiweißen kommen darüber hinaus Phosphor (P) oder Schwefel (S) vor. Die Eiweiße bestimmen in entscheidendem Maße die Funktion und Struktur des menschlichen Körpers. Sie sind ein unentbehrlicher Bau- und Reparaturstoff der menschlichen Zellen. Sie sind auch auf unterschiedlichste Art und Weise an den zahlreichen Stoffwechselvorgängen beteiligt. Bausteine der Eiweiße sind die Aminosäuren.

Das Eiweiß wird im Sport für den Muskelaufbau und das Muskelwachstum benötigt. Beim Krafttraining sollte für den Muskelaufbau am Trainingstag ein Minimum von ein Gramm Protein pro Körpergewicht zugeführt werden, z. B. 76 kg = 76 Gramm Eiweiß, ideal aber sind zwei Gramm/kg = 150 Gramm Protein am Trainingstag.

Eiweißunterscheidung nach der Herkunft

- Pflanzliches Eiweiß z. B. aus Hülsenfrüchte, Soja, Getreide und Kartoffeln
- Tierisches Eiweiß z. B. aus Fleisch, Fisch, Milch und Eier

Besonders zu empfehlen ist das Eiweiß von fettarmem Fleisch wie Geflügel, Rind, Fisch, Schinken, Thunfisch und von Soja, Joghurt, Milch sowie Eier.

Eiweiß

Mineralstoffe:

Mineralstoffe sind als nicht-organische Nährstoffe für den Körper sehr wichtig. Der Organismus kann die Mineralstoffe selbst nicht herstellen, sie müssen daher über die Nahrung zugeführt werden. Mineralstoffe sind wie die Vitamine keine Energieträger.

Der Körper benötigt Mineralstoffe zum Aufbau der Knochen (z. B. Kalzium, Phosphor) und zur Regulierung des Stoffwechsels (z. B. Kalium, Natrium).

Unterscheidung der Mineralstoffe:

- Baustoffe wie Kalzium, Phosphor und Magnesium
- Reglerstoffe wie Jod, Natrium, Kalium, Eisen und Chlor

Einige Mineralstoffe besitzen beide Eigenschaften gleichzeitig. Phosphor ist zum Beispiel am Aufbau

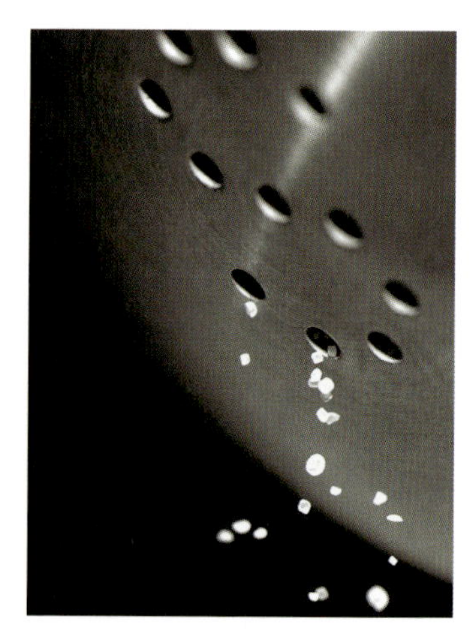

Mineralien

von Knochen und Zähnen und zugleich auch an der Regulation des Säure-Basen-Haushalts beteiligt.

Eine mineralreiche Ernährung besteht z. B. aus Milchprodukten wie fettarmem Joghurt, fettarmem Quark, Milchreis, Milch und aus Mineralwasser.

Vitamine

Es gibt zwei Gruppen von Vitaminen, die wasserlöslichen und die fettlöslichen.

Wasserlösliche Vitamine (Vitamin C und alle B-Vitamine)

Sie verteilen sich im Körper und wirken in allen wasserhaltigen Zonen. Wasserlösliche Vitamine können im Körper kaum gespeichert werden und müssen daher täglich neu zugeführt werden, um die Tages-Sollmenge zu erreichen. Nur B12 kann in der Leber gelagert werden.

Multi-Nährstoffe

Fettlösliche Vitamine (A, D, E und K)
Sie können vom Körper im Fettgewebe und in der Leber über mehrere Wochen gespeichert werden. Die Zufuhr fettlöslicher Vitamine muss über den Zeitraum von einer Woche betrachtet und die Vorgaben dann in Summe erfüllt werden.

Pflanzen enthalten besonders viele Vitamine. Daher sind frisches Obst und Gemüse zur Abdeckung des Vitaminbedarfs sehr wichtig. Viele Vitamine sind in grünem Blattgemüse, in Früchten, Kartoffeln und Getreideprodukten enthalten. In geringem Umfang kommen Vitamine auch in Milch- und Fleischprodukten vor. Besonders zu empfehlen sind Bananen, Äpfel, Salate, Tomaten, Paprika, Gurken, Kiwi und Ananas.

Ein Ausdauersportler benötigt besonders viel Vitamin C sowie B1 und Vitamin E.

Oft werden die im Gemüse vorkommenden Vitamine durch falsche Nahrungszubereitung bis zu 50 % vernichtet. Gemüse darf nicht gekocht werden. Es sollte nur blanchiert oder leicht gedünstet werden, so dass das Gemüse im Kern knackig bleibt.

- Vitamin B-Komplexe

Sie fördern den Kohlenhydrat-Stoffwechsel.

B1 fördert die Energiegewinnung aus Kohlenhydraten

B2 fördert den Eiweißstoffwechsel und Sauerstofftransport

B6 fördert die Blutbildung und den Zuckerspiegel

B12 bildet rote Blutkörperchen für den Ausdauersport und fördert die Bildung von Muskelzellen beim Kraftsport

- Vitamin C

Vitamin C muss dem Körper täglich neu zugeführt werden, da er es nicht speichern kann. Es stärkt das Immunsystem, hilft gegen Asthma und Erkältungserkrankungen. Vitamin C kommt vor allem in frischem Obst und Gemüse vor. Es ist licht- und sauerstoffempfindlich und sollte nicht zu lange erhitzt oder gelagert werden. Da Vitamine aus dem Gemüse ins Kochwasser übertreten sollte das Kochwasser als Sauce verarbeitet werden. Da die meisten Vitamine in und unter der Schale sind, sollte diese mitgegessen werden.

Besonders viel Vitamin C enthalten Kartoffeln. Die schwarze Johannisbeere enthält 180 mg Vitamin C pro 100 Gramm, dicht gefolgt von Petersilie, Paprika, Brokkoli und Weißkohl. Um den durchschnittlichen Tagesbedarf an Vitamin C zu decken (120 Milligramm), reichen folgende Mengen der jeweiligen Lebensmittel:

Nahrungsmittel	Menge
Gemüsepaprika	100 g
Kiwi	150 g
Kohlrabi	220 g
Brokkoli	200 g
Orangen	200 g

- Vitamin E

Vitamin E wird ausschließlich in Pflanzen synthetisiert. Über die Nahrungskette gelangt es in den tierischen Organismus und ist deshalb auch geringfügig in tierischen Lebensmitteln vorhanden. Das Vitamin E wird vom Dünndarm aus in das Körpergewebe verteilt. Der höchste Gehalt findet sich in Fettgewebe, Leber, Nebennieren und Muskelgewebe.

Vitamin E schützt die Zelle vor freien Radikalen und Sauerstoffradikalen. Speziell beim Fettstoffwechsel spielt Vitamin E eine wichtige Rolle. Auch beim Eiweißstoffwechsel wirkt Vitamin E mit und unterstützt weiterhin das Immunsystem.

Die höchsten Konzentrationen von Vitamin E bieten Getreidekeime. Pflanzenöle sowie Butter, Nüsse, Gemüse, Bohnen, Grünkohl, Schwarzwurzeln und Spargel enthalten große Mengen an Vitamin E.

Vitamin E fördert den Heilungsprozess bei Sportverletzungen und die Regeneration z. B. bei Muskelkater oder Muskelverhärtung.

Um den durchschnittlichen Tagesbedarf an Vitamin E zu decken (20 Milligramm), reichen folgende Mengen der betreffenden Lebensmittel:

Nahrungsmittel	Menge
Schwarzwurzeln, Konserve	280 g
Sonnenblumenöl	28 g
Vollkornkeks	140 g
Studentenfutter mit Erdnüssen	210 g
Tomatensalat	280 g

Ballaststoffe
Ballaststoffe sind Substanzen in pflanzlichen Lebensmitteln, die der menschliche Dünndarm nicht verwerten kann. Als Quell- und Füllstoffe leisten sie keinen Energiebeitrag für den Körper und besitzen daher keinen Brennwert. Bei Ballaststoffen handelt es sich um Gerüst- oder Stützsubstanzen von Pflanzen, die der Darmflora von Nutzen sind.

Frisches Obst und Gemüse

Es werden lösliche und unlösliche Ballaststoffe unterschieden. Lösliche Ballaststoffe sind besonders in Obst und Gemüse sowie in Hafer enthalten. Unlösliche Ballaststoffe kommen in Vollkorngetreide und Vollkornprodukten vor.

Ballaststoffreiche Ernährung fördert eine geregelte Verdauung, senkt das Dickdarmkrebsrisiko und schützt vor einer Reihe weiterer Erkrankungen des Enddarms. Der Tagesbedarf an Ballaststoffen beträgt ca. 30 Gramm, die z. B. in 350 g Vollkornbrot enthalten sind. Wer täglich ein bis zwei Stück Obst (möglichst mit Schale) isst, eine Portion Salat von ungefähr 75 g und etwa 200 g Gemüse, der hat seinen Tagesbedarf an Ballaststoffen gedeckt.

Wasser

Der Mensch ist ohne Nahrung mehrere Monate überlebensfähig, ohne Wasser jedoch nur wenige Tage. Da beim Sport durch das Schwitzen sehr viel Wasser verdunstet wird, muss dem Körper entsprechend Wasser zugeführt werden. Nach dem Sport sollte das Körpergewicht bei richtiger Wasserzufuhr gleich wie vor dem Sport sein.

Der menschliche Körper besteht, je nach Alter und Körpergröße, zwischen 50 und 70 % aus Wasser. Drei Viertel des im Körper vorhandenen Wassers befinden sich im Innern der Zellen und nur ein Viertel außerhalb der Zellen. Vor allem das Gehirn, die Leber, die Muskelzellen und die Haut sind reich an Wasser.

Vitamine

Die Aufgaben des Wassers in unserem Körper sind vielfältig. Es ermöglicht einerseits den Stoffwechsel als Lösungs- und Transportmittel für die Stoffwechselsubstanzen, es ist außerdem für die Wärmeregulierung des Körpers verantwortlich.

Der Körper verliert über den Tag mit den Ausscheidungen und über die Haut beträchtliche Mengen an Wasser. Dieses Wasser muss ständig ersetzt werden. Die Wasseraufnahme erfolgt über das Trinken und über feste Nahrungsmittel, die ebenfalls Wasser enthalten.

Mineralwasser, ein Grundnahrungselement

Die Wasserbilanz

Zwischen der Aufnahme und der Ausscheidung von Wasser sollte ein Gleichgewicht bestehen, die so genannte Wasserbilanz. Die Wasseraufnahme variiert je nach Durst, Hunger und Appetit. Die Hauptausscheidung von Flüssigkeit erfolgt über die Nieren, welche die Flüssigkeitsbilanz größtenteils regeln. Ein weiterer wichtiger Ausscheidungsmechanismus ist die Schweißsekretion durch die Schweißdrüsen. Eine geringe Menge an Wasser wird auch über die Atemluft abgegeben.

Wer ausreichend und regelmäßig trinkt, ist körperlich und geistig leistungsfähiger. 1,5 bis zwei Liter Flüssigkeit sollte ein Erwachsener minimal pro Tag trinken, besser sind zwei bis drei Liter. Dabei ist es wichtig, diese Trinkmenge gleichmäßig über den Tag zu verteilen. Wenn ein Flüssigkeitsmangel vom Tag erst abends ausgeglichen

Dehydrierung und Energieverknappung sind des Marathonis Feinde

wird, führt dies am nächsten Tag zu einer Leistungsreduzierung.

Dehydrierung

Erhöht sich die Wasserausscheidung z. B. bei lang anhaltendem Schwitzen, kann es ohne Wasserzuführung zu einem Wasser-Defizit kommen.

Eine negative Wasserbilanz führt zu einer Dehydrierung und eine positive Wasserbilanz zu einer Hyperhydrierung des Organismus. Dies bewirkt in beiden Fällen eine starke Leistungsreduzierung, verringerte Konzentration und Reaktion sowie eine vorzeitige Ermüdungserscheinung.

Durstgefühl

Wenn das Durstgefühl eintritt, ist es schon zu spät, es besteht bereits ein Flüssigkeitsdefizit. Das Durstgefühl stellt sich erst ein, wenn etwa 0,5 % des Körpergewichts an Flüssigkeit fehlen (Beispiel 70 kg = 0,35 Liter).

Schwitzen als Kühlung

Auf der Haut befinden sich etwa zwei Millionen Schweißdrüsen. Bei sportlicher Betätigung wird überschüssige Wärme produziert, die der Körper abgeben muss, um nicht zu überhitzen.

Durch den Vorgang des Schwitzens verteilt der Körper über die Schweißdrüsen Wasser auf der Haut, um sich damit zu kühlen. Der Wasserfilm verdunstet dabei durch die überschüssige Körperwärme, dadurch entsteht die so genannte Verdunstungskälte.

Die richtige Körpertemperatur wird im Gehirn ständig überprüft und durch Kälte- und Wärmerezeptoren, die in der Haut sind, reguliert. Wie viel Wasser bei der Schweißregelung abgegeben wird, hängt von der Dauer und Intensität der körperlichen Belastung sowie von der Außentemperatur ab. Ein Sportler von 70 Kilogramm Körpergewicht kann beim Marathon bis zu 1,8 Liter Schweiß pro Stunde verlieren.

Zusammensetzung der Nahrung

Für Sportler gilt die Faustformel für die Nahrungszusammensetzung: 60 % Kohlenhydrate, 37 %

Getränkestation

Eiweiß und 3 % Fett. Es sollte auf frische, hochwertige Mischkost geachtet werden. Der Fettanteil wird auf ein Minimum aus pflanzlichen Fetten reduziert.

Beim Ausdauersport nimmt der Anteil an Kohlenhydraten zu, beim Muskelaufbau- und Krafttraining nimmt der Anteil an Eiweiß zu.

Die Lebensmittelpyramide

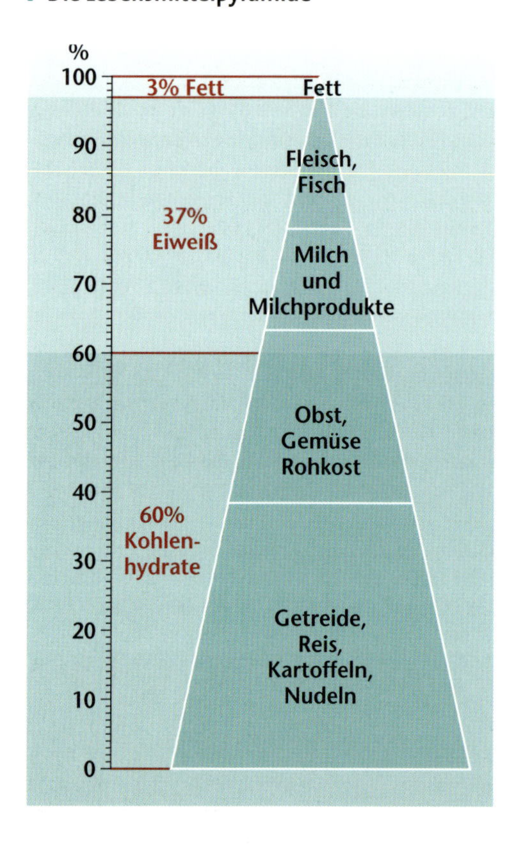

Nur wenn die Ernährung stimmt, resultiert daraus eine gute, sportliche Leistung.

Pro Stunde Lauf-Ausdauertraining werden ca. 800 kcal zusätzlich an Kohlenhydraten benötigt. Die Extra-Kalorien sollten aufgrund des Verbrennungsprozesses erst 1,5 Stunden nach dem Training eingenommen werden.

Bei einer aktuellen Untersuchung von Ausdauerleistungssportlern in einem Leistungszentrum wurde über den Zeitraum von einer Woche die Energiezufuhr der Athleten im Training gemessen. Dabei wurde festgestellt, dass die durchschnittliche Energiezufuhr bei den Männern 2650 kcal und bei den Frauen 1900 kcal betrug.

Verdauung

Die Verdauung beeinflusst die sportliche Leistungsfähigkeit. Das parasympatische Nervensystem fördert die Verdauung und bindet dabei Energie und Kräfte. Besonders empfiehlt es sich, hinsichtlich der Leistungsvitalität über den Tag verteilt leicht verdauliche Nahrung in mehreren kleinen Mengen zu sich zu nehmen. Dies ist besser, als nur einmal am Tag eine große Portion mit derselben Kaloriensumme zu essen.

- **Frühstück**

Hierbei sollten ca. 30 % des Tages-Nahrungsenergiebedarfs aufgenommen werden. Es sollte reich an Kohlenhydraten mit etwas Eiweiß sein.

- **Mittagessen**

Das Mittagessen umfasst etwa 20–25 % des Tages-Energiebedarfs. Es sollte reich an Kohlenhydraten sein und wenig Eiweiß enthalten.

- **Zwischenmahlzeit**

Am Nachmittag wird eine kleine Zwischenmahlzeit mit max. 15 % der Nahrungsenergie mit überwiegend Kohlenhydraten wie Obst verzehrt.

- **Abendessen**

Die restlichen 30–35 % des Energiebedarfs sollten abends vor 19 Uhr eingenommen werden. Je nach Training variierend, sind es nach einem Krafttraining überwiegend Eiweiß und bei einem Ausdauertraining mehr Kohlenhydrate.

Muskelvitalstoffe

Zink (z. B. in Austern, Rindfleisch, Tunfisch, Putenbrust, Spinat, Bohnen, Vollkornbrot)

Das Zink fördert den Muskelaufbau und das Immunsystem. Es sorgt als »Bodyguard« für die Vernichtung von freien Radikalen und damit für ein schnelles Abklingen einer entstehenden Erkältung. Heilprozesse bei Wunden und Verletzungen werden beschleunigt.

Magnesium (z. B. in Hülsenfrüchten)

Das Magnesium unterstützt den Aufbau von Knochen und Zähnen und verbessert das Nervensystem. Es fördert auch die Entspannung der Muskulatur und verhindert Krämpfe. Durch starkes Schwitzen geht viel Magnesium verloren.

Calcium (z. B. in Milch, Joghurt, Käse, Quark, Hülsenfrüchten).

Das entscheidende Mineral für die Funktion der Muskeln und Nerven ist das Calcium. Es hat auch Einfluss auf den Aufbau der Kohlenhydratspeicher, die Regulation des Wasserhaushalts, die Regulierung und Festigung des Herz-Kreislaufsystems und auf die Koordinationsfähigkeiten. Beim Schwitzen geht sehr viel Calcium verloren.

Kalium (z. B. in Bananen, Hülsenfrüchten, Spinat)
Unterstützt den Stoffwechsel insbesondere zur schnellen Auffüllung des Kohlenhydratspeichers. Kalium reguliert den Wasserhaushalt und unterstützt die Muskelfunktion. Beim Schwitzen geht viel Kalium verloren.

Phosphor (z. B. in Fleisch, Fisch)
Fördert den Stoffwechsel und die schnelle Energiebereitstellung.

Eisen (z. B. in Rindfleisch, Geflügel, Linsen, Brokkoli)
Große Bedeutung hat Eisen für den Transport von Sauerstoff zu den Arbeitsmuskeln zur Energiegewinnung bei der Ausdauerleistung.

Kreatin (z. B. Matjes, Lamm)
Kreatin verbessert die Sauerstoffaufnahmekapazität des Blutes und verzögert die Ermüdung. Es besitzt eine muskelbildende Wirkung und erhöht die Leistungsfähigkeit im kurzzeitigen Kraftsport. Kreatin kommt in Nahrungsmitteln nur geringfügig bei Fleisch und Fisch vor. Der Organismus produziert das Kreatin in geringen Mengen selbst. Kreatin ist als Nahrungsmittelergänzung verfügbar. Eine Kreatin-Kur (20 Gramm/Tag über fünf Tage, danach drei Gramm/Tag) kann im Kraftsportbereich eine Leistungsverbesserung bis zu 10 % bewirken. Je größer der Kreatinspeicher ist, desto mehr kann schnell verfügbare Energie erzeugt werden.

L-Carnitin
Eine wichtige Rolle im Fettstoffwechsel und der sportlichen Belastungs- und Regenerationsfähigkeit spielt L-Carnitin. Es besteht aus essenziellen Aminosäuren Lysin, Methionin, den Vitaminen C, B3, B6, B12, Folsäure und Eisen.

Jod (Meeresfisch, Jodsalz)
Der Körper benötigt Jod zur Herstellung von zwei wichtigen Hormonen. Sie steuern den gesamten Stoffwechsel und beeinflussen das Wohlbefinden. Das Jod wird zu 2/3 in der Schilddrüse gelagert. Der tägliche Bedarf liegt bei 200 µg. Bei anhaltendem Jodmangel entsteht durch Schilddrüsenvergrößerung ein Kropf. Beim Sport wird durch den Schweiß sehr viel Jod ausgeschieden, pro Liter Schweiß 10 µg Jod.

Stärkung der Widerstandskraft
Für eine höhere Widerstandsfähigkeit des Körpers sorgen die Antioxidanzien Vitamin C und E sowie die Spurenelemente Zink und Selen. Sie bekämpfen die freien Radikale und stärken das Immunsystem.

Unterstützung der Leistungsfähigkeit
Der Vitamin B-Komplex sowie L-Carnitin und das Coenzym Q10 fördern den Energiegewinnungsprozess.

Verkürzung der Regenerationszeit
Die Regeneration wird durch Kalium (Förderung der Glykogeneinlagerung) und Zink (Zellneubildung) sowie L-Carnitin und Vitamin E beschleunigt. Schlaf ist zur Regeneration sehr wichtig. Pro 20 km Zusatzlauftraining/Woche wird ca. 30 Minuten zusätzlicher Schlaf pro Tag benötigt. Wichtig ist, dass der Zusatzschlaf vor Mitternacht erfolgt.

Ernährungs-Bewusstsein
Fett wird vom Körper grundsätzlich eingespeichert, wenn es nicht unmittelbar durch ein Energiedefizit benötigt wird. Daher muss auf die versteckten Fettanteile in der Nahrung besonders geachtet werden. Ein Ernährungs-Bewusstsein bezieht sich auf die Informationsauswertung, welches Nahrungsmittel in welchen Mengen welchen Brennwert liefert und aus welchen Nährwerten es besteht.

Viele Nahrungsmittel sind auf der Verpackung mit der spezifischen Zusammensetzung von Fett, Eiweiß, Kohlenhydrate und Brennwert pro 100 Gramm Lebensmittel gekennzeichnet. So kann die Auswahl und Menge von Nahrungsmitteln bewusst gesteuert werden. Falls diese Angaben fehlen, bieten Ernährungswerttabellen diese Information. Der persönliche, durchschnittliche Energiebedarf muss bekannt sein. Falls nicht, kann dieser über den Energieverbrauch definiert bzw. herausgefunden werden, bei welchem das Körpergewicht unverändert bleibt.

Vermeidung von Nährstoffen
Eine Sporternährung sollte auf folgende Nahrungsprodukte verzichten:
- Zucker, zuckerhaltige Speisen und Getränke, Süßwaren
- Produkte aus stark gemahlenen Mehlen wie Weißbrot, Kuchen, Kekse, Toast
- Speisen mit viel gesättigten, tierischen Fetten
- Alkohol
- fetthaltige Nahrungsmittel

So weit die Füße tragen ...

Elektrolytgetränke
Die Elektrolytgetränke werden auch ISO-Getränke genannt. Sie sind ein Gemisch aus flüssigen Kohlenhydraten und sorgen für eine konzentrierte, schnelle Kohlenhydrat-Zufuhr in flüssiger Form. Die ISO-Getränke werden bei Marathon-Veranstaltungen oft ab km 15 bei den Getränkestationen zusätzlich angeboten. Es erfolgt damit eine Beschleunigung der Energieaufnahme direkt durch den Dünndarm.

Ein Elektrolytgetränk ist ein Gemisch aus 0,5 Gramm/Ltr. Natrium, 6 %/Ltr. Glukose und Wasser. Die ISO-Getränke entsprechen damit dem osmotischen Druck des Blutes = Isotonie («gleich viel«). Deshalb werden die gelösten Energiestoffe in ISO-Getränken sofort aufgenommen.

Soll/Ist Abweichung von Vitaminen und Mineralien bei Sportlern
Der Olympiastützpunkt Rhein/Ruhr führte in 2004 eine Nährstoffanalyse bei 40 Leistungs- und Freizeitsportlern über den Zeitraum von einer Woche durch. Dies ergab einen aktuellen Überblick über die aufgenommenen Kalorien, Mineralstoffe und Vitamine der Sportler.

Leistungssportler waren zwei bis drei Stunden und Freizeitsportler eine Stunde pro Tag sportlich aktiv.

Mineralstoffe

Mineral	Empfohlene Menge pro Tag in Milligramm		Erreichung des Sollwerts in %		Vorkommen
	Leistungssport	Freizeitsport	Leistungssport	Freizeitsport	
Natrium	2000	1600	102	93	Lachs, Wurst, Käse, Oliven, Salz
Zink	20	15	88	94	Austern, Muscheln, Vollkornbrot, Lamm, Fisch Leber, Weizen, Eier, Käse, Spinat
Magnesium	700	500	86	93	Kleie, Grüngemüse, Nüsse, Mineralwasser, Milch, Vollkorn, Fleisch
Calcium	2000	1600	74	75	Milch, Mineralwasser, Brokkoli, Obst
Eisen	20	16	74	70	Vollkorn, Fleisch, Geflügel, Leber, Salzhering, Obst, Brokkoli, Erbsen
Kalium	5000	4300	65	65	Milch, Obst, Salat, Fisch, Fleisch, Geflügel
Jod	0,20	0,15	31	29	Fisch, Meeresfrüchte, Jodsalz, Milch, Feldsalat
Phosphor	2500	2000	60	67	Kleie, Milch, Fisch, Fleisch, Käse

Vitamine

Vitamin	Empfohlene Menge pro Tag in Milligramm		Erreichung des Sollwerts in %		Vorkommen
	Leistungssport	Freizeitsport	Leistungssport	Freizeitsport	
A, Retinol	3	2,5	80	75	Früchte, Eigelb, Gemüse, Milch, Fisch
E	25	20	102	88	Pflanzenöl, Getreide, Nüsse, Erbsen, Grünkohl, Eier, grünes Gemüse
C	250	200	53	51	Obst, Gemüse, Kartoffeln, Salat, Zitrusfrüchte
D	5 µgr	4 µgr	33	19	Lachs, Hering, Leber, Lebertran, Aal
Folsäure	0,54	0,47	39	38	Getreide, Kohl, Soja, Geflügel, Obst
B12	5 µgr	3 µgr	103	88	Lachs, Rind, Eier, Milch, Leber
Niacin, B3	35	30	116	85	Vollkorn, Erbsen, Fleisch, Fisch
B1	3	2,5	73	72	Vollkorn, Obst, Schweinefleisch, Nüsse, Kartoffeln, Geflügel, Hülsenfrüchte
B2	3	2,5	63	60	Milch, Getreide, Leber, Käse, Brokkoli
B6	3	2,5	64	61	Obst, Milch, Eier, Fleisch, Lachs, Vollkorn, Soja, Kartoffeln
Beta-Carotin	4	3,2	52	25	Grünes Gemüse, Pfirsich, Karotten
Pantothensäure	8	6	51	25	Milch, Rindfleisch, Getreide, Obst, Eier, Broccoli, Blumenkohl
Biotin, B7	90 µgr	70 µgr	53	49	Milch, Obst, Nüsse, Soja, Kartoffeln

Die Vitaminwerte betrugen im Durchschnitt unter 68 % und die Mineralwerte unter 74 % der Sollwerte. Die Nährstoffwerte der Freizeitsportler waren noch schlechter als die der Leistungssportler.

Die Untersuchungsergebnisse zeigen auch, dass es nicht ganz einfach ist, die benötigte Nährstoffdichte für Vitamine und Mineralien durch gesunde Ernährung zu erhalten.

Die Nährstoffdefizite führen zu einer verminderten sportlichen Leistungsfähigkeit, sowohl im Ausdauer- als auch im Kraftbereich.

Mischkostempfehlung:
Um auf die empfohlenen Mengen der Vitamin- und Mineralstoffe zu kommen, sollte pro Tag folgende Nahrung aufgenommen werden:

5 Stück Obst (Banane/Orange/Kiwi)
300 Gramm Vollkornbrot
50 Gramm Meer-Fisch (wegen Jodanteil)
1 Liter Milch (max. 1,5% Fett)
1 Salat, 100 Gramm
1 Gemüse, 100 Gramm Brokkoli/Grünkohl/Mohrrüben
200 Gramm Fleisch und Wurst (fettarm)
100 Gramm Nudeln/Reis oder Kartoffeln
1,5 Liter Mineralwasser

Ein Problem besteht bei dem Mineral Jod sowie bei den Vitaminen, B12, B1, E und Folsäure.

Falls die Ernährung es nicht ermöglicht, die vorgegebenen Nährstoffe abzudecken, bieten sich Nahrungsergänzungsmittel an.

Eine Software zur Bestimmung der Nährstoffanalyse pro 100 Gramm Lebensmittel in nahezu alle Bestandteile gibt es unter www.3lands.ch.

Die nachfolgende Tabelle zeigt die Nährwertanalyse von o.g. Beispiel.

Damit wird erkenntlich, über den Zeitraum von einer Woche betrachtet, dass es mit einer gesunden Mischkost möglich ist, die Nährwertvorgabe überwiegend zu erfüllen.

		1 l Milch	300 g Vollkorn-brot	50 g Lachs	1 Früh-stücksei	1 Banane, 2 Kiwi, 2 Orangen	1 Acker-salat, 100 g	200 g Rin-der-Steak Filet	100 g Salz-kartoffeln gekocht	1,5 l Mineral-wasser	100 g Brokkoli			
	kcal	**480**	**562**	**69**	**92**	**265**	**14**	**242**	**70**	**0**	**23**	**1817**		
Vitamine	**Sollwert in µg**											**Summe**	**Delta**	**Versor-gung %**
A, Retinol	3	0,7	0	0,01	0,7	0,2	0,7	0,04	0	0	0,14	2,5	-0,5	83 %
E	25	0,8	5,0	2,2	2,4	2,6	1,2	1,9	0,1	0	1,3	17,5	-7,5	70 %
C	250	17	0	0	0	180	35	0	12,3	0	61	305,3	55,3	122 %
D	5 µg	1,7	0	9	1,8	0	0	0	0	0	0	12,5	7,5	250 %
Folsäure	540 µg	50	140	10	40	90	70	20	20	0	0	440	-100	81 %
B12	5 µg	0	0	1,5	1	0	0	2	0	0	0	4,7	-0,3	94%
Niacin, B3	35	0,9	9,0	6,6	1,9	2,6	1,1	26,2	0,9	0	1,9	51	16	146 %
B1	3	0,40	0,30	0,07	0,06	0,34	0,07	0,20	0,09	0	0,06	1,59	-1,41	53 %
B2	3	1,8	0,30	0,07	0,2	0,2	0,08	0,3	0,04	0	0,12	3,1	0,11	104 %
B6	3	0,5	0,46	0,31	0,66	0,6	0,25	0,38	0,22	0	0,12	3,5	0,5	117 %
B-Carotin, A	4	0,08	0,12	0	0	0,9	3,9	0	0	0	0,81	5,81	1,81	145 %
Pantothen-säure	8	3,5	1,6	0,4	0,96	0,9	0,2	2	0,3	0	0,96	10,8	2,8	135 %
Biotin, B7	90 µg	30	14	4	15	27	1	0	9	0	0	100	10	111 %
Mineralien	**Sollwert**											**Summe**	**Delta**	**Versor-gung %**
Natrium	2000	500	1690	26	86	1	7,8	84	2	180	15	2592	592	130 %
Zink	20	3,8	7,2	0,5	0,8	1,1	0,98	8,8	0,3	0,1	0,6	24,18	4,18	121 %
Magnesium	700	120	172	16	7	88	96	44	19	165	23	750	50	107 %
Calcium	2000	1180	66	7	34	110	122	6	6	525	112	2168	168	108 %
Eisen	20	0,5	8	0,5	1,3	2,5	2,3	4,6	0,4	0	1,2	21,3	1,3	107 %
Kalium	5000	1500	866	155	88	1090	803	680	0,3	60	298	5540	540	111 %
Jod	200 µg	80	20	20	0		8	0	0		10	138	-62	69%
Phosphor	2500	930	692	126	130	95	109	320	47		79	2528	28	101 %
Mangan	8	0,05	6,8	0,01	0,02		0,77	0,04	0,12		0,25	8,06	0,06	101 %
Nährwert	**Sollwert**											**Summe**	**Anteil**	**Versor-gung %**
Eiweiß in g	150	34	19,4	9,7	7,7	4,6	1,8	42	2	0	3,2	124,4	31 %	83 %
Kohlen-hydrat in g		49	112	0	0,4	61	0,7	0	15	0	1,9	240	60 %	
Fett in g		16	3	3,4	3,6	0	0,4	8	0,1	0	0,2	34,7 399,1	9 %	

Xiamen-Marathon in China mit 15 000 Teilnehmern

Läuferreihe

24. Erfahrungen von Marathonis

Marathon-Erfahrungen unterschiedlicher Altersgruppen

Christa Wulf, Oersdorf, AK W70, Marathonzeit 3:44 h

Zum Laufen bin ich erst als 54-Jährige gekommen. Ursache dafür war, dass ich an einer Laufveranstaltung teilnehmen wollte, die das Gymnasium Kaltenkirchen 1983 plante, einen Grenzlauf von Lübeck nach Hof. Teilnahmevoraussetzung war, dass man 10 km am Stück laufen konnte. So habe ich angefangen, an zwei bis drei Tagen/Woche zu joggen.

Vier Jahre später lief mein Sohn beim Hamburg-Marathon mit und ich stand als Zuschauerin an der Strecke. Ich war fasziniert und begeistert von dieser Marathon-Atmosphäre und der Veranstaltung und sagte zu mir: »das will ich auch erleben«. Ich beschloss, sofort dem Lauftreff Kaltenkirchen beizutreten und trainierte an drei bis vier Tagen pro Woche für jeweils ein bis zwei Stunden. Die Trainingsläufe verliefen leicht und locker, »laufen ohne zu schnaufen«. Ab und zu gab es in der ersten Zeit Seitenstiche. Nach sechs Monaten Training bin ich dann meinen ersten Marathon in Berlin 1987 in 3:37 h gelaufen.

Das Laufen ist mir von Anfang an leicht gefallen. Ich bin ein Leichtgewicht und war schon immer ein Mensch der Bewegung. Nachteile hat das Laufen für mich überhaupt keine, im Gegenteil. Nach jedem Lauf fühle ich mich besser als zuvor und bin gut gelaunt. Selbst nach einem Marathonlauf geht es mir bestens. Ich laufe bei jedem Wetter, außer bei Gewitter und Eisregen. Für meine Familie und vor allem für die vier Enkelkinder bleibt trotz des Laufens genügend Zeit. Man lernt dabei, mit der Zeit flexibel umzugehen. Ich trainiere nie mehr als vier Mal pro Woche, auch zu meinen Bestzeiten nicht. Natürlich ist regelmäßiges Training erforderlich,

um ein erfolgreicher Marathonläufer zu werden. Man muss auch mal Intervall-Läufe beim Lauftraining einbauen. Beim Marathontraining sollte man langsam beginnen und sich dann stetig steigern.

An den New York-Marathon denke ich noch gerne zurück. Es war sehr anstrengend, über die langen Brücken zu laufen. Es war keine einfache Strecke, deshalb lief ich ca. zehn Minuten langsamer als sonst.

Beim Hamburg-Marathon musste ich einmal bei km 31 eine kleine Strecke gehen. Um Zeit zu sparen, hatte ich keine Getränke aufgenommen. Plötzlich ging bei km 31 nichts mehr. Nach einer Gehpause mit viel Wasserzufuhr kam ich dann wieder zu Kräften, so dass ich trotzdem noch in 3:18 h das Ziel erreichte. Seither trinke ich von Anfang an bei jeder Getränkestation alle fünf km mindestens ein bis zwei Becher Wasser. Ich vertrage nur Wasser, keine ISO-Getränke.

Meine Marathonbestzeit war 3:12 h in Hamburg. Mit 65 Jahren bin ich in Berlin noch 3:14 h gelaufen, heute laufe ich mit 72 Jahren noch 3:44 h.

Marathon ist für mich zunächst ein Sport, aber auch ein Abenteuer und eine Herausforderung, diese Distanz zu schaffen. Selbstverständlich muss man sich auch mental darauf einstellen und einen starken Willen entwickeln. Das Glücksgefühl beim Marathon-Zieleinlauf, auch wenn man sich unterwegs ab und zu quälen musste, ist unbeschreiblich schön.

Ich kann jedem, der Spaß am Laufen und an der Natur hat, die 42,195 km nur empfehlen. Das Laufen ist eine wunderbare Sportart, es befreit von jeglichem Frust und hält Leib und Seele zusammen.

Hubertus Reh, Bad Krozingen, AK M 70, Marathonzeit 4:45 h, Mitglied im 100 Marathon-Club

Meine Sportaktivitäten begannen im Alter von acht Jahren in einer Schülermannschaft mit Fußball, den ich über 20 Jahre lang aktiv betrieb. Danach begann ich meine Tätigkeit als Fußball-Schiedsrichter. Um das Laufvermögen zu verbessern, nahm ich ab 1968 an Volksläufen teil. Marathons gab es zu dieser Zeit nur sehr wenige, Stadtmarathons gar keine.

In den 70er Jahren kam ein beruflicher Wechsel mit der Familie nach Johannesburg/Südafrika, nebenberuflich wurde ich dort Schiedsrichter in den beiden Profiligen. Aber wo trainieren? Es gab sehr viele »Road Races« der Leichtathleten, aber es gab keine Volksläufe. Mit einem Freundeskreis gründeten wir den Verein »Pacers« und führten den Massenlaufsport ein. Dabei erreichten wir 1975 als erster Sportbereich, dass die verschiedenen Rassen im damaligen Apartheitsstaat gemeinsam starten durften.

Nach mehreren Läufen über 10 km, 10 Meilen und 15 Meilen wagte ich mich 1978 mit 42 Jahren bei den Transvaal-Marathon-Meisterschaften in Johannesburg auf 2000 Meter Höhe an den ersten Marathon – das Ziel wurde nach knapp vier Stunden erreicht. Als wir nach Deutschland zurückkehrten, wurden 1979 die 100 km in Biel angegangen, nach gut 11 Stunden wurde das Ziel erreicht. Der Vorbereitung dazu dienten mehrere Marathonläufe als Grundlagentraining. Der Bieler Hunderter schlug mich zehnmal hintereinander in seinen Bann. Dabei summierten sich die Marathon- und Ultraläufe auf 70 Stück (Marathon-Bestzeit 3:31 h), wobei in manchen Jahren nur zwei, im Maximum elf Marathons absolviert wurden. Zusätzlich wurden als Basistraining im Schnitt pro Jahr ca. 15 Volksläufe über die Distanz 10 bis 30 Kilometer absolviert. Bis zum Alter von 55 Jahren lief ich im Mittelfeld – seitdem gehen die Zeiten altersbedingt zurück. Da es damals kaum fachmännische Anleitung für das Laufen gab, musste man Renneinteilung, Trainingsaufbau etc. durch Erfahrung selbst erlernen. Pulsmesser gab es 1968 noch nicht, später brauchte ich keinen mehr. Man muss »in den Körper hineinhorchen«, um Überlastungen zu vermeiden. In all den Jahren gab es nur

eine ernstliche Verletzung durch einen Hundebiss. Zweimal meldete sich die Achillessehne, sofortige Eispackungen und genaue Schuhüberprüfung brachten in kürzester Zeit Abhilfe.

Beruflich ist Laufen als Hobby ideal: Laufschuhe und Trikot plus Hose kann man bequem um die ganze Welt im Koffer transportieren. Partner und Sportplätze/Anlagen werden nicht benötigt. Dabei lernt man vor allem im Ausland viele Gegenden intensiv kennen und erhält Einblicke, wie sie nur Einheimische bekommen können.

Mental befreit das lange Laufen den Kopf von Problemen, die man dabei überdenken und vor allem vernünftig einordnen kann. Man kehrt zufrieden und entspannt vom Laufen zurück. Das Laufen setzt Kreativität frei und ermöglicht einen strukturierten Weitblick. Die Abwehrkräfte des Körpers gegen Erkältungen werden durch das Laufen gestärkt, man schläft viel besser ein und wacht entspannt auf.

Der wichtigste Ausrüstungsgegenstand sind natürlich die Laufschuhe. Sie müssen bequem sitzen und gut der Fußform angepasst sein, eventuell durch Einlagen. Jeder Körper hat seine natürlichen Belastungsgrenzen bezüglich des Trainingsumfangs, die man kennen und auf die man sich beschränken sollte. Eine Überlastung der Muskeln, Sehnen und Knochen führt zu Verletzungen und zur Zwangspause. Wichtig ist es, ein gutes Zeitgefühl für den Wettkampf zu entwickeln, um sich nicht von schnelleren Läufern oder von Zuschauern mitreißen zu lassen.

Nachdem jetzt die M70 erreicht sind, bereite ich mich nach inzwischen 62 aktiven Sportjahren auf das Ende der Wettkampfzeit vor: die immer länger werdende Laufzeit bringt mich inzwischen näher an das Ende der Läuferschar. Diese letzte Marathonsaison wird noch absolviert – inzwischen stehen 165 Marathons und Ultras zu Buch, das reicht. Vielleicht folgen dann noch ein paar kürzere Wettkämpfe. Aber zum Vergnügen wird sicher weiter durch die Gegend gelaufen bzw. gewandert, dazu sind täglich ein paar Minuten Gymnastik eingeplant.

Eines ist sicher: das beim Langlauf Erlebte wird mir immer in Erinnerung bleiben, es hat mir viel gegeben – ich kann es nur weiterempfehlen!

Winnie Pennigstorff, Göttingen, AK W60, Marathonzeit 4:20 h

Als Nicht-Läuferin suchte ich nach einem Hobby an der frischen Luft und begann im Januar 1986 als 43-Jährige mit meinem ersten Jogging. Der Anfang des Laufens war im wahrsten Sinne des Wortes »atemberaubend«. Jeder konnte schneller und länger laufen als ich. Eine kleine Gruppe plante, an dem Frühjahrsmarathon im April in Kassel teilzunehmen. Mein Bruder begeisterte mich dafür, so dass ich es auch probieren wollte. So begann ich an drei Tagen in der Woche – Mittwoch, Samstag und Sonntag – mit langsamen Dauerläufen zu trainieren, ohne eine Uhr dabei zu haben, ohne zu wissen wie viele Kilometer es waren. Nach drei Wochen lief ich dann immer etwas weiter. Bis Mitte März schaffte ich es, ohne Unterbrechung 30 Kilometer zu laufen. Ich hatte gelesen, dass man dann einen Marathon bewältigen kann. Am Marathonstart nahm ich mir vor, so langsam zu laufen, dass ich ganz sicher ankommen würde. Der Plan hat geklappt, mit 4:00:29 h lief ich durch das Ziel. Ich war sehr glücklich, als Nicht-Läuferin in nur drei Monaten Vorbereitung einen Marathon geschafft zu haben.

Der Ehrgeiz und die Faszination, Marathon zu laufen, war nun in mir geweckt worden. Im selben Jahr lief ich fünf weitere Marathons und wurde dabei immer schneller, beim Eichsfeld-Marathon erreichte ich eine Bestzeit von 3:35:01 h. Das waren ziemlich viel Marathons in einer Saison, aber es hat mir Spaß und Kondition gebracht. Zwischen den Marathon-Wettkämpfen lief ich extrem langsam oder fuhr Fahrrad. Hätte ich gesundheitliche Probleme gespürt, wäre ich sofort weniger gelaufen. Darauf achte ich bis heute. Sobald mir etwas weh tut, lege ich eine Laufpause ein. Meine Marathonzeit verbesserte ich dann in der AK W45 auf 3:09 h. Später lief ich dann in der AK W55 Ultramarathons wie den Swiss Alpine K78 in 9:31 h, den Rennsteig-Marathon in 8:22 h und die 100 km Hanau in 9:00 h. Für die Ultraläufe benötigte ich keine spezielle Vorbereitung, das Marathon-Training reichte vollkommen aus, da ich sehr ausdauernd geworden bin. Die Streckenlänge konnte mir nichts mehr anhaben. Schneller geworden bin ich dadurch, dass ich jede Woche eine Strecke von 14 Kilometer im Schwellentempo lief und dabei versuchte, jedes

Mal schneller zu sein. Dazu kamen ein langsamer Lauf über drei Stunden plus weitere mittelschnelle Läufe, so dass ich in der Summe 80 bis 90 Kilometer pro Woche erreichte.

Ich halte es für wichtig, niemals einen Lauf aufzugeben, außer bei einer Verletzung. Es beeinflusst die Moral für den nächsten Lauf. Nicht jeder Lauftag ist gleich. Auch der Biorhythmus kann in die Marathon-Wettkampfplanung mit einbezogen werden, da jeder Mensch Zeit-Phasen hat, bei denen er stärker oder schwächer ist. Am Start des Marathons nehme ich mir vor, »passabel« ins Ziel zu kommen und nicht zu schnell loszulaufen. Ich glaube, so kommt man schneller ins Ziel als umgekehrt. Man sollte mehrere gute Laufschuhe mit einer guten Dämpfung haben und diese täglich wechseln. Als Frau, die alleine läuft, empfehle ich, wachsam zu sein, sich regelmäßig umzusehen und unübersichtliche Umgebungen zu vermeiden. Ich finde es gut, wenn Läufer zueinander freundlich sind und entgegenkommende Läufer sich mit einem »Hallo« und einem Lächeln grüßen. Auch zu Hundehaltern sollte man freundlich ein »Danke« sagen, wenn sie den Hund zu sich holen oder »Sitz« machen lassen.

Manchmal wurde es beim Training dunkel und ich musste noch 10 km nach Hause traben. Da fragte ich mich dann schon, was ich hier mitten in der Landschaft überhaupt mache. Aber es war dann gerade die Natur, die ich erlebte und sehr genoss und die mir über manchen Nullpunkt hinweggeholfen und mich neu motiviert hat. Als Läufer erlebt und riecht man die Jahreszeiten, die Witterung und die Tageszeiten sehr intensiv. Das alleine ist eine große Bereicherung, eine Belohnung für das Marathontraining. Außer Zeitmangel gab es für mich keine Nachteile beim Marathontraining. Ich fühlte mich dadurch gesund, ausgeglichen und war selten erkältet. Kälte und Regen stören mich nicht, nur die Hitze. Ich empfehle jedem das Marathontraining und die Marathonwettkämpfe. Die dabei gewonnenen Erlebnisse im Training und Wettkampf ersetzten den dafür investierten Zeitaufwand um ein Vielfaches.

Paul Thelen, Würselen, AK M60, Marathonzeit 3:05 h, Vize-Weltmeister 2004

Der Auslöser für meinen Entschluss, Marathon zu laufen, war ein TV-Bericht über den New York-Marathon 1984. Ich war damals 41 Jahre alt, leicht übergewichtig und wegen fehlender sportlicher Betätigung unzufrieden mit mir selbst. Am nächsten Tag habe ich Laufschuhe gekauft und 4 Monate später in München meinen ersten Marathon mit 3:57 h geschafft.

Am Anfang habe ich ziemlich unsystematisch trainiert: ca. 3–4-mal die Woche und fast immer die gleiche Strecke in der gleichen Zeit. Trotzdem verbesserte ich mich um sechs bis sieben Minuten pro Marathon bis auf 3:09 h. Als ich dann von 3:09 h auf 2:59 h wollte, kam es zu einem Schlüsselerlebnis. Wahrscheinlich sieht man heute noch meine »Bremsspuren« auf Berlins Straßen, als ich statt in unter 3:00 h in 3:13 h ins Ziel kam. Ich war total frustriert und wollte mit dem Laufen aufhören, beschloss dann aber, mir noch einen weiteren Versuch zu gestatten, um die 2:59 h zu schaffen.

Von da an wurde ich ein richtiger Läufer. Ich deckte mich mit Laufliteratur ein, bin in die DJK Kohlscheid eingetreten und habe systematisch trainiert: mit Heimtrainer Gerd Krause und Ferntrainer Peter Greif, lange und kurze Strecken, schnell und langsam, Bahn, Gelände, Laufschule, Gymnastik, das volle Programm also und eine läufergerechte Ernährung. Ergebnis: 2:59:05 im nächsten Marathon in Hannover, mittlerweile in der M50. Von da an ging's Schlag auf Schlag: in sechs Marathons zu meiner persönlichen Bestzeit von 2:48:19 h in Berlin mit 53 Jahren. Jetzt, mit 61 Jahren, bin ich bei etwa 3:05 h. Zurzeit bereite ich meinen nächsten Marathon, den 25., vor. Das Programm pro Woche: 1 x Bahntraining, 1 x Tempodauerlauf (15 km) und 1 x den obligatorischen langen 35 km-Lauf, dazwischen die Erholungsläufe und in Summe sieben Einheiten pro Woche und ca. 120 km.

Solche Trainingsumfänge und die damit verbundene Lebens- und Ernährungsweise führen manchmal zu Konflikten in der Familie, außer, die übrigen Familienmitglieder sind auch Läufer. Dies ist zweifellos der kritische Punkt in meinem Laufleben. Die Organisation des Trainings selbst ist bei mir, trotz häufiger Auslandsreisen, nie ein Problem. Entscheidend ist nur der Wille.

Das systematische Training hat zu gewissen sportlichen Erfolgen auf der Marathonstrecke geführt: Deutscher DJK-Meister (M50 + M55), Platz 7 + 9 (M50 + M55) bei den Senioren-Europameisterschaften und im letzten Jahr Vize-Weltmeister in der M60 in Neuseeland.

Sportliche Erfolge sind zwar das Salz in der Suppe des Läufers, aber viel wichtiger ist, dass das Laufen eine schier unerschöpfliche Quelle für Lebensfreude ist: der unmittelbare Kontakt mit anderen Läufern, Jüngeren, Älteren, Frauen, Männer, das »Erlebnis« gemeinsamer harter Trainingsläufe und Wettkämpfe, die Herausforderung, einen »wichtigen« Marathon über Monate optimal vorzubereiten und dann auch erfolgreich zu laufen, die nahe Verbindung zur Natur, das bewusste Erleben der Jahreszeiten, das Erlernen eines intensiven Körpergefühles etc.

Der für mich persönlich größte Nutzen des Laufens ist aber, dass man im Laufsport an sich selbst erfahren kann, zu welchen Leistungen man fähig ist, wenn man etwas zielgerichtet, systematisch und mit Willensstärke angeht. Mein nur mittelmäßiges Lauftalent ließ sich leicht mit Systematik, Disziplin und Willen »aktivieren«.

Daher bin ich fest davon überzeugt, dass jeder Mensch, eine vorherige gründliche ärztliche Untersuchung vorausgesetzt, in der Lage ist, die Marathonstrecke zu schaffen. Damit kann jeder für sich selbst einen Beitrag zur körperlichen und persönlichen Weiterentwicklung leisten.

Marianne Kögel, Königsbrunn, AK W50, Marathonzeit 3:37 h

Bis zu meinem 31sten Lebensjahr hatte ich, außer im Schulsport, nichts mit Sport zu tun. Mein Einstieg ins Läuferleben war geprägt von dem Gedanken, abzunehmen. Deshalb trat ich dem Lauftreff TSV Haunstetten bei. Zu Beginn lief ich drei Mal in der Woche eine halbe Stunde lang. Statt dem Abendessen habe ich dann eine Laufeinheit absolviert. Durch die Bewegung wurde mein Stoffwechsel angeregt, und so nahm ich schnell ein paar Kilo ab. Meine Eßgewohnheiten veränderten sich mit zunehmendem Trainingsumfang. Nach harten Einheiten konnte ich nichts »Fettes« essen und

auch keinen Alkohol trinken. Stattdessen gab es dann Kohlenhydrate und leichtverdauliche Ballaststoffe. Ich glaube, die Ernährungsumstellung erfolgt durch die sportliche Betätigung automatisch, der Körper signalisiert es.

Beim Laufen waren neben der Geselligkeit im Lauftreff auch das Wohlbefinden nach dem Laufen und die problemlose Gewichtsreduzierung sehr positiv für mich. Negativ war am Anfang, dass ich wettermäßig ein Weichei war und es seine Zeit dauerte, bis ich begriffen hatte, mit der Natur umzugehen, mich richtig zu kleiden, um dann auch bei Kälte und Regen laufen zu können. Nachteile zum Laufen fallen mir nur wenige ein: Mein Mann klagt manchmal, dass ich zu wenig Zeit für andere Dinge habe, z. B. Kino oder Ausgehen. Für mich ist das aber kaum ein Nachteil. Manchmal gerate ich aber doch in Zeitnot, dann entsteht etwas Hektik, was aber Abwechslung und Dynamik in den Alltag bringt.

Da ich ein ehrgeiziger Typ bin, war ich nach einer Weile nicht mehr mit dem Dahintraben zufrieden. Erfahrene Läufer boten mir ihre Hilfe an, so dass ich mich mit gezieltem Training rasch verbessern konnte. Dabei bin ich vier Mal die Woche gelaufen, jeweils einmal Tempotraining, regenerativer Lauf, Lauf mit Fahrtspiel, langer Lauf mit 25 km–35 km. Um schneller zu werden, musste ich Tempohärte erwerben. Dabei habe ich im Training mit gut trainierten Männern beste Erfahrungen gemacht, mich an deren Fersen geheftet und führen lassen. Mit meinem ausgeprägten Willen zu siegen und einer vernünftigen Regeneration hielt ich das intensive Training so lange aufrecht, bis ich alle Frauen in meiner Altersklasse besiegte. Zu diesem Zeitpunkt bestritt ich alle Wettkämpfe in der näheren Umgebung.

Euphorisch wie ich war, beging ich aber dann meinen größten Läufer-Fehler. Ich vernachlässigte die ach so wichtige Regeneration und trainierte zu viel. Dies büßte ich mit einem halbjährigen Formtief. Auch möchte ich meine erfolgreichste Erfahrung weitergeben, die da lautet: »Mit dem Kopf laufen, die Beine ziehen mit«. Beim Wettkampf ist der Wille entscheidend, daraus resultiert dann das bestmögliche Ergebnis. Meiner Meinung nach ist es schon sehr wichtig, sich gerade am Anfang nicht zu überfordern. Muskeln, Sehnen und Bänder sollten sich langsam an die Belastung gewöhnen.

Ich trage ausschließlich Funktionskleidung, von der Unterwäsche bis zur Winterjacke. Ist teuer, zahlt sich aber aus. Meine laufbedingten Verletzungen halten sich in Grenzen. Treten dennoch Schmerzen auf im Knie-, Waden- und Hüftbereich, dann reduziere ich die Laufkilometer, bisher immer mit Erfolg.

Den ersten Marathon lief ich in München 1995 in 3:36 h. Meine Bestzeit lief ich dann 1998 beim Kandel-Marathon in 3:21 h. Heute, 2005, lief ich beim Hamburg-Marathon 3:37 h. Meine Bestzeit gelang mir mit einer für mich bestmöglichen Vorbereitung, d. h. viele Trainingskilometer, ca. 100 km pro Woche. Ich bin zuversichtlich, mit konsequentem Training, vernünftiger Lebensführung und stark ausgeprägtem Siegeswillen weiterhin gute Ergebnisse zu erzielen. Ich plane für mich, wenn möglich, bis ins hohe Alter Marathon zu laufen.

Ich denke, wer einmal diese Glücksmomente erlebt hat, möchte sie nicht mehr missen. Ich empfehle allen das Laufen und auch einen Marathon anzusteuern, weil es für mich das Schönste ist, gemeinsam zu laufen und mich selbst zu besiegen. Von den Glücksmomenten während des Laufs und im Ziel und der Erfolgsbestätigung zehre ich monatelang.

Martin Wahl, Zella-Mehlis, AK M55, Marathonzeit 2:45 h, Deutscher Meister 2005

Als Kind bin ich sportlich mit Wandern, Skilanglauf und Radfahren sehr aktiv gewesen. Mit 14 Jahren erlitt ich eine Herzentzündung, die falsch erkannt und nicht richtig behandelt wurde. Deshalb musste ich den Sport, bis auf das Skifahren, reduzieren. Im Studium konnte ich beim 5000-m-Lauf trotzdem noch mit 20 Minuten mithalten. Mit 35 lief ich mit Übergewicht und Bierbauch, ohne Vorbereitung, den ersten 10 km Wettkampf und konnte mich dabei im Mittelfeld platzieren. Danach nahm ich sporadisch an Cross-Läufen teil, ohne regelmäßig zu laufen oder mich vorzubereiten.

Nach der Wende 1989 nahm ich mit 39 Jahren auch an Volksläufen teil, was mir sehr großen Spaß machte. Nun begann ich an zwei bis drei Tagen in der Woche regelmäßig zu laufen, auch um meine Herz-Rhythmus-Instabilität zu verbessern. Dadurch verbesserten sich meine Herzbeschwerden

allmählich und ich konnte mich bei meiner Altersklasse meist unter den ersten Fünf platzieren.

Die gemeinsamen Reisen zu den Volksläufen in ganz Deutschland bereiteten auch der Familie große Freude. Jedes Wochenende fuhren wir nun zu ein bis zwei Laufveranstaltungen. Von 1994 bis 1998 absolvierte ich jährlich durchschnittlich 70 Lauf-Wettkämpfe. Nun fuhren wir auch zu Laufveranstaltungen nach Österreich und in die Schweiz, so dass ich auch anspruchsvolle Bergläufe lief.

An einem Marathon-Lauf teilzunehmen hatte ich mir bis dahin aufgrund des hohen Trainingsaufwandes nicht zugetraut und weil ich im HM mein Optimum sah. Den ersten Marathon lief ich deshalb erst 1998 mit 48 Jahren. Beim Rennsteig-Marathon über 43 km konnte ich in 3:00:21 h finishen mit dem Altersklassensieg in M50. Ein Jahr später verbesserte ich mich beim Frankfurt-Marathon auf 2:41 h und absolvierte 57 Volksläufe.

Im Jahre 2000 wurde mir wegen zunehmender Herz-Rhythmusstörungen ein Herzschrittmacher implantiert, mit dem ich dann ca. ein Jahr lang beim Laufen erhebliche Probleme hatte. Die Funktionen des Bewegungs- und Atmungssensors waren für das Laufen nicht richtig eingestellt. Erst ein Jahr später wurde das Problem erkannt, und die Lösung war, den Atmungssensor zu eliminieren und die Funktionskurve des Bewegungssensors abzuflachen. Danach konnte ich wieder richtig laufen und trainieren. In 2004 erreichte ich dann meine Bestzeit mit 2:38 h beim Frankfurt-Marathon. Das war Platz 3 in der deutschen Bestenliste der Altersklasse M 50. Zusätzlich nahm ich an 67 Volksläufen teil.

Meistens laufe ich fünf bis sechs Mal die Woche in mittlerer Intensität über 1,5 h Dauer, auch ein Intervall- oder Schwellenlauf ist mit dabei. Da ich selbständig bin, kann ich mir die Laufzeiten gut einteilen, ich nehme einfach das Handy und was zum Schreiben mit. Alternativtraining wie Radfahren, Schwimmen und Inlineskating kann ich zur Abwechslung sehr empfehlen, genauso wie unterschiedliche Belastungen beim Lauftraining. Die Teilnahme an Volksläufen ist ein sehr gutes Training für schnelle Läufe und bietet Wettkampf-Erfahrung und jede Menge Spaß.

Ich finde beim Laufen meine Entspannung und meinen Ausgleich. An Volksläufen faszinieren mich die vielen interessanten Begegnungen mit Läufern sowie die Reise- und Wettkampferlebnisse. Das frühe Aufstehen bei der Anreise zu Wettkämpfen bin ich gewohnt, denke mir aber, das dies manchem Läufer oder mancher Läuferin schwer fällt.

Zukünftig möchte ich mehr an für mich neuen Marathons teilnehmen und dies mit Urlaubsreisen verbinden.

Das Laufen entwickelte bei mir einen guten Ehrgeiz und eine gesunde Lebensweise, so dass ich dadurch mein Übergewicht verlor.

Ich kann nur jedem das Laufen empfehlen und dies langfristig zu betreiben. Durch das Kennenlernen der persönlichen Grenzen ist das Marathonlaufen ein Erlebnis und eine Bereicherung.

Barbara Keller, Tauberbischofsheim, AK W45, Marathonzeit 3:01 h, Deutsche Meisterin 2004

Bis ich 2002 meine Wettkampfleidenschaft entdeckte, betrieb ich das Laufen als Hobby mit zwei bis drei kleinen Läufchen pro Woche von maximal einer Stunde Dauer. Ein Halbmarathon, der schon seit vielen Jahren in einem Nachbarort stattfindet, gab den Anlass, mich gezielt auf ein Rennen vorzubereiten. Angelehnt an einen Trainingsplan aus einem Laufbuch, führte ich meine Laufeinheiten durch und trainierte vier- bis fünfmal pro Woche mit einem Kilometerumfang von ca. 60 km. Meine Platzierung (Zweite in meiner Altersklasse) und meine Zielzeit (1:47 h) beflügelten mich und ich schloss mich der Marathongruppe eines renommierten Leichtathletikvereins unserer Gegend (ETSV Lauda) an. Dort fühle ich mich gut aufgehoben. Die vielen wettkampferfahrenen Marathonis gaben mir Tipps und in den gemeinsamen Trainingseinheiten lernte ich, dass nur unterschiedliche Trainingsreize zu mehr Schnelligkeit und Ausdauer führen. Auch sagte man mir, ich solle den Laufumfang nicht zu schnell steigern, damit der Organismus ausreichend Zeit hat, sich an die erhöhte Belastung anzupassen.

Meinen ersten Marathon, dem einige kleinere Wettkämpfe vorangingen, absolvierte ich im Mai 2003. Es lief super bis km 35. Meine Füße und Beine schmerzten so sehr, am liebsten hätte ich meine Schuhe ausgezogen, mich an den Straßenrand gesetzt und geheult. Doch meine Mitläufer mach-

ten mir Mut und überzeugten mich, weiterzulaufen. Das Erlebnis, dann durch das Zieltor zu laufen, es geschafft zu haben und auch noch in der Zeit, die ich mir heimlich vorgenommen hatte (3:24 h, Zweite AK 40), war unbeschreiblich. Ich dachte, ich hebe jeden Moment ab. Die Euphorie hielt noch Tage danach an.

Inzwischen habe ich vier Marathons hinter mich gebracht und mich innerhalb eines Jahres im HM auf 1:26 h und im Marathon auf 3:01 h verbessert. Damit ich diese Zeiten erreichen konnte, reichten meine anfänglich 60 km/Woche natürlich nicht mehr aus. »Von nix kommt nix«!! In der Marathonvorbereitung trainiere ich nun sechsmal die Woche mit einem km-Umfang von 80–110 km in unterschiedlichen Trainingseinheiten: Intervall-/Pyramiden-/Tempoläufe und lange (ca. 3h) Dauerläufe. Das erfordert nicht nur viel Zeit, sondern auch eiserne Disziplin. Es gelten keine Ausreden, egal ob draußen –15 °C oder +30 °C herrschen, ob es regnet, stürmt oder schneit. Den Trainingsplan halte ich eisern ein. Der Vorteil daran ist, dass ich bestimmt genügend an der frischen Luft bin.

Als halbtags berufstätige Ehefrau und Mutter zweier Söhne ist natürlich der Faktor Zeit ein Problem. Es bedarf einer genauen Planung, die Laufeinheiten in das tägliche Leben hineinzupacken. Auch muss die Familie mitspielen, denn oft bin ich am Wochenende auf Wettkämpfen oder langen Läufen unterwegs. Tagsüber bleibt auch manche Hausarbeit liegen, die dann bis spät in die Nacht noch erledigt werden muss.

Manchmal bin ich schon ein wenig gestresst, doch wenn sich dann wieder ein Lauferfolg einstellt, sind die Problemchen wie weggeblasen. 2004 hatte ich eine richtige Erfolgssträhne: Ich gewann in meiner Altersklasse fast alle Wettkämpfe, an denen ich teilnahm (einmal war ich Zweite) und wurde sogar Deutsche Marathonmeisterin in meiner Altersklasse. Ob es 2005 so erfolgreich weitergeht, steht in den Sternen. Jedenfalls stehen als nächstes wieder die deutschen Meisterschaften vor der Tür und im September möchte ich an den Seniorenweltmeisterschaften teilnehmen. Falls ich irgendwann einmal keine Lust mehr auf »Tempo« habe, werde ich auf Berg- oder Landschaftsmarathon umsteigen.

Denjenigen, die mit dem Gedanken spielen, auch Marathon zu laufen, kann ich nur empfehlen es auszuprobieren. Denn alle, die ich bis heute kennen gelernt habe, ließen es nicht bei einem Marathon bewenden, sondern machten weiter.

Allein das Glücksgefühl beim Überqueren der Ziellinie ist einmalig und macht Lust auf mehr.

Dr. Frank Hofmann, Hamburg, AK M40, Marathonzeit 3:01 h

Zum Laufen brachte mich ein übergewichtiger Kettenraucher. Er war mein Kollege in einer großen Hamburger Redaktion. Wir waren zusammen unterwegs auf Recherche, als er mir erzählte, dass er jeden Morgen laufen würde. Da dachte ich: Was der kann, kannst Du erst recht. Seit diesem Septembertag 1995 laufe ich fast täglich. Zuerst wollte ich nicht mehr als ein besseres Körpergefühl und einen kleinen Ausgleich für mein mäßiges Rauchen und Trinken. Mit den zu Anfang euphorisierenden Trainingsfortschritten entwickelte sich aber auch sportlicher Ehrgeiz. Dies um so mehr, als ich bislang immer als unsportlich galt. Zum ersten Mal witterte ich die Chance, mit dem Laufen einen Makel in meinem Leben zu überwinden.

Der Plan, einmal einen Marathon zu laufen, wurde immer konkreter. Ich studierte Trainingsbücher und meldete mich schließlich für den Hamburg-Marathon im April 1997 an.

Rückblickend kann ich meine Aufregung darüber kaum noch verstehen. Aber die Wochen davor empfand ich nervlich aufreibender als die vor jeder anderen bisher abgelegten Prüfung. Das Training fiel mir vergleichsweise leicht. Ich lief bis zu 100 Kilometer pro Woche in Tempi bis zu 4:15 min/km – deutlich mehr und schneller, als es meine Zielzeit von 3:30 h erfordert hätte. Ich wollte sozusagen auf Nummer sicher gehen. Am Ende wurden es 3:17 h. Dieses Prinzip habe ich übrigens bis heute beibehalten. Ich bin der Überzeugung, dass es bei sportlichen Wettkämpfen zwei Möglichkeiten gibt: Entweder man quält sich im Training und genießt den Wettkampf. Oder man schludert beim Training und quält sich beim Wettkampf. Ich habe immer die erste Option gewählt.

Nach dem ersten Marathon – dessen Bedeutung übrigens kein späterer Wettkampf mehr ansatzweise erreichte – setzte ich mir das nächste Ziel: schneller werden. Dafür gibt es, wie alle Trai-

ningsexperten bestätigen, nur ein Rezept: schneller laufen. Und das tat ich. Es kostet viel Überwindung, einfach schneller zu laufen als gewohnt. Aber die Fortschritte sind rasant und nähren die Motivation. Den nächsten Marathon, in Frankfurt, lief ich in meiner Bestzeit von 3:01 h. Da war noch Potenzial, aber ich wollte unbedingt einen Ironman finishen. Und gleichzeitig für einen Langdistanz-Triathlon und für einen 2:45-h-Marathon zu trainieren, ist für einen knapp 40-Jährigen mit 45-h-Woche nicht möglich. Drei Jahre lang bestritt ich Triathlons in unterschiedlichen Distanzen, darunter zwei Ironman-Wettkämpfe, trainierte dafür im Jahresdurchschnitt 15 Stunden pro Woche. Am stolzesten bin ich auf mein Ergebnis bei der DM in Kulmbach: 10:30 h Endzeit mit einem abschließenden Marathon in 3:30 h.

Dass meine Frau in dieser Lebensphase bei mir blieb und mich sogar zu den Wettkämpfen begleitete, wundert mich noch heute. Auch mein Job als Chefredakteur der Männerzeitschrift »Men's Health« litt nicht unter dem exzessiven Training (mindestens zwei Einheiten täglich) – dafür war er mir zu wichtig. Was aber litt, war das übrige soziale Leben. Mit Freundschaften und Bekanntschaften außerhalb des Sports ging ich recht schludrig um. Ich beschloss nun, dem Wettkampfsport Ade zu sagen.

Unser Bekannten- und Freundeskreis wuchs wieder, wir renovierten ein schönes Haus am Rand eines Waldes, in dem ich nun fast jeden Morgen meine Genussläufe mache. Ohne Pulsgurt, ohne Ziel. Ich laufe nur noch aus psychohygienischen Gründen: den kommenden Tag vorbereiten, das Vergangene sortieren, auf neue Ideen warten und darauf, dass bei der rhythmischen Bewegung die Probleme ins Hüpfen kommen und sich dabei lösen. Ich halte mich immer so fit, dass ich zu jeder Tages- und Nachzeit einen Marathon laufen könnte. Also etwa fünf Läufe mit insgesamt ca. 50 Kilometer pro Woche. Letztens hatte ich Lust, mal wieder einen Marathon zu laufen: den im Hamburger Alten Elbtunnel.

Ich kann eine Marathon-Teilnahme jedem empfehlen, der Laufen nicht als Last empfindet. Das Training führt nicht nur den Körper zu neuen, positiven Gefühlen, sondern eröffnet auch neue Einsichten für den Geist. Zum Beispiel über den Zusammenhang von klarer Zielsetzung, strukturierter Planung und – Erfolg.

Birgit Sandhöfner, Atlanta, USA, AK W35, Marathonzeit 3:28 h

Einmal im Leben einen Marathon zu laufen war schon lange ein Traum von mir, jedoch hatte ich nicht den Mut diesen Traum zu verwirklichen. Ich joggte gelegentlich im langsamen Dauerlauf für höchstens eine Stunde. Kurz vor Weihnachten 1998 hat mir ein Kollege, welcher übrigens Hubert Beck war und dem ich meinen Wunsch erzählt hatte, einen 4-h-Marathon-Trainingsplan übergeben mit dem Hinweis: Deinen Wunsch kannst Du Dir erfüllen! Marathon laufen kann jeder nach drei Monaten Vorbereitung, vorausgesetzt man ist gesund.

Im Januar 1999 habe ich mein Marathontraining begonnen. Mein Job war sehr anspruchsvoll und stressig und oftmals habe ich mein Lauftraining nach der Arbeit bei Mondschein in der Fußgängerzone oder bei Flutlicht im Stadion absolviert. Zunehmend und vor allem bei den Intervall-Läufen im Stadion fing mein Knie an zu schmerzen. Unabhängig davon nahm ich nach sechs Wochen an meinem ersten Volkslauf über 10 km teil und wurde bei über 500 Teilnehmern Dritte in meiner Altersklasse in 46 Minuten. Das war ein Erfolgserlebnis, ich bekam eine Urkunde und Medaille und war stolz und motiviert, weiterzumachen. Aufgrund von ungeplanten Ruhetagen wegen Knie-Beschwerden konnte ich den Trainingsplan jedoch oft nicht einhalten. Ich kompensierte Lauftraining mit Schwimmen und Rad fahren, was für mein Knie die bessere Alternative war. Weiterhin suchte ich einen Orthopäden auf, der mir bestätigte, dass mechanisch an meinem Knie alles in Ordnung sei, die Beschwerden würden von der ungewohnt starken Belastung kommen.

Am großen Tag, Hamburg-Marathon 25. April 1999, war meine Aufregung sehr groß. Der Start verlief super, die Atmosphäre in der Hamburger Innenstadt war klasse, alles war fantastisch und ich fühlte mich gut. Nach zehn Kilometern begannen die Knie-Schmerzen immer stärker zu werden, an der Halbmarathonmarke wurden sie unerträglich. Ich dachte ernsthaft daran aufzugeben. Doch immer wieder kam mir der Satz von Johann Wolfgang von Goethe aus Faust in den Sinn

»Die Schwierigkeiten wachsen, je näher man dem Ziel kommt.« Hierdurch angespornt, rückte ich von jeglichem Zeitziel ab und wollte nur noch Ankommen, was ich nach 4:13 h auch überglücklich schaffte.

Bereits wenige Meter nach der Ziellinie dachte ich, dies kann es doch nicht gewesen sein. In den folgenden Tagen konnte ich mehr und mehr schmerzfrei trainieren und nutzte die kommenden Wochen für drei lange Läufe, einige Tempoläufe und überwiegend lockere Läufe. Genau fünf Wochen nach meinem ersten Marathon startete ich beim Wien-Marathon. Nach 3:39 h lief ich bei 32 °C als 16. Frau in meiner Altersklasse über die Ziellinie und wusste, dies war noch lange nicht das Ende. Mit vier Monaten Training trotz meines Knie-Handicaps einen Marathon unter 3:40 h zu schaffen, das hat mich angespornt, weiterzumachen.

Mit der Zeit lernte ich meinen Körper besser kennen und konnte auf Signale entsprechend reagieren. Meine Kniebeschwerden sind fast verschwunden, da sich mit dem Marathontraining Muskulatur gebildet hatte, welche die Kniescheibe zunehmend entlastete.

Nun trainierte ich mit dem 3:45-h-Plan und lief im Herbst 1999 den Berlin und Frankfurt Marathon in 3:38 h. Im Frühjahr 2000 trainierte ich mit dem 3:30-h-Plan und beendete den Hamburg-Marathon unter meiner Zielzeit in 3:28 h. Mein maximales Lauftrainingslimit liegt aus beruflichen Gründen bei ca. 80 km pro Woche, was mir eine weitere Verbesserung derzeit nicht ermöglicht.

Bei meinen Marathonvorbereitungen habe ich festgestellt: Kein Job ist zu stressig, um nicht doch die Zeit für ein Lauftraining zu finden. Es kommt auf die richtige Planung an. Am besten beginnt man das Lauftraining direkt nach der Arbeit oder alternativ morgens. Weiterhin brachte mir das Marathontraining die Erfahrung, dass realistische Ziele im Leben durch den Einsatz von Ehrgeiz und Durchhaltevermögen auch mit Spaß zu erreichen sind. Mein Körper hat durch das Lauf- und Fitnesstraining Fettgewebe durch Muskulatur ersetzt, was zu einem angenehmen und überaus positiven Körperbewusstsein führte. Ich kann Marathonlaufen wirklich empfehlen!

Carsten Wenzek, Friedrichsdorf, AK M30, Marathonzeit 2:23 h

Nach der Auflösung unserer Fußball-Jugendmannschaft 1986 begann ich im nordhessischen Vöhl (Edersee) mit 15 Jahren meine läuferischen Grundlagen aus Fitnessgründen auf 30–40 km, mindestens vier Mal pro Woche auszudehnen. 1988, mit 17 Jahren, bin ich dann in das regionale Wettkampfgeschehen eingestiegen (Crossläufe, Bahnläufe über 800–3000 m). Meine Trainingsumfänge lagen in der Zeit von 1987–1993 bei 40–60 km in der Woche.

Als Glücksfall erwies sich der studienbedingte Ortswechsel nach Dortmund. In 1994 bin ich durch einen Zufall in der Trainingsgruppe von Richard Westerhoff gelandet. Erstmals mit systematischem Training versorgt, konnte ich bereits nach einem halben Jahr alle Bestzeiten verbessern (z. B. 5000 m von 16:50 Min. auf 15:52 Min). Verletzungsbedingt und durch einen Auslandsaufenthalt wurde der Aufwärtstrend von 1995 bis 1997 zwischenzeitlich gestoppt.

Nach der Rückkehr aus dem Ausland im Herbst 1997 verlief die Leistungsentwicklung wieder auf einer steilen Bahn. Eine verschleppte Knieverletzung von Herbst 2000 bis Anfang 2002 brachte einen erneuten Bruch in meiner Leistungsentwicklung und zwang mich im Frühjahr 2002 zu einem Neuanfang. Der Wechsel zum SCC Hanau/ Rodenbach im Jahr 2001 führte mich emotional näher an die Strecken über 10 000 m hinaus.

Es entstand die Idee, in 2002 eine Marathon-Mannschaft aus Rodenbach in Berlin bei den Deutschen Meisterschaften an den Start zu bringen. Somit war das Ziel, einen Marathon zu laufen, auf den Weg gebracht. Unter Anleitung von Sascha Arndt lief ich den ersten Marathon in 2:29:36 h. In 2003 sollte der große Durchbruch erfolgen. Mit aller Macht trainierte ich nun nach meinen eigenen Plänen und wollte die Bestzeit von 2:29 h deutlich unterbieten. Meine Vorgehensweise stellte sich als nicht erfolgreich heraus. So endete mein zweiter Marathon mit Gehpausen und völlig qualvollem Zieleinlauf in 2:41 h, weit entfernt von meinen eigenen Zielen.

Ich stand im Herbst 2003 völlig demotiviert vor den Planungen für 2004.

Dann trat ich Ende 2003 in den Greif-Club ein. Dies bewirkte eine Trainingsumstellung und einen

Durchbruch auf den langen Strecken für das Jahr 2004. Im März 2004 lief ich, für mich völlig überraschend, bei den Deutschen Halbmarathonmeisterschaften 1:07:20 h, was eine Verbesserung von über 2 Minuten bedeutete. Anfang April konnte ich dann beim Bonn-Marathon unter schlechten Wetterbedingungen meine Marathonbestzeit auf 2:25:36 verbessern (vier Minuten Steigerung der Bestzeit!). Vier Wochen später bin ich dann in Hannover bei der DM 2:25:12 und im September in Berlin 2:23:22 gelaufen. Eine Wahnsinns-Saison, die nebenbei noch einige hessische Titel und den 10 000-m-Titel in der M30 bei der Senioren DM (mit persönlicher Bestzeit) brachte.

Einige Änderungen meines Trainings verbesserten mich von 2:29 h auf 2:23 h. Zum Ersten die Intervalle: vorher mittelschnell mit kurzer Trabpause, nachher sehr schnell mit langer Trabpause. Dann das Schwellentraining: vorher 12 km und nachher 15 km. Der lange Lauf: vorher 33–38 km und nachher 35 km mit 2. Hälfte schneller werdend bis Marathon-Renntempo. Der Umfang: vorher 160 km/Woche, nachher 180 km/Woche. Und die Doppeleinheiten: vorher ein bis zwei Doppeleinheiten/Tag kürzer bis acht km, nachher vier bis fünf Doppeleinheiten länger am Morgen bis zehn km und am Abend bis 15 km regenerativ.

Der Rückhalt und die Unterstützung der Familie sind in gleicher Weise entscheidend für eine erfolgreiche Marathon-Vorbereitung wie jeder gelaufene Kilometer. Es gehört schon eine Portion Motivation dazu, täglich um 6 Uhr zum Laufen aufzubrechen und dann am Abend nach der Arbeit direkt zur zweiten Trainingseinheit des Tages aufzubrechen.

In dem Willen, meine Wettkampfzeiten jedes Halbjahr zu verbessern, finde ich meine Motivation. Siege sind mir unbedeutend. Mir ist wichtig, dass meine aktuellen Zeiten im Vergleich zu meiner Altersgruppe gut sind und ich später einmal sagen kann, dass ich bestimmte Zeiten gelaufen bin, die im historischen Vergleich mit anderen Leuten gut waren. Erfolg und Enttäuschung liegen im Marathon bei meiner Leistungsklasse oft dicht zusammen.

Erfolgsentscheidend sind aus meiner Sicht eine klare Trainingsplanung, die Regeneration mit ausreichend Schlaf und eine gesunde Ernährung.

Alexandra Müller, Bonndorf, AK W20, Marathonzeit 3:33 h

Ich wuchs in einer sportlichen Familie im Hochschwarzwald auf. So kam es, dass ich im Alter von 5 Jahren in den Skiclub Langenortnach aufgenommen wurde. Bis zu meinem 15. Lebensjahr war ich eine begeisterte Ski-Langläuferin. Im Sommer und manchmal im Winter bin ich auch gejoggt. Mit 16 Jahren war es mir dann wichtiger mit Freunden etwas zu unternehmen, besonders am Wochenende. Umso härter waren dann die Langlaufrennen am folgenden Sonntagmorgen. Leider kam dann die Zeit, dass ich keine Lust mehr hatte mit Leistungssport weiter zu machen. Sport war mir weiterhin trotzdem wichtig, mit schwimmen und Fahrrad fahren, aber nur zum Spaß.

Mit 18 Jahren fing ich dann mit einer Freundin wieder das Laufen an. Kurze Zeit später hatte ich dann wieder Lust an Wettkämpfen teilzunehmen. Diesmal aber nicht mit meinem Ski, sondern einfach nur laufen. So absolvierte ich dann 10 bis 15 Wettrennen von Anfang Frühling bis Herbst, jedoch nur bis zu einer Distanz von 10 bis 12 Kilometer. Erst mit 23 Jahren lief ich dann den ersten Halbmarathon. Nun waren mir die 10-km-Läufe fast zu kurz. Die Halbmarathons machten mir viel mehr Spaß. In Lauftreffs mit ehrgeizigen Laufkollegen war es nun Routine, zum Training, am Stück zwei Stunden zu laufen.

Plötzlich begeisterte mich die Idee einmal an einem Marathon teilzunehmen. Diese Distanz im Wettkampftempo zu laufen, davor hatte ich einen riesigen Respekt. Wichtig war mir für die Vorbereitung einen Trainingsplan zu erhalten und dafür mindestens 10 bis 12 Wochen zu trainieren. Pro Woche liefen wir nun vier Mal und kamen dabei auf 60 bis 70 km Laufumfang. Lange Trainingsläufe über drei Stunden mit ca. 30 km Länge waren auch dabei. Meinen ersten Marathon lief ich dann im Oktober 2003 in Bräunlingen, in 3:53 h. Ich war begeistert, trotz den 680 Höhenmetern pro Runde von 21 km dann noch unter 4 Stunden angekommen zu sein.

Der Freiburg-Marathon war mein nächstes Ziel. Der Winter 2003–2004 war zum Glück schneearm, so dass ich gut trainieren konnte. Ab und an machte ich natürlich auch Ski-Langlauf. Jedoch musste ich meine Trainingskilometer im

Joggen absolvieren. Meine Laufkilometer erhöhten sich nun auf 100 bis 120 km pro Woche. Mein Wochentraining bestand aus kurzen schnellen Läufen und aus langen langsamen Drei-Stunden-Läufen, über einen Zeitraum von 12 Wochen bis zum Marathon-Wettkampf. Mein Ziel war es nun mich um 15 Minuten zu verbessern, also unter 3:40 h zu kommen. Beim Freiburg-Marathon dachte ich während des Rennens immer ich laufe zu schnell. Aber mein Pulsmesser zeigte konstant um die 155. Ich fühlte mich gut und hatte nie einen Tiefpunkt. Der Mann mit dem Hammer kam nicht. Der Freiburg-Marathon lief hervorragend für mich und so konnte ich das Ziel in 3:33 h erreichen. Mein nächstes Ziel war dann im Herbst der Frankfurt-Marathon. Ich musste aus beruflichen Gründen nun öfters alleine meine Drei-Stunden-Trainingsläufe absolvieren. In der Gruppe fällt es mir viel leichter zu trainieren. Mein neues Ziel war die magische 3:30-h-Marke zu unterbieten. Meine Marathonzeit in Frankfurt war dann aber 3:36 h, trotzdem war ich zufrieden. Das Jahr 2005 bietet ja noch viele schöne Marathons wo ich es erneut versuchen werde.

Ich laufe Marathon weil mir das Laufen sehr viel Freude bereitet und meine Lebensqualität verbessert. Das Laufen im Lauftreff kann ich gerade jungen Frauen sehr empfehlen. Es gibt wenige junge Läuferinnen, deshalb sind sie besonders gerne gesehen. Man trifft dabei so viele nette Menschen unterschiedlichster Alters- und Berufsgruppen. Alle Läufer sind gleich, es gibt keine hierarchische Unterschiede. Die Lauftreffs haben unterschiedliche Leistungsgruppen, da ist für jeden das richtige dabei, auch für Laufanfänger. Man findet zwanglos Anschluss, trinkt nach dem Laufen oft etwas miteinander und hat viel Spaß zusammen.

Der Marathonwettkampf ist für mich ein Herausforderung und ein phantastisches Erlebnis mit Musikbands – und der phantastischen Stimmung an der Strecke. Die Zuschauer feuern die Läufer an und bringen sie ins Ziel. Durch das Ziel zu laufen ist einmalig, danach fühle ich mich total wohl, weil ich es geschafft habe und sich das lange Training ausbezahlt hat. Ich kann jedem nur empfehlen Marathon zu laufen, einfach probieren, es geht.

Christian Schneider, Balzhausen, AK M20, Marathonzeit 2:58 h

Mit Laufen habe ich erstmals 1998 angefangen, um das Abnehmen von 95 kg (1,81 m Größe) zu beschleunigen. Damit mich keiner sieht, bin ich nur nachts über zwei km gelaufen, danach war ich völlig platt. Jede Woche wurde das Laufen besser und nach einem Jahr hatte ich 18 kg abgenommen. Ursache für meine Gewichtsreduzierung war neben dem Laufen die Umstellung meiner Ernährung auf »fettreduziert«, der Verzicht auf »Fast Food« und Cola sowie einfach weniger essen, also »FDH«. Ab 18 Uhr habe ich nichts mehr gegessen.

Nach einem Jahr nahm ich aus Spaß an einem Hobbylauf teil, den ich dann auf Anhieb in meiner Altersklasse gewonnen hatte. Ein tolles Gefühl, das mich motivierte, mit dem Laufen weiterzumachen. Deshalb ging ich in den Lauftreff SV Mindelzell und fing an, regelmäßig an drei Tagen in der Woche über 30–40 km zu laufen.

Ein Jahr später lief ich den ersten Marathon mit 3:07 h in Köln. Im darauf folgenden Jahr erlitt ich einen Zeckenbiss, musste ins Krankenhaus und war durch Borreliose völlig geschwächt. An Laufen war gar nicht mehr zu denken, ich konnte nicht mal einen Koffer heben. So fing ich 2003 wieder mit Übergewicht ganz von vorne mit Laufen an. Das war für mich härter als der Beginn 1998, ich musste 1000 innere Schweinehunde besiegen. Aber dann kam das erfolgreiche 2004, und ich konnte in Hamburg und Regensburg in einer Zeit von jeweils 2:58 h erstmals unter drei Stunden finishen.

Bei meiner jetzigen Zeit von 2:58 h trainiere ich drei Monate lang im Marathontraining an sechs Tagen über 120 km pro Woche. Die langen Läufe über 35 km sind für mich sehr anstrengend, aber unheimlich wichtig für die Ausdauer. Davon laufe ich sieben bis acht Stück vor dem Marathon. Pro Woche absolviere ich einen Tempolauf über 4 x 3000 Meter für die Laufspritzigkeit.

Um erfolgreich Marathon laufen zu können, brauche ich einen Trainingsplan. Für mich gilt der Grundsatz im Trainingsumfang: so wenig wie möglich und so viel wie nötig. Lieber weniger als zu viel trainieren. Vor allem bei auftretenden Schmerzen pausiere ich oder lege den Ruhetag vor. Das härteste Training mache ich drei Wochen vor dem Marathon und die letzten beiden Wochen reduziere ich im Umfang stark, so dass der Akku beim Start

voll geladen ist. Vor dem Start achte ich besonders auf gesunde Ernährung mit viel Kohlenhydraten und viel Flüssigkeit, dann steht einem erfolgreichen Start nichts mehr im Wege. Nach einem Gelände- oder Waldlauf kann ich nur empfehlen, den Körper nach dem Laufen auf Zecken abzusuchen.
Der Nachteil vom Marathontraining ist der hohe Zeitaufwand, aber ohne das geht es nicht. Ich gewöhnte mich aber schnell daran, es gehört dann einfach zum Tagesablauf dazu.

Bewegung tut gut, manchmal ist es auch eine harte Überwindung. Durch Laufen kann ich mein Gewicht von 73–74 kg gut halten und fühle mich viel besser als mit 95 kg.

Das Laufen hat mich von einem Übergewichtigen zu einem gesunden Menschen gemacht. Grippe kenne ich seit ich laufe nicht mehr. Meine langfristigen Ziele sind einmal die 2:45-h-Marke zu kratzen und auch einen Ultramarathon über 100 km zu laufen.

Den Marathonlauf zu erleben und durch das Ziel zu laufen ist eines der schönsten Gefühle, die ich kenne. Danach vergisst man die Vorbereitungszeit und die Qualen, welche man dafür aufgebracht hat.

Laufen kann ich jedem empfehlen, in dieser Zeit kann man komplett abschalten und den Kopf frei machen. Nach dem Laufen bin ich wie ein neuer Mensch, positiv und entspannt. Für einen Laufanfänger, wie ich es war, ist der Anfang in den ersten Tagen und Wochen etwas schwer, aber dann geht es schnell vorwärts und die Erfolge kommen dann von selbst.

Erlebnisbericht eines Marathonlaufs

Von Alexandra Müller, 28 Jahre, Bonndorf

Ende Oktober 2003, auf unserem Gran-Canaria-Urlaub mit zwei Freundinnen, erfuhr ich von der Premiere des Freiburg-Marathons, der Ende März 2004 stattfinden sollte. Für mich war sofort klar, dass ich dort dabei sein musste, komme, was wolle! Meine beiden Freundinnen wollten den Halbmarathon laufen und ich nahm mir vor, beim Marathon meine Zeit vom Vorjahr zu verbessern. Gleich am nächsten Morgen trieb uns die Lust am Laufen schon früh morgens aus den Federn und wir liefen 10 km am schönen Strand von Playa de Ingles, was wir täglich so beibehielten.

Kaum vom Urlaub zuhause angekommen, war mein Ehrgeiz geweckt. Ich hatte ein großes Ziel vor Augen, damit machte das Training noch mehr Spaß. So nahm der Umfang an Laufkilometern schnell zu. Meine Lieblings-Laufstrecke war schnell entdeckt. Von Neustadt am Seebach entlang nach Titisee, um den Titisee herum und auf schönen Wegen nach Neustadt zurück. Die Halbmarathon-Distanz war schon mal eine gute Trainingsbasis. Durch den Beruf als Krankenschwester arbeite ich im Schichtdienst. So ist es mir immer möglich, einen Trainingslauf in den Tag einzubauen.

Noch zwölf Wochen bis zum Freiburg-Marathon. Genügend Zeit, um lange Trainingsläufe zu absolvieren. Nun begann ich, einmal die Woche mindestens 30 km am Stück über ca. 3,5 Stunden zu laufen. Meine Trainingskilometer beliefen sich nun auf mindestens 80 Kilometer pro Woche, später dann auf 100 bis 110 Kilometer. Mein Freund konnte mit mir das Hobby Laufen leider nicht teilen. Manchmal begleitete er mich, dann aber mit dem Fahrrad. Die langen Ausdauerläufe konnte ich oftmals nur am Sonntag durchführen. Dies war für mich und meinen Freund eine längere Durststrecke. Aber der Marathon war absehbar. Und durch meine Freude und Spaß am Laufen war es für ihn kein riesiges Problem. Die Zeit verging wie im Fluge. Plötzlich waren es nur noch vier Wochen bis zum Marathon-Termin Ende März.

Ja, genügend trainiert hatte ich schon, das gab mir Selbstvertrauen. Ich hatte mir eine Zielzeit von 3:40 h in den Kopf gesetzt. Nun den Trainingsstand beibehalten und 2 Wochen vor dem großen Tag den Trainingsumfang reduzieren. Mein Gott, ich war ja schon so aufgeregt. Wie wird es mir ergehen? Habe ich einen Einbruch ab km 30 oder so, erwischt mich der Mann mit dem Hammer???

Drei Tage vor dem Marathon aß ich nur noch Kohlenhydrate, Nudeln und nochmals Nudeln, am Tag vor dem Marathon trank ich viel Wasser. Auf der Marathonmesse am Samstag holten meine Freundin, die Laufkollegen und ich die Startnummern ab. Was für eine Stimmung, diese Menge an Marathonis, es gab nur ein Thema: Marathon. Alles ohne Stress, jeder war gut drauf und freute sich auf den morgigen Tag, wie schön. Bei einem Vortrag von Dr. Thomas Wessinghage waren wir natürlich auch vertreten. Die letzten Tipps einen Tag vor dem Marathon. Tja, vielleicht hatte man auch manches falsch gemacht. Aber nun war es zu spät, um sich darüber Gedanken zu machen. Meine Nacht zum Sonntag war fürchterlich. Ich schlief ganz schlecht und war nervös. Dazu kam noch am Sonntag die Zeitumstellung: eine Stunde weniger, wo man ohnehin schon um 5 Uhr aufstehen musste. Gemein gerade am Tag des Marathons!

Am Tag des Marathons stand ich sehr früh auf und aß leicht Verdauliches, wie Weißbrot mit Honig, und das nicht gerade mit großem Appetit. Wir trafen uns alle am Bahnhof und fuhren gemeinsam mit dem Zug nach Freiburg. Mit dem Auto konnte man an der Messehalle sicherlich schlecht einen Parkplatz finden. Und dank Anmeldeunterlagen konnte man sogar umsonst fahren. So, nun war es so weit, nun war meine Nervosität gar nicht mehr zu bremsen, aber eine Vorfreude auf den großen Lauf war auch zu spüren. Die Sporttasche war gepackt. Startnummer, Chip, einen Trinkflaschengurt mit Cola gefüllt und ein Energie-Gel waren auch dabei. Die Zweifel, ob ich nicht zu dünn angezogen war, blieben, denn der Morgen war mit 3 °C eisig kalt, aber wolkenlos. Ich begleitete meine Laufkollegen und meine Freundin zum Start des Halbmarathons, die 40 Minuten vor dem Marathon starteten. Ich war die Einzige aus der Gruppe, die den Marathon lief.

Nun stehe ich mit den anderen 4000 Marathonis am Start. Wo war doch gleich der Luftballon mit dem Vier-Stunden-Zugläufer? Da wollte ich unbedingt davorstehen. Die Stimmung war bombastisch. Laute Musik aus den Boxen. Meine Vorfreude steigerte sich ins Unendliche. Meine Nervosität war wie weggeblasen, aus den Boxen hörte man Bon Jovi » It's my life«. Noch 30 Sekunden bis zum Start, 10 ... 9 ... Hey, Ciao macht´s gut, viel Spaß, wir sehen uns in vier Stunden, dachte ich. War das ein toller Start. Was für eine Stimmung. Vor mir im Läuferfeld kommt nun Bewegung auf. Ich stehe mit vielen, vielen anderen Mitläufern und warte, bis ich endlich loslaufen kann. Endlich ist es so weit, nun geht's los.

In Tippelschritten geht es vorwärts bis über die Startlinie. Hunderte von Läufer-Stoppuhren werden gestartet, so wie meine auch. Über die Berliner Allee laufen wir, nun breit gefächert und die ganze Breite aller Fahrspuren ausnutzend, unter der Breisacher Bahnlinie hindurch. Die ersten Läufer (Männer) müssen schon pinkeln. Das würde mir nie passieren. Kostbare Zeit, die vergeudet wird. Hinter dem Autobahnzubringer-Mitte verengt sich die Fahrbahn, doch zügiges Laufen ist weiterhin möglich. Nun begrüßen uns die ersten größeren Zuschauergruppen und feuern uns an. Weiter geht's nach Weingarten und gleich darauf bewegen wir uns nach Haslach. Es läuft sich wie von selbst. Ich denke daran, dass ich einen Vorteil habe, da ich auch viele Läufe am Berg trainiert habe. Sicher kann ich so einen flachen Kurs besser bewältigen.

Start zum 1. Freiburg-Marathon

Bei Kilometer sechs kommen wir in die Eschholzstraße, wo eine meiner Freundinnen wohnt. Mal sehen, ob sie auf dem Balkon steht. Beim Stühlinger Kirchplatz wird's richtig laut. Eine fetzige Band rockt, was das Zeug hält. Das tut gut, das turnt richtig an, wie ein Turbo. Die Leute schreien auf die Läufer ein: »Lauf, lauf, du siehst gut aus« und klatschen vor Begeisterung. Beim Kongresshaus sieht man die ersten schnellen Läufer entlang einer Straßenschleife kommen, wow, sind die schnell.

In der Karthäuserstraße, beim SWR-Radio, bin ich bei km 10 angelangt. Noch 3 x 10 km sind zu laufen. Ich bin Optimist. 3 x 10 km sind nicht so viel wie 30 km. Ich fühle mich super. Nun sind wir am Schlossbergring angekommen, wo mir wieder die schnellsten Läufer durch eine Schleife entgegen kommen. Ich sehe sogar die schnellste Frau, die von Radfahrern begleitet wird. Die ist vielleicht schnell!

Beim Schwabentorring bei Kilometer 14 schaue ich auf meine Marschplan-Tabelle, die ich am Armband befestigt hatte, und stelle fest, dass ich um sieben Minuten gegenüber der Planzeit für 3:40 h zu schnell bin. Oh Gott, ich muss langsamer werden. Das werde ich sicherlich noch büßen. Aber meine Beine werden nicht langsamer, der Puls stimmt mit der Vorgabe überein und ich fühle mich supergut, zumindest immer noch. Ich laufe nun mit vielen, vielen Männern Richtung Stadtteil Herdern. Frauen sehe ich fast keine. Es sind halt überwiegend Männer, die mitlaufen. Ah, da ist mal wieder eine Frau. Die ist sicherlich auch schon über 50 Jahre. Hut ab. Ich rufe ihr zu »Super, weiter so«. Langsame Halbmarathonläufer habe ich jetzt auch schon viele in Schlangenlinie überholt. Ich spüre im Blut den saftigen Rhythmus der Bands, die am Straßenrand überall laut spielen. Ich kriege davon eine Gänsehaut und laufe schneller, so stark wirkt das auf mich ein. Genial, das motiviert und setzt zusätzlich Kräfte frei. Damit wird man ins Ziel getragen. Das ist eben ein Stadt-Marathon. Verglichen mit meinen langen Trainingsläufen kann ich hier beim Marathon viel schneller und leichter laufen. Die Zuschauerbegeisterung, die Stimmung und das dichte Läuferfeld, alles wirkt total positiv auf mich ein.

Nun kommt Kilometer 19, es ist nicht mehr sehr weit bis zur Messe, der Halbmarathon-Marke, dann ist die Hälfte geschafft. Sicher stehen da meine Laufkollegen und feuern mich an. Ich nehme das eklige Energie-Gel mit ausreichend Wasser zu mir. Und gebe nun ein bisschen mehr Gas, da jetzt der Einlauf zum Messegelände kommt. Die Zuschauermasse jubelt uns zu. Toll, die Hälfte wäre geschafft.

Ich biege in die zweite Runde ein. Leider habe ich kein bekanntes Gesicht gesehen. Na ja egal, die haben aber sicherlich mich gesehen. Ein Mann läuft direkt neben mir. Ich frage zum Spaß: »ist es noch weit?« Er lacht. Wieder die Berliner Allee passiert. Also einen Halbmarathon kann ich allemal heute noch laufen. Ich habe vor einem Einbruch

Das Schwabentor

Die beim Laufen Trinkende ...

keine Angst mehr. Der Mann mit dem Hammer hat deutlich sichtbar andere hart getroffen. Aber mich kann der mal! Nun sind die Langschläfer auch aufgewacht und schauen verblüfft von ihren Balkons herunter. Das ist gemein, manche trinken Bier und essen genüsslich irgendwas, was jedenfalls sehr lecker riecht. Bald bin ich im Ziel, dann lasse ich es mir auch gut gehen.

Jetzt habe ich den Kilometer 30 hinter mir. Ich liege immer noch super in der Zeit. Ich spüre bisher noch kein Ziehen in den Beinen.

Auf dem Kilometer-35-Schild steht »lächeln!!!!!!!!!« Kein Problem. Ich habe immer genug getrunken und an jedem Verpflegungsstand einen Becher gekippt. Mein Energie-Gel zeigt nun auch seine Wirkung. Aber ich merke, dass es Zeit wird für meine Cola, die ich am Getränkegürtel bei mir trage. Das gibt mir noch mal so kurz vor dem Ziel einen Kick. Ich habe von anderen erfahrenen Läufern gehört, dass es hilft, den Blutzuckerspiegel hoch zu halten.

Da kommt Kilometer 39, die Leute jubeln begeistert und rufen: »Du schaffst es, du bist gleich im Ziel, durchhalten!« Ich will meine gute Zeit erreichen, die ich mir vorgenommen habe, und gebe nun alles.

Nun geht es in der Kaiserstuhlstraße bei Kilometer 41 immer nur noch geradeaus. Da vorne rechts rein, am Hauptfriedhof entlang bis zur Eisenbahnbrücke. Und dann sehe ich das Ziel.

Noch ungefähr 300 Meter. Da ist eine Frau vor mir in meinem Alter. Die packe ich noch, denke ich und nehme mir vor, sie zu überholen. Ich gebe nochmals Gas. Ich komme näher und näher und überhole sie. Aber nun setzt sie zum Endspurt an. Es wird eng, aber ich kann sie hinter mir lassen.

Ich bin im Ziel und werfe meine Hände hoch. Denn ich bin tatsächlich nach 42,2 km in einer Zeit von 3:33 h im Ziel. Also habe ich es doch geschafft, unter 3:40 h zu kommen, welche Freude und Entspannung. Ich habe es geschafft!!! Ich bekomme die Marathon-Finisher-Medaille umgehängt und sehe jede Menge Erfrischungsgetränke und glückliche, zufriedene Menschen um mich. Bombastisch!

Es ging mir jetzt so gut! Sofort denke ich, das Jahr ist noch jung, ich laufe dieses Jahr noch einen Marathon. Das Abenteuer will ich wieder erleben. Ganz bestimmt höre ich jetzt nicht auf. Da gibt es nichts zu beenden. Ich laufe weiter. Immer und immer wieder!

25. Anhang

Marathon Reiseveranstalter

Reiseunternehmen	Adresse	Telefon	Internet www	Spezialität
Deutschland				
BEWO-Sports	Blumberger Damm, 12685 Berlin	030-543 781 23	laufreise.de	Peking, Athen, Stockholm, Jerusalem
Bunert Sportreisen	Sternbuschweg 194, 47057 Duisburg	0203-7381789	bunert.de	New York, London, Chicago, Zypern, Malta
DERTour	Emil-v.-Behring-Str 6, 60424 Frankfurt	069-9588 1603	dertour.de	New York, London, , Rom Stockholm, Paris, Honolulu
Freizeit Aktiv	Im Schelmböhl 40, 64665 Alsbach	06257-932 10	freizeit-aktiv.de	Andalusien, Mallorca, Toskana
Greif Sport	Fritz-Züchner-Str. 23, 38712 Seesen	05381-2026	greif.de	Belek/Türkei, Djerba/ Tunesien
Grosse Coosmann	Postfach 2766, 48014 Münster	0251-2966 11	gro-co.de	New York, Boston, Rom, Athen, Chicago, Honolulu
Hawaii Holiday	Bücherweg 13 a, 63477 Maintal	06181-494 771	hawaii4you.de	Honolulu, Oahu, Maui
Inter Air	Gehrenweg 2, 35415 Pohlheim	06403-976 811	interair.de	New York, London, Boston, Paris, Stockholm, Medoc
Karstadt Wansbek	Wansbeker Marktstr. 63, 22041 Hamburg	040-658 010	columbus-reisen.com	New York, London, Boston, Paris, Medoc, Stockholm
Meddys Sportreisen	Hohenzollernstr. 109, 56068 Koblenz	0261-365 66	meddys-laufladen.de	Rom, Maui, Los Angeles, Madrid, Prag, Stockholm
Reisezeit Tourismus	Kochhannstr. 1, 10249 Berlin	030-427 9268	reisezeit-tourismus.de	Ägypten, Zypern, Rom, Island, Lissabon, Reykjavik
Reisebüro Dittrich	Herrenschreiber Str. 28, 48431 Rheine	05971-161 460	Reisedittrich.de	Los Angeles, New York, Prag, Boston, Stockholm
Werner Otto Reisen	Wallstr. 12, 50321 Brühl	02232-943 744	sportotto.de	Kapstadt, Rom, Athen, Amsterdam,
Ali Schneider	Postfach 1630, 82245 Fürstenfeldbruck	08141-290 715	as-marathon reise.de	New York, Peking, Athen, Hawaii, Kapstadt, Maui
Top Trail Tours	Postfach 97, 57630 Flammersfeld	0221-2708960	toptrailtours.de	Two Oceans, Honolulu, Great Wall, Sydney, Kilimanjaro
Österreich				
P + R Reisen	Franzosengraben 2-4, A-1030 Wien	Fax: 43-1/-7988448		New York, London, Florenz, Berlin, Honolulu

Reiseunternehmen	Adresse	Telefon	Internet www	Spezialität
Schweiz				
Albis Reisen	Im Albisriederdörfli, Postfach, CH-8047 Zürich	41/1/4061010	www.albis reisen.ch	New York, Berlin, London, Wien, Stockholm
Kuoni Reisen	Neuengasse 30, CH3001 Bern	41/31/3294343		New York, London

Marathonbegeisterung in China wie beim Xiamen-, Peking-, Hong-Kong- oder Great Wall-Marathon

Marathon-Trainingsprotokoll **Jahr:** **Monat:**

Woche ___

Training	Distanz	Zeit	Puls	Strecke	Ergebnis/ Kommentar	R-Puls	Fitness
Mo							
Di							
Mi							
Do							
Fr							
Sa							
So							
Summe km: Wochenkommentar:							

Woche ___

Training	Distanz	Zeit	Puls	Strecke	Ergebnis/ Kommentar	R-Puls	Fitness
Mo							
Di							
Mi							
Do							
Fr							
Sa							
So							
Summe km: Wochenkommentar:							

Die wichtigsten Marathons in Deutschland, Schweiz, Österreich, NL

	Datum	Marathonlauf	PLZ/Ort
1	01.01.2005	Neujahrsmarathon Zürich	CH-8057 Zürich
2	09.01.2005	Honigkuchenmann-Marathon	47623 Kevelaer
3	09.01.2005	Pulheimer Staffel-Marathon	50259 Pulheim
4	16.01.2005	Wintermarathon Dieverbrug	NL 7981 LA Dieverbrug
5	22.01.2005	Berliner Team-Marathon	12619 Berlin
6	29.01.2005	50km Ultra-Marathon, Rodgau	63110 Rodgau
7	29.01.2005	Midwintermarathon Apeldoorn	NL-7302 Apeldoorn
8	30.01.2005	Marathon im St.-Pauli-Elbtunnel	22359 Hamburg
9	30.01.2005	Winterlauf (50 km, 45 km,..)	21709 Oldendorf
10	13.02.2005	Johannesbad Thermen-Marathon	94072 Bad Füssing
11	13.02.2005	Bertlicher Straßenläufe	45701 Bertlich
12	19.02.2005	Decke-Tönnes-Marathon	53879 Euskirchen
13	20.02.2005	LüHa-Fun-Run (75 km)	20535 Hamburg
14	26.02.2005	Kiel Marathon	24105 Kiel
15	26.02.2005	Merkerser Kristallmarathon	36433 Bad Salzungen
16	26.02.2005	Bad Salzuflen-Marathon	32107 Bad Salzuflen
17	12.03.2005	Königsforst-Marathon	51429 Bergisch-Gladbach
18	12.03.2005	Nord-Ostsee Wintermarathon	25813 Husum
19	12.03.2005	Würzburger Gedächtnislauf	97074 Würzburg
20	12.03.2005	Itzehoer Parkhaus-Marathon	Itzehoe
21	12.03.2005	Self-Transcendence 6 Stunden Lauf	90482 Nürnberg
22	12.03.2005	Drents Friese Wold Rabo Marathon	NL 7981 BS Diever
23	13.03.2005	Bienwald-Marathon	76870 Kandel
24	19.03.2005	Steinfurt Marathon	48565 Steinfurt
25	19.03.2005	Springe-Deister-Marathon	31832 Springe
26	19.03.2005	Fielmann Natur-Marathon	16348 Marienwerder
27	25.03.2005	Aalborg Brutal Marathon	DK-9000 Aalborg
28	26.-28.03.2005	Osterläufe – 3 Marathons in drei Tagen	27232 Sulingen
29	02.04.2005	Holtenauer Geländemarathon	24159 Kiel
30	02.04.2005	Ueckermünder Haffmarathon	17373 Ueckermünde
31	02.04.2005	Vier Uur Plus Ultraloop + Marathon	NL 7981 LA Dieverbrug
32	03.04.2005	Alsterquelle Marathon	Henstedt-Rhen
33	03.04.2005	Zürich-Marathon	CH-8036 Zürich
34	09.04.2005	Kyffhäuser-Bergmarathon	06562 Bad Frankenhausen
35	09.04.2005	Ultramarathon »Rund u.d. Steinmühle«	35043 Marburg
36	10.04.2005	RheinEnergie Bonn-Marathon	53142 Bonn
37	10.04.2005	Freiburg Marathon	79098 Freiburg
38	10.04.2005	Obermain-Marathon	96231 Bad Staffelstein
39	10.04.2005	Werdauer Waldlauf	08412 Werdau
40	10.04.2005	100 km-Lauf von Grünheide	15345 Kienbaum
41	17.04.2005	Karstadt RuhrMarathon	44227 Dortmund
42	17.04.2005	iWelt-Marathon Würzburg	97072 Würzburg
43	17.04.2005	Leipzig-Marathon	04109 Leipzig
44	17.04.2005	Spreewald Marathon	03096 Burg
45	17.04.2005	OMV Linz Marathon	A-4020 Linz
46	23.04.2005	Dreiburgenland-Marathon	94169 Thurmansbang
47	24.04.2005	Olympus Marathon Hamburg	22254 Hamburg
48	24.04.2005	Nürnberg Marathon	90455 Nürnberg
49	24.04.2005	Weiltalweg-Landschaftsmarathon	61389 Schmitten
50	24.04.2005	Arnsberger Ultra-Marathon	59821 Arnsberg
51	24.04.2005	AMREF Marathon Salzburg	A – 5020 Salzburg
52	30.04.2005	Harzquerung (51 km)	38855 Wernigerode
53	30.04.2005	Thüringer Marathon	07745 Jena
54	30.04.2005	Decke-Tönnes-Marathon	53879 Euskirchen

55	05.05.2005	Steinburg-Marathon	25582 Hohenaspe
56	05.05.2005	Westerwaldlauf (50 km)	56579 Rengsdorf
57	07.05.2005	Parkhaus-Marathon	01189 Dresden
58	08.05.2005	METRO Group Marathon Düsseldorf	40239 Düsseldorf
59	08.05.2005	Gutenberg-Marathon Mainz	55028 Mainz
60	08.05.2005	Marathon Niedersachsen	30175 Hannover
61	08.05.2005	Oberelbe-Marathon	01257 Dresden
62	08.05.2005	Regensburg Marathon	93001 Regensburg
63	08.05.2005	Bergstadt-Marathon	59602 Rüthen
64	21.05.2005	GutsMuths-Rennsteiglauf	98711 Schmiedefeld
65	21.05.2005	Marathon Mannheim Rhein-Neckar	68167 Mannheim
66	21.05.2005	Helgoland-Marathon	27493 Helgoland
67	22.05.2005	Rothaarsteiglauf	59929 Brilon
68	22.05.2005	Vienna City Marathon	A-1100 Wien
69	28.05.2005	12 Stunden Nachtlauf	Dornbirn (A)
70	29.05.2005	Heilbronner Trollinger-Marathon	74072 Heilbronn
71	29.05.2005	Europa-Marathon Görlitz	02827 Görlitz
72	29.05.2005	Schönbuch-Marathon	70771 Leinfelden-Echterdingen
73	29.05.2005	Winterthur Marathon	CH-8402 Winterthur
74	04.06.2005	Decke-Tönnes-Marathon	53879 Euskirchen
75	05.06.2005	Rhein-Ruhr-Marathon Duisburg	47055 Duisburg
76	05.06.2005	ROSE Minden Marathon	32423 Minden
77	05.06.2005	Iller-Marathon	87509 Immenstadt
78	11.06.2005	Tollenseseelauf	17033 Neubrandenburg
79	11.06.2005	Bad Waldseer Lauffieber	88339 Bad Waldsee
80	11.06.2005	Ostfriesland Marathon	26835 Hesel
81	11.06.2005	Fellbacher 6/12-Std.-Lauf	70736 Fellbach
82	11.06.2005	LGT-Alpin-Marathon Liechtenstein	FL-9497 Triesenberg
83	12.06.2005	Städtemarathon Erlangen	91054 Erlangen
84	12.06.2005	Potsdamer Schlösser-Marathon	14471 Potsdam
85	12.06.2005	Haseder Feldmarklauf	31180 Giesen
86	12.06.2005	Eifel-Marathon	54649 Waxweiler
87	17.06.2005	Bieler Lauftage (100 km)	CH-2501 Biel
88	18.06.2005	Oderbruch-Marathon	16259 Bad Freienwalde
89	18.06.2005	24-Std-Lauf Paderborn	33175 Bad Lippspringe
90	19.06.2005	PrimaSet Marathon Menden	58688 Menden
91	19.06.2005	Mittelrhein-Marathon	56321 Rhens
92	19.06.2005	Biberttal-Marathon	90614 Ammerndorf
93	19.06.2005	Limes-Marathon	73642 Welzheim
94	19.06.2005	Kreissparkassen Marathon	21493 Schwarzenbek
95	25.06.2005	Vivaris Hasetal-Marathon	49624 Löningen
96	25.06.2005	Drebber-Marathon	49457 Drebber
97	25.06.2005	Fidelitas Nachtlauf (80 km)	76149 Karlsruhe
98	25.06.2005	Gmünder-DRK-12-Stundenlauf	73525 Schwäbisch Gmünd
99	25.06.2005	24-Stunden-Lauf Reichenbach	08496 Schönbach
100	25.06.2005	Tirol-Speed-Marathon	A-6020 Innsbruck
101	26.06.2005	Heide-Marathon	38524 Sassenburg-Stüde
102	26.06.2005	Ruhr-Landschafts-Marathon	45481 Mülheim
103	26.06.2005	Rendsburger Marathon	24768 Rendsburg
104	26.06.2005	12 Stunden Lauf Brühl	50321 Brühl
105	02.07.2005	Alpin Marathon Oberstaufen	87534 Oberstaufen
106	02.07.2005	PSV Marathon	Recklinghausen
107	02.07.2005	Zermatt Marathon	CH-3924 St. Niklaus
108	03.07.2005	West-Zipfel-Marathon	41844 Wegberg
109	09.07.2005	Jagdhauser Härdlerlauf (44,5 km)	57392 Schmallenberg
110	09.07.2005	24 Stundenlauf Stadtoldendorf	37627 Stadtoldendorf
111	09.07.2005	Montafon-Arlberg-Marathon	A-6780 Silbertal

112	10.07.2005	Euerbacher 60-km-Lauf	97502 Euerbach
113	15.07.2005	Nachtmarathon Marburg	35043 Marburg
114	15.07.2005	24/48 Stunden-Lauf Köln	50670 Köln
115	16.07.2005	Fichtelgebirgsmarathon	95632 Wunsiedel
116	17.07.2005	Hornisgrinde-Marathon	77815 Bühl
117	17.07.2005	König-Ludwig-Marathon	87629 Füssen
118	17.07.2005	Marathon Bremerhaven	27578 Bremerhaven
119	23.07.2005	Bärenfels-Ultra-Trail	66646 Marpingen
120	24.07.2005	Georgsmarienhütter (50 km)	49124 Georgsmarienhütte
121	30.07.2005	Bad Pyrmonter Classic Marathon	31812 Bad Pyrmont
122	30.07.2005	Kummerower-See-Marathon	17154 Neukalen
123	30.07.2005	Swiss Alpine Marathon	CH-7270 Davos Platz
124	06.08.2005	Rostocker Marathon Nacht	18055 Rostock
125	06.08.2005	Elstertal-Marathon	07548 Gera
126	07.08.2005	Wardenburg Marathon	26203 Südmoslesfehn
127	07.08.2005	Marathon Rund um Wellen	27616 Beverstedt-Wellen
128	13.08.2005	100 km Lauf am Auensee	04109 Leipzig
129	13.08.2005	Kaltenkirchener Marathon	24568 Kaltenkirchen
130	14.08.2005	Kaltenkirchener Marathon	24568 Kaltenkirchen
131	14.08.2005	Monschau-Marathon	52156 Monschau
132	20.08.2005	Vollmond-Marathon	91233 Neunkirchen am Sand
133	20.08.2005	Rund um die Müritz (78 km)	17192 Waren
134	21.08.2005	Blankeneser Laufevent	22587 Hamburg
135	27.08.2005	Osnabrücker Land Marathon	49143 Bissendorf
136	27.08.2005	100 km Kaiserstuhl-Marathon	79346 Endingen
137	27.08.2005	Decke-Tönnes-Marathon	53879 Euskirchen
138	27.08.2005	Pferdebahn-Genuss-Marathon	A-4209 Treffling
139	28.08.2005	Mitteldeutscher Marathon	06108 Halle/Saale
140	28.08.2005	Moormarathon	49424 Goldenstedt
141	28.08.2005	European Minority Marathon	24937 Flensburg
142	28.08.2005	Koberstädter Wald-Marathon	63329 Egelsbach
143	28.08.2005	Plöner-See-Marathon	24306 Plön
144	28.08.2005	Hunsrück-Marathon	56288 Laubach
145	28.08.2005	Edersee-Super-Marathon	34516 Vöhl
146	28.08.2005	Basel City Marathon	CH-Basel
147	03.09.2005	Wetzlarer City Marathon	35576 Wetzlar
148	03.09.2005	Usedom-Marathon	17431 Wolgast
149	03.09.2005	Die 24 Stunden von Bernau	16359 Lanke
150	04.09.2005	Fränkische-Schweiz-Marathon	91301 Forchheim
151	04.09.2005	Hochstift-Marathon	36039 Fulda
152	04.09.2005	Marathon »Rund u.d. Steinhuder Meer«	31535 Neustadt
153	04.09.2005	Saarschleife-Marathon	66663 Merzig
154	10.09.2005	ebm-papst Marathon	74676 Niedernhall
155	10.09.2005	Gardelegener Stadtwall-Marathon	39638 Gardelegen
156	10.09.2005	P-Weg Marathon	58840 Plettenberg
157	10.09.2005	Leipziger Südraum-Marathon	04288 Leipzig
158	10.09.2005	Jungfrau-Marathon	CH-3800 Interlaken
159	11.09.2005	Ford Köln-Marathon	50933 Köln
160	11.09.2005	Volksbank-Münster-Marathon	48147 Münster
161	11.09.2005	Feuerwehr-Marathon	65611 Oberbrechen
162	17.09.2005	Drei-Talsperren-Marathon	08309 Eibenstock
163	17.09.2005	Bodensee-Marathon	88079 Kressbronn
164	17.09.2005	Hoyerswerda-Marathon	02977 Hoyerswerda
165	18.09.2005	Kemptener Voralpenmarathon	87439 Kempten
166	18.09.2005	FIDUCIA Baden-Marathon Karlsruhe	76028 Karlsruhe
167	18.09.2005	Norderney-Marathon	26548 Norderney
168	18.09.2005	Brombachsee-Marathon	91785 Pleinfeld

169	18.09.2005	Elypso Marathon	94469 Deggendorf
170	18.09.2005	Fun Run Marathon Windischeschenbach	92715 Püchersreuth
171	18.09.2005	Weidatal Nordic Walking Marathon	07950 Weißendorf
172	18.09.2005	Warschau Marathon	Warschau/Polen
173	24.09.2005	12/24 Stunden Lauf Bobingen	86399 Bobingen
174	25.09.2005	real,- Berlin-Marathon	14055 Berlin
175	25.09.2005	PSD-Marathon Bremen	Bremen
176	25.09.2005	Ulmer Einstein-Marathon	89075 Ulm
177	25.09.2005	Küstenmarathon	21762 Otterndorf
178	25.09.2005	Bertlicher Straßenläufe	45701 Bertlich
179	01.10.2005	Göltzschtal-Marathon	08485 Lengenfeld
180	02.10.2005	3-Länder-Marathon am Bodensee	A-6900 Bregenz
181	02.10.2005	Hochsauerland-Waldmarathon	59909 Bestwig
182	02.10.2005	Lauf der Deutschen Einheit	99974 Mühlhausen/Thüringen
183	03.10.2005	Rhein-Marathon	76744 Wörth-Maximiliansau
184	03.10.2005	wir 4 Städtelauf Volksmarathon	47475 Kamp-Lintfort
185	03.10.2005	Vulkanradweg-Marathon	63695 Glauburg
186	03.10.2005	ETV-Marathon	24146 Kiel
187	08.10.2005	Harzgebirgslauf/Brocken-Marathon	38855 Wernigerode
188	08.10.2005	Sauerlandmarathon	34431 Marsberg-Bredelar
189	09.10.2005	medien.marathon münchen	81379 München
190	09.10.2005	Rund um Baldeneysee	45145 Essen
191	09.10.2005	Schwarzwald-Marathon	78195 Bräunlingen
192	09.10.2005	Südtirol Marathon	I-39044 Neumarkt
193	15.10.2005	Hachenburger Löwen Marathon	57627 Hachenburg
194	15.10.2005	Rothaarsteig-Marathon	57392 Schmallenberg
195	16.10.2005	Bottwartal-Marathon	71723 Großbottwar
196	16.10.2005	Alstermarathon	20253 Hamburg
197	16.10.2005	Ems-Jade-Lauf (72 km)	26603 Aurich
198	16.10.2005	Marathon Echternach	L-6401 Echternach
199	22.10.2005	Schwäbische Alb Marathon	73529 Schw.-Gmünd
200	22.10.2005	Decke-Tönnes-Marathon	53879 Euskirchen

Quelle: www.marathon.de

Das Ziel in Sicht ...

Ernährungswert-Tabellen

Nachfolgende Tabellen zeigen für einige Lebensmittel die Zusammensetzung nach dem Brennwert (kcal), den Anteil von Eiweiß (%), Kohlenhydraten (%) und Cholesterin (mg).
Alle Angaben beziehen sich auf 100 Gramm Lebensmittel.

Milchprodukte

Nährstoff	kcal	Eiweiß	Kohl. hydr.	Fett	Chol.
100 Gr.		%	%	%	mg
Kuhmilch 3,5 %	64	3,3	4,8	3,5	11
Fettarme Milch 1,5 %	48	3,4	4,9	1,6	5
Schlagsahne	309	2,4	3,4	32,0	109
Joghurt normal	61	3,3	4,0	3,5	11
Joghurt Diät	44	3,4	4,1	1,5	5
Speisequark 40 %	160	11,1	3,3	11,4	37
Speisequark mager	73	13,5	4,0	0,3	17
Schmelzkäse 45 %	264	14,4	–	22,9	53
Emmentaler 45 %	386	28,9	–	30,0	70
Käse Doppelrahm	286	4,5	4,0	28,0	84
Edelpilzkäse 60 %	428	19,1	–	39,1	90
Parmesan 32 %	386	38,5	–	25,8	53
Gouda 40 %	300	24,7	–	22,3	52

Eier

Nährstoff	kcal	Eiweiß	Kohl. hydr.	Fett	Chol.
		%	%	%	mg
1 Ei, 58 Gr.	92	7,7	0,4	6,2	314
1 Eigelb, 19 Gr.	68	3,1	0,1	6,1	314
1 Eiweiß, 33 Gr.	16	3,6	0,2	0,1	–

Fette und Speiseöle

Nährstoff	kcal	Eiweiß	Kohl. hydr.	Fett	Chol.
100 Gr.		%	%	%	mg
Butter	754	0,7	0,7	83,2	240
Margarine	722	0,2	0,4	80,0	7
Halbfettmargarine, 40%	385	4,8	0,3	40,5	113
Sonnenblumenöl	898	–	–	99,8	5
Schweineschmalz	898	0,1	–	99,7	86
Mayonnaise 80 %	727	1,1	3,0	78,9	52

Fleisch

Nährstoff	kcal	Eiweiß	Kohl. hydr.	Fett	Chol.
100 Gr.		%	%	%	mg
Hammelkotelett	348	14,9	–	32,0	70
Hammelkeule	234	18,0	–	18,0	70
Kalbschnitzel	99	20,7	–	1,8	70
Rindfleisch, Muskelfl.	121	21,3	0,1	4,0	58
Schweinefleisch, Muskelfl.	105	22,0	–	1,9	70
Schnitzel	106	22,2	–	1,9	70
Rückenspeck	759	4,1	–	82,5	100
Met	318	17,5	–	27,5	70
Ente	227	18,1	–	17,2	70
Hähnchen	166	19,9	–	9,6	99
Kaninchen	152	20,8	–	7,6	70
Reh	97	21,4	–	1,3	110

Wurst

Nährstoff	kcal	Eiweiß	Kohl. hydr.	Fett	Chol.
100 Gr.		%	%	%	mg
Bratwurst, Schwein	298	9,8	–	28,8	100
Bockwurst	277	12,3	–	25,3	100
Frankfurter Würstchen	272	13,1	–	24,4	65
Weißwurst	287	11,1	–	27,0	100
Speck, durchwachsen	621	9,1	-	65,0	90
Schinken, gekocht	193	19,5	–	12,8	85
Schinken, roh	383	16,9	–	35,0	110
Bierschinken	169	16,6	–	11,4	85
Blutwurst	296	9,9	–	28,5	85
Leberkäse	297	12,4	–	27,5	85
Leberwurst, grob	326	15,9	–	29,2	85

Fisch

Nährstoff	kcal	Ei-weiß	Kohl. hydr.	Fett	Chol.
100 Gr.		%	%	%	mg
Forelle	102	19,5	–	2,7	55
Hering	193	8,2	–	17,8	77
Kabeljau, Dorsch	75	17,4	–	0,6	50
Lachs geräuchert	138	19,4	–	6,8	44
Barsch, geräuchert	145	23,8	–	5,5	38
Thunfisch in Öl	283	23,8	–	20,9	32
Austern	66	9,0	4,8	1,2	260
Muscheln	51	9,8	–	1,3	150
Garnelen	87	18,6	–	1,4	138

Gemüse

Nährstoff	kcal	Ei-weiß	Kohl. hydr.	Fett	Chol.
100 Gr.		%	%	%	mg
Blumenkohl	22	2,4	2,3	0,3	–
Bohnen	32	2,4	5,1	0,2	–
Broccoli	23	3,2	1,9	0,2	–
Kopfsalat	12	1,3	1,1	0,2	–
Lauch	25	2,2	3,2	0,3	–
Karotten	28	1,1	5,2	0,2	–
Paprikaschoten	20	1,2	2,9	0,3	–
Radieschen	14	1,1	2,0	0,1	–
Rosenkohl	36	4,5	3,3	0,3	–
Spargel	18	1,9	2,2	0,1	–
Spinat	15	2,5	0,6	0,3	–
Tomate	17	1,0	2,6	0,2	–
Sojabohnen	323	33,7	6,3	18,1	–
Linsen	315	23,5	52	1,4	–
Champignons	15	2,7	0,6	0,2	–
Pfifferlinge	12	1,6	0,2	0,5	–
Kartoffeln	70	2,0	14,8	0,1	–
Gurken	12	0,6	1,8	0,2	–

Obst

Nährstoff	kcal	Ei-weiß	Kohl. hydr.	Fett	Chol.
100 Gr.		%	%	%	mg
Ananas	55	0,4	12,4	0,2	–
Apfel	54	0,3	11,4	0,6	–
Banane	94	1,1	21,4	0,2	–
Orange	42	1,0	8,3	0,2	–
Trauben	68	0,7	15,2	0,3	–
Avocado	221	1,9	0,4	23,5	–

Getreide

Nährstoff	kcal	Ei-weiß	Kohl. hydr.	Fett	Chol.
100 Gr.		%	%	%	mg
Vollkornbrot	287	6,5	37,3	1,0	–
Weißbrot	233	7,5	48,0	1,2	–
Toastbrot	260	6,9	48,0	4,5	–
Brötchen	272	8,3	55,5	1,9	–
Müsli-Mischung	394	9,0	67,0	10,0	–
Nudeln, Eierteig	347	13,0	70,0	3,0	94

Brotaufstrich

Nährstoff	kcal	Ei-weiß	Kohl. hydr.	Fett	Chol.
100 Gr.		%	%	%	mg
Marmelade	266	0,6	66,0	–	–
Honig	325	0,3	81,0	–	–

Kuchen

Nährstoff	kcal	Ei-weiß	Kohl. hydr.	Fett	Chol.
100 Gr.		%	%	%	mg
Apfelkuchen gedeckt	203	2,7	31,2	7,5	22
Sahnetorte	365	5,0	30,0	25,0	32,5
Christstollen	377	8,0	48,0	17,0	20
Nusskuchen	436	6,6	36,9	29,1	39

Sonstiges

Nährstoff	kcal	Ei-weiß	Kohl. hydr.	Fett	Chol.
100 Gr.		%	%	%	mg
Haselnüsse	647	13	11,4	61	–
Mandeln	577	19	3,7	54	–
Reis	343	7,4	73,4	2,2	–
Schokoladen-creme	456	4,0	73,0	16,5	–
Schoko-Pudding	320	4,5	70,0	2,5	–
Milchspeiseeis	127	5,0	20,0	3,0	–
Maultaschen + 2 Eier	348	13,5	24,2	13,1	645
Cornflakes mit Milch	440	4,5	88	3,0	–
Butterbrezel	310	8,5	56	5,0	–

Getränke

Nährstoff	kcal	Eiweiß	Kohl. hydr.	Fett	Chol.
100 Gr.		%	%	%	mg
Pils	43	0,5	3,1	–	–
Weißwein	65	0,1	2,5	–	–
Rotwein	74	0,1	2,6	–	–
Sekt	83	0,1	4,0	–	–
Whisky	238	–	–	–	–
Weinbrand	240	–	2,0	–	–
Wasser, Tee	–	–	–	–	–
Apfelsaft	57	0,1	11,7	–	–
Orangensaft	44	0,7	9,0	0,2	-
Traubensaft	68	0,2	16,6	–	–
Cola	57	3,3	10,9	–	–
Limonade	49	–	12,0	–	–
Milch	48	3,4	4,9	1,6	5

Ganze Mahlzeiten

Nährstoff	kcal	Eiweiß	Kohl. hydr.	Fett	Chol.
100 Gr.		%	%	%	mg
Salatteller groß mit Joghurt Sauce	110	6	9	5,	–
Reis mit Broccoli	510	17	68	18	–
Käsebrot	280	10	22	14	–
Schweineschnitzel mit Kartoffel u. Kohl	800	40	78	49	–
Hühnerfrikassee mit Reis	490	34	52	16	–
Bratwurst u. Pommes	1020	24	45	79	–

Bildnachweis

Seite	Titel	Fotograf
Titel	ING NYC-Marathon, Start Verrrazona Br.	NYC Road Runners
8	Marathon-Startlinie	Malte Christians, Hamburg
10	Das Ziel ist nah ...	Falk Römer, Vöhrenbach
11	Ausdauer ...	Martin Spanning, Steyr, A
12	Waldlauf	Walter Korinek, Nürtingen
13	Runners High im Rapsfeld	Annerose Stübiger, Eschwege
15	von 0 auf 42 in drei Monaten	Autor privat
16	Begeisterung	Flora London-Marathon
17	Marathon-Ziel ankommen ...	Oliver Dallmann, Hamburg
18	Becherschlacht	Thorsten Heck, Dillenburg
18	Unter 3-h-Läufer	Friedrich Hissenkemper, Bremerhaven
19	Ich will ...	Karl-Heinz Bestle, München
19	70 Jahre und noch immer Marathoni	Meike Hartmann, Karlsruhe
20	Spiridon Louis	picture-alliance/ASA
21	Dorando Pietri	picture-alliance/dpa
22	Shorter/Cierpinski	picture-alliance/dpa
22	Uta Pippig	NYC Road Runners
23	ING New York City-Marathon	NYC Road Runners
23	London-Marathon	Flora London-Marathon
23	Berlin-Marathon	Uwe Zeidler, www.bild-impressionen.de
26	Berlin-Marathon nach dem Start	Thorsten Garber, Rum, A www.bildimpressionen.de
26	London-Marathon, Tower Bridge	Flora London-Marathon
27	Siegertypen	Thorsten Garber, Rum, A www.bildimpressionen.de
26	ING NYC Marathon, 1st Avenue	NYC Road Runners
30	Berlin, der Super-Marathon	Thorsten Garber, Rum, A www.bildimpressionen.de
27	Paavo Nurmi	picture-alliance/dpa
27	Emil Zátopek	picture-alliance/dpa
28	Abebe Bikila	picture-alliance/dpa
28	Waldemar Cierpinski	Uwe Drechsler, Dresden
28	Jörg Peter	Günter Karl, Oberasbach www.live-sportfotos.com
28	Grete Waitz	NYC Road Runners
29	Uta Pippig	picture-alliance/dpa
29	Khalid Khannouchi	picture-alliance/dpa
29	Paul Tergat	picture-alliance/dpa/dpaweb
29	Paula Radcliffe	NYC Road Runners
31	Frankfurt-Höchst-Marathon 1982	Stadt Frankfurt
37	Motivationsvorstellung: Zieleinlauf	www.digistock.de
38	Von den Zuschauern getragen	André Müller, Münster
38	Spaß, auch für die Zuschauerin	Marion Wenzel, Hürth
42	Der passende Laufschuh	Tobias Schall, Frankfurt
42	entspannt ...	Bodo Maks, Hamburg
44	Laufbekleidung	alle ASICS
46	Stretching in seiner schönsten Form ...	Dirk Gantenberg, Neuss, www.digi-media.com
47	Stretching Illustration	Techniker Krankenkasse
50	Negativ-Stretching Illustration	Techniker Krankenkasse
52	Barfußläuferin	Dirk Gantenberg, Neuss, www.digi-media.com
53	Stützphase	Thomas W. Linke, Kleinmachnow
53	Abdruckphase	Thorsten Heck, Dillenburg
53	Schwebephase	Marion Wenzel, Hürth
53	Landephase	Ursula Kuprat, Hamburg
54	ungeübte Lauftechnik	Sandra Faust, Bad Berleburg
54	gute Lauftechnik	Ioannis Gousgounis, Athen
55	Laufstil hoch 2	Uwe Zeidler, www.bild impressionen.de
57 ff.	Übungen Lauf-ABC	Autor, privat
62	Leuchtende Läufer ...	Stefano Michalowsky, Idstein
62	Endspurt ...	Wilfried Martin, Kassel
67	Gut trainiert, als leuchtendes Beispiel	Jörg Ritter, Neuenkirchen
67	Dreier-Team ...	Thorsten Garber, www.bildimpressionen.de
70	Intervalltraining auf der Bahn	Heinz Hanka, Wien, A
71	Pulsuhr und Brustgurt	POLAR
73	It's running ...	Jürgen Bleek

Seite	Bild	Fotograf
74	Pulswerte kontrolliert?	Thomas Kern, Amstetten, A
77	Ausdauerleistung heißt VO_2max.	Stephan Michalowsky, Idstein
79	Höhentraining beeinflusst das VO_2max.	Sven Hoppe, Köln
79	Sauerstoff ...	Freiburg-Marathon
81	Nach 800 m im Ziel mit Laktat 25	Rene Ranke, Menden
81	Nach 42 km im Ziel mit Laktat 4	Malte Christians, Hamburg
85	Leistungsdiagnostik mit VO_2max	Kai Baumbartner, Kassel, www.3athlon.de
89	Marathon im Regen ...	Martin Spannring, Steyr, A
91	Laufbahn für das Intervall Training	Alina Weidmann, Wien, A
92	Der lange Lauf	Richard Friedrich, Neubiberg
94	Intervalltraining ist anstrengend ...	Andrea Becker, Bochum
96	Volksläufe machen Spaß ...	Bernd Schlenkrich, Aargau, CH
101	Beinmuskulatur	Sven Hoppe, Köln
104	Stadtmarathon mit Kontrasten	Tobias Schall, Frankfurt
106	London-Wheels	Flora London-Marathon
107	Hund und Läufer teilen sich das Revier	Wolfgang Herath, Goldkronach
121	Marathon-Pasta-Party	Uwe Badrow
122	Marathon Anmarsch ...	NYC Road Runners
124	Warten auf den Marathon-Start	Jürgen Kaspar, Frankfurt
124	Marathon-Start	NYC Road Runners
125	Nach dem Marathon-Start	Günter Zelzer, Ardning, A
125	Leichter Anstieg	NYC Road Runners
126	Jetzt kommen wir ...	Thorsten Garber, Rum, A www.bildimpressionen.de
128	Verpflegungsstation ...	Thorsten Garber, Rum, A www.bildimpressionen.de
128	Et läääuft, et läääuft ...	Jörg Ritter, Neunkirchen
129	Aufgelockert ...	Ursula Kuprat, Hamburg
129	Trotz km 38 den Spaß nicht vergessen	Meike Hartmann, Karlsruhe
130	Spaß für die Zuschauer	Malte Christians, Hamburg
130	Wir schaffen das ...	Real Berlin Marathon
131	Gemeinsamkeiten ...	Ursula Kuprat, Hamburg
131	Durchhalten ...	Rainer Peeck, Geesthacht, www.linsenblicke.de
132	Das Spitzenfeld	T. Garber, Rum, A, www. bildimpressionen.de
132	Die schnellste Frau wird »gezogen« ...	Sven Hoppe, Köln
133	Gleichschritt ...	Ursula Kuprat, Hamburg
134	Isostar ...	Frank Dittbacher, Köln
134	Marathon Woman	Karl Heinz Boden
135	Der Weg ist das Ziel	Fritz Berger
135	Zwei Kilometer vor seinem Marathon-Sieg	Anne Getzieh, Hamburg
136	Zwei Meilen vor ihrem Marathon-Sieg	NYC Road Runners
137	Jeder Marathon-Finisher ist ein Sieger	Tobias Masing, Berlin
137	Zieleinlauf Berlin-Marathon	Real Berlin Marathon
138	Christians erstes Marathon-Finish ...	Günter Karl, Oberasbach, www.live-sportfotos.com
139	Zieleinlauf-Freude ...	Jörg Ritter, Neunkirchen
139	Marathon-Finisher-Medaillen	Malte Christians, Hamburg
139	Abkühlung ...	Malte Christians, Hamburg
140	Sieger, Berlin-Marathon 2004	Malte Christians, Hamburg
140	Siegerin, Berlin-Marathon 2004	Malte Christians, Hamburg

Seite	Bild	Fotograf
140	Alles gegeben ...	Uwe Zeidler, www.bildimpressionen.de
140	Geschafft, über die Ziellinie ...	Malte Christians, Hamburg
143	Yeahhh	Kaspar Loosli, Bern
145	Wo ist mein Kleiderbeutel?	Uwe Zeidler, www.bild impressionen.de
146	An den Fersen	Freiburg-Marathon
150	Leiden ...	Tobias Masing, Berlin
151	Erfrischt ...	Malte Christians, Hamburg
151	Glück und Erleichterung	Jörg Ritter, Neunkirchen
152	Wir haben es geschafft ...	Freiburg-Marathon
157	Energiezufuhr	Thomas Linke, Kleinmachnow
159	Kraftvoller Endspurt	Wilfried Martin, Kassel
160	Athletin Angela	Dirk Gantenberg, Neuss, www.digi.media.com
162	Kräftigungsübungen Illustrationen	Techniker Krankenkasse
164	Ganzkörper-Fitnessübungen	Copress Verlag
171	Cool down ...	Thomas Zöllner, Griesheim
172	Verfolger ...	Karl Weimar, Kämpfelbach
172	Gehpause ...	Bernd Mai, Dortmund
173	Rasender Rollstuhlfahrer	Thomas Linke, Kleinmachnow
179	Fettverbrennung aktiv	Thorsten Garber, Rum, A www.bildimpressionen.de
181	Unter 60 Minuten im Ziel	Irna Beisser, Herzogenaurach
182	Banane, des Marathonis Liebling	Thomas Clever, Gummersbach
182	Kiwi, die Vitaminbombe	Vera Wittenfeld, Wilhelmshaven
183	Obst und Gemüse haben Null Fett ...	Fabian Grunwald, Dortmund
185	Pasta	Manfred Kretschmer, Hagen
186	Eiweiß	Peter Schmitz, Ettringen
186	Mineralien	Dirk Müller, Wiehl
186	Multi-Nährstoffe	Andreas Bleul, München
188	Frisches Obst und Gemüse	Uwe Cönen, Mönchengladbach, www.photomag.net
188	Vitamine	Annett Schäfer, Markkleeberg
188	Mineralwasser	Detlef Nerstheimer, www.net-photo.de
189	Dehydrierung und Energieverknappung	Jörg Lensch, Norderstedt
189	Getränkestation	Andreas Backhaus, Bochum
192	So weit die Füße tragen ...	Michael Fernahl, Berlin
195	Xiamen-Marathon in China	Sandra Faust, Bad Berleburg
195	Läuferreihe	Ursula Kuprat, Hamburg
196	Christa Wulf	privat
197	Hubertus Reh	privat
198	Winnie Pennigstorff	privat
199	Paul Thelen	privat
200	Marianne Kögel	privat
201	Martin Wahl	Horst Zwerenz
202	Barbara Keller	privat
203	Dr. Frank Hofmann	Markus Heumann
204	Birgit Sandhöfner	privat
205	Carsten Wenzek	privat
206	Alexandra Müller	privat
207	Christian Schneider	Günter Karl, Oberasbach, www.live-sportfotos.com
208	Start zum 1. Freiburg-Marathon	Freiburg-Marathon
209	Das Schwabentor	Freiburg-Marathon
210	Die beim Laufen Trinkende ...	Peter Ackermann, Kehl
212	Marathonbegeisterung in China	Sandra Faust, Bad Berleburg
218	Das Ziel in Sicht ...	Thorsten Garber, Rum, A www.bildimpressionen.de
222	keep on running ...	Uwe Geppert, Recklinghausen

Meine sportliche Entwicklung

Der erste Marathon 1997

Das erste Mal unter 3 h, 1998

Der erste Alpin-Marathon 2001

Der erste 100-km-Marathon 2003

Der erste Ultra-Duathlon 2003

Der erste Ironman-Triathlon 2004

Hubert Beck, 47 Jahre, ist Diplomingenieur und hat eine Trainerausbildung. Er ist über 20 Marathons unter 3 h gelaufen, darüber hinaus einige Ultramarathons und Ironman Triathlons. Mit seinem modularen Marathon-Trainingssystem hat er einige Nichtläufer innerhalb von 3 Monaten zu einem Marathonfinish in einer Zeit unter 4:00 h gebracht und fortgeschrittene Marathonläufer innerhalb von 3 Monaten um etwa 15 Minuten schneller machen können.
www.hubertbeck.de